青少年心理健康的循证研究

张军华 著

南京大学出版社

内容简介

青少年心理健康既是重要的理论课题,也是严峻的现实难题。国内外学者围绕青少年心理健康已做了大量理论探讨、实证调查,并取得了相当丰硕的成果。但已有研究对青少年心理健康问题的严重程度、不同亚组间青少年心理健康的相对水平、多个影响因素关系梳理及关键影响因素识别、最优干预方案设计等重要问题存在诸多不一致的地方,在一定程度上影响了理论研究成果向心理健康教育实践的转化应用。

《青少年心理健康的循证研究》基于循证理念,对青少年心理健康的已有实证研究进行系统评价和元分析,力求给出相对综合全面的结论,以推动青少年心理健康教育从经验模式向循证模式的转变。本研究具体内容包括不同亚类青少年的心理健康现状、不同影响因素的重要性比较、不同类型干预措施的有效性比较等。

图书在版编目(CIP)数据

青少年心理健康的循证研究 / 张军华著. —南京:南京大学出版社,2022.12
ISBN 978-7-305-26263-0

Ⅰ.①青… Ⅱ.①张… Ⅲ.①青少年-心理健康-健康教育-研究 Ⅳ.①G444

中国版本图书馆 CIP 数据核字(2022)第 213387 号

出版发行　南京大学出版社
社　　址　南京市汉口路 22 号　　邮　编　210093
书　　名　**青少年心理健康的循证研究**
　　　　　QINGSHAONIAN XINLI JIANKANG DE XUNZHENG YANJIU
著　　者　张军华
责任编辑　丁　群　　　　　　　编辑热线　025-83686756
照　　排　南京开卷文化传媒有限公司
印　　刷　苏州市古得堡数码印刷有限公司
开　　本　787 mm×1092 mm　1/16　印张 13　字数 310 千
版　　次　2022 年 12 月第 1 版　2022 年 12 月第 1 次印刷
ISBN 978-7-305-26263-0
定　　价　58.00 元

网　　址:http://www.njupco.com
官方微博:http://weibo.com/njupco
官方微信号:njupress
销售咨询热线:(025)83594756

* 版权所有,侵权必究
* 凡购买南大版图书,如有印装质量问题,请与所购
　图书销售部门联系调换

前　言

心理健康既是文明程度的风向标,也是社会发展的晴雨表。青少年具有较强的可塑性。与其他年龄段相比,青少年有着自身的特殊性,身体发育"暴风骤雨",心理发展却很不平衡,经常有教师称他们"刀枪不进,软硬不吃"[1]。我国有将近3.67亿的未成年人,其中有近2亿的中小学生[2]。数量庞大的青少年是国家的未来和希望,他们心理健康状况的好坏,不仅影响自身的成长发展,而且事关整个家庭甚至国家的前途命运。守护好青少年的心理健康,已成为社会各界的共识。

青少年心理健康问题是当今一个不容忽视的公共卫生问题和社会问题。联合国儿童基金会和世界卫生组织2019联合发布的数据显示,在10~19岁的群体中,正遭受心理健康问题折磨的约有20%,由心理健康问题造成的疾病伤害约有16%[3]。而近几年,青少年心理健康问题的检出率明显呈现出高发、上升趋势[4]。在我国,青少年心理健康的形势也不容乐观。我国14岁以下儿童有2.47亿[5]。他们的心理健康问题牵动着无数家庭的心。据2021年发布的《中国国民心理健康发展报告(2019—2020)》显示,我国青少年各种程度抑郁的检出率约为24.6%。处于中学阶段的儿童出现情绪不稳定等心理问题倾向的比例最高,达到17.3%[6]。

为了更充分地保障青少年的心理健康,近年来党和政府密集颁布了重视心理健康教育的各类文件。2012年全国人民代表大会常务委员会颁布的《中华人民共和国精神卫生法(中华人民共和国主席令第62号)》强调:预防、治疗、康复并重,减少精神障碍的发生。2015年国家卫生和计划生育委员会等10部门联合颁布了《全国精神卫生工作规划(2015—2020年)》,强调"在校学生心理健康核心知识知晓率达到80%以上"。2016年国家卫生和计划生育委员会等22部委联合印发《关于加强心理健康服务的指导意见》,提出了"2020年,全民心理健康意识明显提高;2030年,全民心理健康素养普

---

[1] 林崇德.读懂孩子,科学开展心理健康教育[J].中小学心理健康教育,2015(23):4-5.
[2] 俞国良.中小学校心理健康教育研究[M].北京:北京师范大学出版,2020.
[3] 联合国:全球五分之一的青少年受心理健康问题困扰[J].上海教育科研,2020(03):61.
[4] Lu Ma, MM B, Ke L A, et al. Prevalence of mental health problems among children and adolescents during the COVID-19 pandemic: A systematic review and meta-analysis[J]. Journal of Affective Disorders, 2021 (10):78-89.
[5] 国家统计局.中国统计年鉴(2022)[M].北京:中国统计出版社,2022.
[6] 黄浩.青少年心理健康问题需全社会共同应对[N].中国教师报,2022-03-09(003).

遍提升"的基本目标。2018年国家卫生健康委员会等10部委印发了《全国社会心理服务体系建设试点工作方案》。2019年国家卫生健康委员会等12部门联合印发《健康中国行动——儿童青少年心理健康行动方案(2019—2022年)》。2021年双减政策的落地,为青少年心理健康教育赢得了更多的校内时间;《家庭教育促进法》的出台,更是明确了家庭、家长在维护青少年心理健康过程中的重要作用。2022年教育部等5部门联合下发了《关于全面加强和改进新时代学校卫生与健康教育工作的意见》①。笔者从教育部网站上检索题目中含有"心理"的公开文件共计1 240条,其中部令15条,部文179条。从1986年到2021年,逐年呈上升趋势②,这在一定程度上反映出党和政府对青少年心理健康工作的日趋重视。

心理健康教育是维护和促进青少年健康成长的重要议题。在党和政府的关心下,我国中小学校有组织、有计划地开展心理健康教育已经二十多年,并在广度、深度和力度等方面均取得了长足进步。在广度上,心理健康教育的范围涵盖了大中小学幼儿园,并且已经从早期的课堂教学与心理辅导,逐渐增加了危机预警干预、成长信息管理、课外活动等形式多样的心理健康教育活动③。心理健康教育的主体从学校、家庭扩展到家校社协同。在深度上,无论是心理健康的实证研究,还是心理健康的教育实践推进方面,均有了显著增长,心理健康教育学者们产出了很多创新成果,有些已经提交给教育部门作政策咨询,有些已进入教师或学生教材④。心理健康教育也在慢慢深入,内容涉及学习心理、自我意识、人际交往、情绪调节等方面,从形式走向了深层内涵,社会适应和生涯规划也受到更多重视。在力度上也不断加大,从2002年的《中小学生心理健康教育指导纲要》,经由2014年启动的"中小学心理健康教育特色学校争创计划",再到2016年"心理健康教育"被纳入教师资格证考试内容中。不少学校配备了专职的心理健康教师,近年来各个地方教育部门所招聘的心理健康教师数量也呈现出上升趋势。国家层面在比较借鉴国外先进经验的基础上,不断总结经验、鼓励创新。国家各级教育主管部门总结全国学校心理健康教育工作经验,并通过各层次的心理健康教育特色学校、课程基地、活动评比等方式引领各地的心理健康教育工作。各省市活动开展既有统筹规划,也有各地特色。各个学校也越来越注重家庭、社区和学校资源的整合,以求共同促进心理健康教育模式的发展⑤。

然而,青少年心理健康研究与教育工作仍有许多值得改进之处,任重而道远。在理论研究领域,通常同一问题的研究证据很多,但证据质量参差不齐,不一致的结论甚至

---

① 中华人民共和国教育部.教育部等五部门关于全面加强和改进新时代学校卫生与健康教育工作的意见[EB/OL].(2021-08-10)[2022-02-26].http://www.moe.gov.cn/srcsite/A17/moe_943/moe_946/2021.
② http://so.moe.gov.cn/.检索日期为2022年7月26日。每年检索到的公开文件依次为:2005年之前为个位数,2013年之前为1~20项,2014年级之后基本每年都在20项以上。
③ 李永鑫,陈珅.素养:学校心理健康教育的基点[J].河南大学学报(社会科学版),2022,62(03):110-116.
④ 林崇德.以十八大精神为指导,科学推进心理健康教育——在全国中小学心理健康教育工作会议上的讲话[J].中小学心理健康教育,2013(01):7-9.
⑤ 宋庆华,刘衍玲.1999—2021年中小学心理健康教育的发展特点、问题及展望[J].中小学心理健康教育,2022(15):9-12.

相互对立的结论比比皆是,往往让实践者无所适从①。青少年心理健康领域的现状、影响因素和干预方案中,都存在着诸多争论和不一致的地方,需要进一步厘清。诸多实证研究结论不一致甚至相反,对实践的适用性有待提高。在实践领域,教育者往往无暇或无力采用最新证据,较少使用学术研究的成果,科学化和专业化水平有待进一步提高。许多学校的心理健康教育工作面临着单打独斗、低水平重复的问题,形式还比较单一,主要依赖开设心理课程和心理咨询;心理健康教育的学科渗透难度较大,教师往往缺少反思意识②。经济发达地区与欠发达地区、重点学校与非重点学校、低学段与高学段之间的心理健康教育活动的开展存在诸多不平衡,在活动开展的丰富程度等方面差异较大。虽然学术与实践各有自己的逻辑规律,但是就青少年心理健康问题而言,理论研究与教育实践的脱节尤其需要引起重视③。许多理论研究成果不能为实践者所直接使用,往往被束之高阁,其服务教育实践的价值大打折扣,一线实践教育者较少使用学术成果作为开展心理健康教育工作的依据。有学者将之比喻为 1 吨实践、1 公斤理论与 1 克研究的关系④。如何将实证研究与心理健康教育实践统一起来——理论研究也要关注现实问题。遵循规范的学术研究,缓解心理健康实证研究与实践脱节的问题,仍是目前面临的重要课题。

  受循证医学的影响,包括心理健康教育在内的整个教育领域近年来掀起了一场轰轰烈烈的循证实践的重要变革⑤。循证实践主张谨慎地使用各种类型的证据进行教育实践,为将学术成果转化为教育成果提供可行的路径。许多领域都将循证实践视为服务实践的金标准,实践工作的开展应当建立在科学研究的基础之上⑥⑦。因此,无论从心理健康教育的实践,还是从循证实践的发展来看,心理健康教育的循证实践有望成为未来的重要研究方向和缓解理论与实践脱节问题的可能路径,教育领域迫切需要青少年心理健康循证研究来进一步提升教育实践的科学化与专业化水平,从而为青少年心理健康教育和服务提供一些有益的启示⑧。

---

① 杨文登.社会工作的循证实践:西方社会工作发展的新方向[J].广州大学学报(社会科学版),2014,13(2):50-59.
② 朱桃英,曾凡亮,石亮.青岛市中小学心理健康教育现状及对策[J].青岛职业技术学院学报,2020,33(05):66-69.
③ 王东美,钱铭怡,樊富珉,江光荣.中国临床与咨询心理学百年发展简史(1921—2021)[J].中国临床心理学杂志,2022,30(02):454-460.
④ 江光荣.心理咨询的理论与实务[M].2版.北京:高等教育出版社,2012.
⑤ 杨婷.当教育成为一种循证实践——兼与格特·比斯塔等人对话[J].全球教育展望,2021,50(07):54-63.
⑥ 李芳,孙玉梅,邓猛.美国自闭症儿童教育中的循证实践及启示[J].外国教育研究,2015,42(02):66-78.
⑦ 童峰.基于循证实践方法的老年人口健康干预研究[D].西南财经大学,2014.
⑧ 杨文登.美国心理健康教育的循证实践:理论、实施及启示[J].外国教育研究,2017,44(06):54-67.

目 录

第一章 引言：走向循证实践的青少年心理健康研究 ········· 001

第一节 青少年心理健康研究中的诸多争议有待厘清 ········· 002
第二节 青少年心理健康教育实践的科学化亟待提高 ········· 004
第三节 心理健康教育的循证实践：可能路径与范式 ········· 007

第二章 特定群体青少年心理健康现状的循证研究 ········· 011

第一节 中职生心理健康的系统评价与元分析 ········· 011
第二节 流动儿童心理健康的系统评价与元分析 ········· 022
第三节 流动儿童抑郁症状的系统评价与元分析 ········· 031
第四节 寄宿制学生心理健康比较的系统评价与元分析 ········· 043

第三章 青少年常见心理健康问题的循证研究 ········· 053

第一节 青少年焦虑现状的系统评价与元分析 ········· 053
第二节 青少年睡眠质量的系统评价与元分析 ········· 061
第三节 中学生自杀心理的系统评价与元分析 ········· 082

第四章 青少年心理健康影响因素的循证研究 ········· 099

第一节 家庭因素对青少年心理健康影响的系统评价与元分析 ········· 099
第二节 父母教养方式城乡比较的系统评价与元分析 ········· 111
第三节 中学生自杀意念影响因素的系统评价与元分析 ········· 122
第四节 应对方式与青少年自我概念相关的系统评价与元分析 ········· 135

第五节 孤独症青少年的睡眠状况:基于主客观指标的元分析 ……………… 143

第五章 青少年心理健康干预的循证研究………………………………………… 153

  第一节 青少年焦虑干预效果的系统评价与元分析…………………………… 153
  第二节 认知行为疗法对网络成瘾干预效果的系统评价与元分析…………… 162
  第三节 生物反馈与哌甲酯对多动症干预效果比较的系统评价与元分析…… 168
  第四节 冥想训练对多动症干预效果的系统评价与元分析…………………… 180

参考文献 ……………………………………………………………………………… 191

第一章　引言:走向循证实践的青少年心理健康研究

青少年正处于心理发展的重要时期,他们的心理健康问题已成为影响基础教育发展的紧迫问题。无论是在学术研究领域,还是在实践教育领域,青少年心理健康都面临着一些需要突破的瓶颈。近年来,心理学研究面临部分研究难以重复的严酷现实,在青少年心理健康研究方面也不例外。学者们围绕同一问题对不同亚组的青少年或同一群青少年在不同条件下进行了大量的实证研究,得到了许多有价值的数据和卓有成效的结论;但不容忽视的一个重要问题是,由于研究对象的复杂性,青少年心理健康研究的结果往往并不一致,甚至相互矛盾[1]。结论难以重复在一定程度上影响了学术研究对心理健康教育实践的指导作用[2]。在教育实践中,由于专任教师人手少,加之工作任务复杂,无暇充电提升,很多心理健康教师的知识更新不及时,开展工作较多依赖个人经验,对青少年心理健康教育的最新知识和技术掌握不多,一定程度上影响了心理健康教育实践的实效性。

在全球实践领域蓬勃开展的循证实践活动,或许可以为突破青少年心理健康现实困境、沟通学术研究与教育实践提供一种新的思路和路径。作为一种特殊的综述性方法,循证研究的价值日益得到学术界的广泛认可。无论是在国内还是国外,每天都会有循证研究成果的发表且对整个领域产生较大影响[3][4]。走向循证,用循证的观点来看待青少年心理健康问题,或许有望成为未来的一种研究方向[5],在一定程度上可以缩短理论与实践之间的距离[6]。

---

[1] 胡传鹏.将预注册的重复实验纳入心理学研究方法的课程[J].心理技术与应用,2019,7(05):261-262+265.
[2] 胡传鹏,王非,过继成思,宋梦迪,隋洁,彭凯平.心理学研究中的可重复性问题:从危机到契机[J].心理科学进展,2016,24(09):1504-1518.
[3] 哈里斯·库珀.元分析研究方法[M].李超平,张昱城,等译.北京:中国人民大学出版社,2020.
[4] 杨文登.循证心理健康教育视角下的心理健康教育[J].中南林业科技大学学报(社会科学版),2012,6(03):132-134+152.
[5] 彭雨佳,李玉华,俞劼.循证实践:我国心理健康教育发展的潜在路径[J].基础教育参考,2021(11):13-16.
[6] 杨文登,叶浩生.缩短教育理论与实践的距离:基于循证教育学的视野[J].教育研究与实验,2010(03):11-17.

第一节 青少年心理健康研究中的诸多争议有待厘清

可重复性是科学研究的重要特征。在相同条件下是否能得到相同的结果是判断研究结果是否可靠、经得起推敲的重要标准[1]。在心理健康领域,对同一问题的不同研究,常常得出不一致的结果,甚至截然相反的结论。例如,青少年心理健康水平如何;出现焦虑症状的比例是多少;有百分之多少的青少年曾有过自杀意念;寄宿制对青少年的心理健康会带来哪些影响;青少年心理健康的最重要影响因素有哪些;哪些心理干预措施既操作性强,又不需要太多的时间经济的投入;对于某些青少年而言,何种类型的干预措施可有效缓解其心理问题。在这些相当重要的问题上,已有研究的结论往往并不令人满意,甚至常会让人迷惑,这在一定程度上使得理论研究难以转化为心理健康实践成果,指导实践的作用发挥不利。

一、青少年心理健康的发展现状结论不一

了解青少年心理健康的现状是心理健康研究的起点。青少年正处于身心快速发展的时期,他们尚未形成稳定、健全的人格,很容易出现心理问题。加之外部社会转型阶段所产生的压力,往往经由家长和教师而转移到青少年的身上,使得他们面临巨大的学业压力。对青少年心理健康问题的现状描述是一个十分重要的议题。那么,青少年的心理健康现状是怎样的呢?

心理现象复杂多样,青少年的心理健康问题也有着不同的表现形式,学者们的结论也并不一致。在心理健康问题的总体检出率的研究中,检出率的跨度较大,从2.28%到52%。张敏等对我国5省市的中学生的调查结果显示,有52%的中学生存在各种心理健康问题[2]。2013年《中国青少年心理健康报告》显示,我国儿童青少年心理健康问题的检出率为20%左右[3]。丁文清等人的元分析发现,我国学龄儿童青少年心理健康问题的检出率为15.6%[4]。唐蕾的研究显示,新冠肺炎疫情期间存在心理问题的中学生占总调查人数的23.80%[5]。陈丹等对我国10个城市的4 153名中学生的心理健康状

---

[1] Schweinsberg M, Madan N, Vianello M, Sommer S A, Jordan J, Tierney W, Uhlmann E L. The pipeline project: pre-publication independent replications of a single laboratory's research pipeline [J]. Journal Of Experimental Social Psychology, 2016 (66): 55 - 67.
[2] 张敏,王振勇.中学生心理健康状况的调查分析[J].中国心理卫生杂志,2001,15(4):226 - 227.
[3] 中国青少年心理健康课题组.中国青少年心理健康报告[M].北京:中国科学技术出版社,2013.
[4] 丁文清,周苗,宋菲.中国学龄儿童青少年心理健康状况 Meta 分析[J].宁夏医科大学学报,2017(7):785 - 791
[5] 唐蕾,应斌.新冠肺炎疫情时期中学生心理健康状况及影响因素调查分析[J].中小学心理健康教育,2020(10):57 - 61.

况进行评定,发现青少年心理健康问题的检出率为 26.3%[1]。北京城区儿童青少年心理健康问题的检出率在 1985 年、1993 年和 2003 年分别为 8.3%、10.9% 和 18.2%[2][3]。

以抑郁这一青少年常见的心理问题为例,研究结论不一致的现状可见一斑。抑郁通常与攻击性行为、问题行为、暴饮暴食和自杀等消极社会后果有着密切联系,不仅会影响青少年自身的正常发展,也会给家庭和社会带来巨大的经济负担。但是,青少年抑郁的检出率是多少,来自不同地区的研究却存在巨大差异。有学者对广东省 3 186 名 7～12 岁学生进行问卷调查,结果发现有抑郁症状的学生占比约为 6%[4]。有学者调查了广州市 5 365 名学生,其中有 735 名被判断为有抑郁症状,占比 13%,9 个月之后,这些学生中仍有 57% 的人带有抑郁症状[5]。有学者对 1 554 名七年级学生进行了调查,发现有 483 名学生被认为存在抑郁问题,检出率约为 31%。一年后的重测结果显示,在 435 名有抑郁问题的有效被试中,有 202 名依然存在抑郁问题,占比约为 46%[6]。张婉婉等学者使用抑郁自评量表(SDS)调查了安徽省霍邱县 3 所乡镇普通初级中学的 1 417 名初中生,结果发现抑郁症状的检出率约为 66.7%[7]。中国科学院心理研究所发布的《中国国民心理健康发展报告(2019—2020)》显示,2020 年我国青少年的抑郁检出率为 24.6%[8]。

导致以上矛盾结论的一个重要原因就是没有详细界定心理健康问题的检出标准、统计口径和程度标准等。不同研究之间的标准、测量存在着重叠、交叉和重复,有时在检出的口径、尺度、标准等方面,存在着诸多不一致,这在一定程度上暴露出心理健康研究自身的复杂性,也意味着一线心理健康教育者不宜对学术成果直接拿来,还要进行批判性地整合。

二、青少年心理健康的影响因素纷繁复杂

关于青少年心理健康影响因素的研究得到了学者们的广泛关注,许多学者探讨了家庭、学校、社会和个人等诸多因素的作用,使得这一领域的研究不断趋于成熟。现有

---

[1] 陈丹,权治行,艾梦瑶,等.青少年心理健康状况及影响因素[J].中国健康心理学杂志,2020,28(09):1402-1409.

[2] 何秀丽.体育精神教育研究[J].运动,2018(01):143-144.

[3] 冉云梅,刘闵.我国儿童青少年精神卫生状况研究[J].预防青少年犯罪研究,2012(4):4-10.

[4] Guo Lan, Deng JianXiong, He Yuan, Deng Xueqing, Huang Gudiang, Gao Xue, Lu Ciyong. Prevalence and correlates of sleep disturbance and depressive symptoms among Chinese adolescents: a cross-sectional survey study[J]. BMJ Open, 2014, 4(7).

[5] Li J B, Mo P, Lau J, et al. Online social networking addiction and depression: The results from a large-scale prospective cohort study in Chinese adolescents[J]. Journal of behavioral addictions, 2018, 7(3).

[6] Chi X, Becker B, et al. Persistence and remission of depressive symptoms and psycho-social correlates in chinese early adolescents[J]. BMC psychiatry, 2020, 20(1):406-416.

[7] 张婉婉,刘阳,余婷婷,胡塔静,葛星,汪耿夫,方玉,苏普玉.童年期虐待与初中生抑郁症状关系[J].中国公共卫生,2013,29(08):1165-1168.

[8] 傅小兰,张侃.中国国民心理健康发展报告(2019—2020)[M].北京:社会科学文献出版社,2021.

实证研究考查了多种影响青少年心理健康的风险性因素和保护性因素。在这一过程中,由于数据获得方法、研究样本分布、所用统计方法的不同,许多实证类研究结果和结论呈现出了相当大的异质,存在结论不一(如性别、年级、自尊等)、因素间的关系零散不成系统、难以断定哪些因素的影响更大等问题,值得进一步改进。在种类繁多的影响因素中,什么样的因素作用更大?数据获得方法、调研样本数量、数据统计方法在其中所产生的影响究竟怎样,是否起到了调节作用?需要进一步厘清这些问题,方能更好地解答青少年心理健康教育者的困惑。

三、干预效果的孰优孰劣难以断定

可重复性是广受国际心理学界关注的问题。在心理健康教育研究中,针对青少年的干预措施有很多,诸如课堂教学、专题讲座、同伴教育、社会实践等许多方式,各类干预举措间的效果比较也是一个不容易评价的问题。一些干预举措是暂时的狂热还是持久的干预方案,需要对以往研究进行检验、梳理,增强教育干预的科学性和有效性。例如常见的运动疗法对心理健康的改善效果,就存在很多争议;瑜伽、正念等冥想训练对注意缺陷多动障碍的干预效果,也是争议不断。

许多理论研究对于指导日常教育实践乏力,给人留下了不可信、不可用的印象,一些教育者对许多心理学研究期刊上的论文看不懂,也没有兴趣。尤其是一些中小学教师甚至认为"现在的教育学理论文章读来让人昏昏欲睡。有时耐着性子读完一本书,却毫无收获"。专业期刊面向的是研究者,许多实践教师对一些具有理论深度的文章看不懂,重要原因在于对一些概念和术语不够熟悉,从而造成了阅读的障碍[①]。因此,理论研究的成果需要进一步转化,以便提高一线教师的接受度。

第二节　青少年心理健康教育实践的科学化亟待提高

心理健康教育是实现人的全面发展的必然要求。做好心理健康教育,既有利于预防青少年心理疾病,培养其健康心理和健全人格,又有利于德智体美劳全面发展教育的有效落地。高质量推动心理健康教育工作是有效落实双减部署、提升学生素质的重要保证,如何通过有效的心理健康教育工作更好地呵护青少年成长已成为国家教育政策的重要组成部分,是回答"培养什么样的人"绕不开的重要议题。国家近年来颁布的文件明确强调了开展心理健康教育的重要意义,并对各级部门和学校心理健康教育工作的开展提出了明确要求。然而,目前青少年心理健康教育在现实开展过程中还面临着专业师资缺乏、课时较少、权威教材不足、课程设计不成体系、教学方式吸引力不够、评

---

① 肖川.辞书可读[J].基础教育参考,2004(11):61.

价标准不一等诸多难题①。

一、心理健康教育实践过于依靠经验

心理健康教育的效果是不证自明的吗？只要开展心理健康教育，就一定比不开展心理健康教育的效果更好吗？长期以来，人们习惯性地认为心理健康教育有益无害，即使带不来多少好处，至少也不会对人有害处。所以对于心理健康教育的有效性并没有给予足够的科学探讨。然而反观现实，不恰当的心理健康教育可能不仅不会促进青少年的心理健康，反而有可能会给他们带来巨大的伤害，甚至让他们付出生命的代价。

在美国心理治疗领域，曾发生过几例性质恶劣的危害事件。2000年，治疗者对一名存在心理行为问题的11岁女孩开展"重生术"训练。他们把约300公斤重的物体压在女孩身上，让其重新体验从母亲子宫中分娩的过程，从而让女孩重建与家长的依恋关系。在模拟分娩的过程中，女孩出现了不能呼吸、呕吐的症状，甚至小便失禁。她多次向治疗者示意停止但并未得到许可。20分钟后，她的尸体被人从重物底下拉出。2006年，一名因行为问题被送到某心理健康服务中心的7岁女孩死在了矫治训练的活动中。当时女孩违反了该中心的相关规定，于是一名工作人员用双手抓住女孩的双脚脚踝，并将自己110多千克重的身体压在了这名仅有7岁的女孩身上进行俯卧行为训练，时间长达98分钟，最后女孩大小便失禁直至窒息而亡②。

在我国，也曾有着类似的惨痛教训。一名网瘾少年被家人送到某拯救训练营，结果10多个小时后该少年身亡③；央视节目报道了许多家长将孩子送到杨永信戒网瘾学校，13号治疗室内的电击治疗仪给很多接受过治疗的青少年造成了巨大心理创伤，里面竟然使用了已经被市场淘汰、不准在精神病医院使用的治疗仪④；2019年豫章书院采取的小黑屋罚跪、鞭打等暴力行为给青少年心理生理带来巨大伤害。可见，在青少年心理健康教育与治疗领域，还存在很多不完善的地方，甚至有许多打着心理健康教育的幌子牟取暴利的违法机构⑤。因此，需要警惕在心理健康教育中对孩子造成的伤害。

在许多学校中，虽然没有上面极端事件的发生，但是心理健康教育还存在比较明显的经验化色彩，有着比较大的提升空间⑥。由于学校里心理健康教师人数较少，他们通常不能像其他学科一样进行及时的集体备课，心理健康教育课程强调学生兴趣和经验，满足学生心理需要，活动多样灵活，但是容易忽略系统性，从而导致活动主义和形式化

---

① 王瑞雪.多维视角下学校心理健康教育的发展[J].中国教师,2022(06):111-113.
② 杨文登.美国心理健康教育的循证实践:理论、实施及启示[J].外国教育研究,2017,44(06):54-67.
③ 王俊秀."网瘾集中营"揭秘[J].共产党员,2009(17):51.
④ 徐迅雷.电击治网瘾的杨永信仿佛是邪教教主[J].语文新闻,2009(09):18-19.
⑤ 刘子祎,梁厚润,白璐."极端治疗模式"介入解决青少年网瘾问题的有限性分析及对策研究[J].法制与社会,2019(17):143-145.
⑥ 李国强.学生心理问题识别困境的初步分析[J].当代教育论坛(宏观教育研究),2008(06):107-109.

倾向①。对于有心理问题学生的识别，也偶尔会出现一些偏差，错过心理健康辅导和教育的契机。

二、心理健康教育教师无暇学习充电

随着心理科学的不断发展和自媒体的普及，每年所刊发的学术论文数量巨大。学术论文的行文表达习惯虽科学严谨，但对于一线教师而言是不容易阅读明白的。心理健康教师由于时间和资源的局限，不可能全面及时地掌握最新的心理健康领域的前沿信息。面对纷繁复杂的干预方案方法，一线教师难以快速找到最适切、最有效的方法。

不少研究发现，阅读意识不强、阅读量小、阅读内容狭窄、阅读方法欠缺是当前中小学教师的阅读现状，其根源在于教师工作忙碌，缺乏阅读时间②。这一点在心理健康的专兼职教师身上体现得更为明显。与其他学科教师相比，心理健康教师的兼职比例高，专职人数少。在西南某个省份的 6 957 所学校中，仅有 563 所学校有专职的心理健康教师，占比仅为 8%。这些专职的心理健康教师，除了开设心理健康教育课程、编写教材、进行一对一心理疏导、不定期给学生做心理测量及统计分析之外，还被安排从事额外的行政类工作。有教师表示琐碎的未被计入工作量的工作占用了他们一多半的时间精力。专职人手少，很多心理健康教师的时间排得满满当当③。还有 90% 以上的心理健康教师是半路出家，短期内考取了心理咨询师证书的兼职教师，他们承担着全校的心理健康教育工作，不可能脱产学习，所以很难保证他们掌握了充裕的心理健康教育知识与技能。

专业化高素质心理健康教师团队的匮乏，也是制约我国青少年心理健康教育发展，难以有效提升学生心理健康水平的重要因素。教育实践中对理论的忽视、凭经验行事，是一线教师常有的倾向④，这一点在心理健康教师中也相当普遍。许多时候他们被认为是万金油和救火队员，而非专业技术人员⑤。他们难以找到自己所归属的学科组、教研组，通常被安排在德育处、学校管理部门、后勤、保卫处、医务处等。虽然有场地，但工作变化性太大，根据领导和上级需要而定。虽然可以参加一定的培训，但是由于时间安排、兼职工作等冲突，常常难以连续集中外出学习⑥，对于一些最新的心理健康教育研究缺乏了解，仍采用经验做法，不能更好地促进青少年健康发展与快乐成长。

---

① 教育部教育装备研究与发展中心"中小学心理健康教育设备与课程体系研究"课题组.我国中小学心理健康教育课程的现状研究[J].教育与装备研究,2017,33(10):21-26.
② 袁位.发挥校长在育人活动中的阅读引领作用[J].中小学校长,2021(11):68-69.
③ 陈鹏,韩子平.心理健康教师为何不能"专职专干"[N].光明日报,2022-04-11(008).
④ 彭豪祥,谭平.教师对教育理论的反应偏差及其解决对策[J].教学与管理:理论版,2011(7):3.
⑤ 王承清.为心理教师"正名"[J].中小学心理健康教育,2022(14):61-63.
⑥ 何晓萍.中小学校心理教师培训与教研工作需求的探究——以哈尔滨市为例[J].中小学心理健康教育,2017(23):7-10+13.

第三节 心理健康教育的循证实践：可能路径与范式

发轫于临床医学的循证实践发展迅猛，不仅很快应用于医学领域，而且广泛渗透到人文社会科学领域，最终在全球实践领域催生了一场浩浩荡荡的循证实践浪潮。循证实践非常重视利用前人的工作，不仅包括如何科学筛选大量信息的方法，而且还有评定证据的类型和等级，从而探求更为有效的方式方法。以青少年为研究对象，借鉴循证实践的理念与方法，以证据的产生为基础，围绕抑郁、焦虑、社会性发展等心理健康问题，可着力解答儿童心理健康的现状、影响因素、干预实效等核心议题。循证研究为儿童心理健康教育研究和实践提供了基于证据的实证维度，有助于架起科研成果向教育实践转化的桥梁，弥补研究与实践的鸿沟，从而增强儿童心理健康教育工作实践与决策的科学性。

一、利用他人的工作：循证心理健康教育的兴起与发展

在循证实践的发展过程中，皮尔逊（Karl Pearson）、费舍（Ronald Fisher）和格拉斯（Gene Glass）是不得不提的有着里程碑意义的学者。1904年，著名统计学家皮尔逊正式使用了数据合并技术，将11项来自不同但相似研究的原始数据进行合成，评估了接种疫苗对军人伤寒发病率和死亡率的影响，得出了很有价值的结论[1]。后来另外一位著名的统计学家费舍针对样本量小、结果在统计学上不显著的多项研究，提出了 P 值合并技术，即把缺乏效力的多项检验组合到一起，得到的累积统计效力会更好，这通常被认为是现代意义元分析的前身[2]。到了1976年，格拉斯进一步发展了合并统计量并提出了对多项相似研究的结果进行定量合成的元分析的概念[3]。

循证实践的流行与信息量的爆炸有着密切关系。早期新成果的产出相对来说还不是特别多，依赖于纸质的文献就可以做研究了。但是如今我们生活在一个信息爆炸的时代，个体是很难跟得上成果的更新速度的。2010年的一项研究发现，仅在医学领域，每天有75个实证研究和11个系统评价，某个领域的研究人员很难穷尽所有研究，需要综述论文来了解最新的进展。循证研究可以大大节省时间。在做重要决定时，证据比感觉更为可靠。与实证研究相比，元分析的样本量更大，提高了检验效能，结论更为可靠，且能对纳入研究进行质量评价，当纳入文献质量较高时，所得的结果也让人更为信服。循证研究更强调对规范和过程的遵循，而尽量淡化单个研究者个人经验的作用。

---

[1] Simpson R J S, Pearson K. Report on certain enteric fever inoculation statistics[J]. British Medical Journal, 1904, 2(2288).

[2] Fisher R A. Statistical Methods for Research Workers[M]. Edinburgh and London: Oliver and Boyd, 1932.

[3] Glass G. Primary, secondary and meta-analysis of research[J]. Educational Research, 1976(5): 3-5.

与综述研究相似,循证研究不仅通常会指出已有研究的不足之处和未来研究的努力方向,而且高质量的循证研究甚至可以为临床决断提供一定的依据。

二、循证研究的程序与规范

循证实践就是对已有研究的研究。系统谨慎地将同一领域前人的研究,按照一定标准进行筛选,将符合标准的结果、方法细节、文献质量等进行评定,找出已有研究不一致的调节因素。对于理论研究而言,循证研究可以找出已有研究不一致的原因来源;对于实践来说,循证研究可以提供一个相对综合全面的结论,一定程度上缩短实践与理论研究之间的距离。

与相对主观的综述不同,循证研究是相对客观、系统的方法。与一般的研究相似,循证研究也有着一套规范的研究流程。循证研究把主题和方法相同或相似的多项独立研究汇总在一起,从诸多研究中筛选出符合标准的文献,提取所需信息,整合已有数据,给出合理解释并以合适的方式加以呈现,以此取代那些意见过时、陈旧的论文。具体的实施需要明确清晰地界定研究问题、检索证据、评价证据、迁移证据与评估反思等步骤。

第一步,提出研究问题,确定研究变量。这是循证研究的第一步。一个课题是否适合做元分析,主要取决于实证研究能否提供元分析所需要的数据。需要回答要研究的概念或干预手段是什么,这些概念和结果变量是如何进行测量的。需要明确效果量的类型,究竟是相关系数、标准化均数差还是比值,并明确是相关关系还是因果关系。

第二步,文献检索与筛选。确定与本研究主题相关的所有文献,通常借助于电子数据库和纸质期刊,可以采用逆向检索的方法。是否把目标文献查全,有没有遗漏是衡量元分析研究质量的重要标准之一。根据纳入标准,对收集到的文献进行筛选,找出符合纳入标准的文献。常用的比较规范的文献筛选流程见系统评价和元分析优先报告条目(Preferred Reporting Items for Systematic Reviews and Meta Analysis,简称PRISMA2020),确保纳入的研究都符合研究目的且具有专业意义。

第三步,数据提取与数据处理。筛选文献之后的主要工作就是对数据进行提取,通常会设计数据编码表,需要对编码者进行必要的培训,根据一定的格式从文献中提取元分析所必需的信息。循证研究有别于一般综述的地方在于可以对已有证据进行质量分级,因此许多系统评价和元分析中会根据一定标准对纳入的文献进行方法学质量评价。提取信息核对无误后,通常就采用软件进行数据分析,比例、平均数和相关系数是最为常见的三类效果量。软件操作使用占比虽然不大,却是研究者最为关注的操作部分。常见的分析软件有 Revman、Stata 和 Comprehensive Meta-Analysis(CMA)。Revman对于新手来说更容易上手,CMA 是专门用于元分析的商用软件。在主分析之后,通常还会进行亚组分析、敏感性分析和元回归分析等。

第四步,结果解读与报告呈现。通常在元分析的报告中需要纳入研究的基本情况、主要的元分析结果等表格以及各个研究阶段所纳入的研究数量、主要结果的森林图和漏斗图等图形。在讨论部分,主要涉及元分析结果的意义、纳入研究的质量、本研究的不足及未来研究的建议等内容。

三、循证实践在青少年心理健康教育领域的应用情况

（一）教育领域的循证实践研究逐步发展

兴起于医学临床领域、重视科学证据的思潮，不仅迅速向整个医疗服务领域渗透，而且不断延伸到教育学、管理学、经济学、心理学等学科，形成了一种循证实践的实践形态[1]。1979年，格拉斯做了一项非常经典的元分析，基于725项关系涉及90万名学生的数据资料，探究了班级规模和学习成绩之间的关系，发现随着班级人数的增加，学生成绩呈现出下滑的趋势，而增加到20个人之后，成绩就变得非常平缓。这为班级人数规模的控制提供了可靠的研究支撑。而在相关研究中，文献质量的调节作用明显。在低质量的文献中，班级规模与学习成绩的相关程度较低；在高质量的文献中，两者的相关程度较高[2]。Cooper等人2006年的一项元分析发现，家庭作业和学习成绩呈显著正相关，年龄有着显著的调节作用。与年龄小的儿童相比，年龄较大的学生的家庭作业与学习成绩的关系更为密切[3]。

运用现有最新最好的科学证据为青少年心理健康提供服务，循证实践研究让心理健康教育教师遵循严格的科学证据开展工作成为可能，教育工作者不再仅仅依据个人的经验、思辨和猜想做出判断。循证，需要的不仅是一种技术，更是一种证据素养，心理健康教育的循证实践是循证实践在心理健康教育领域的应用。按照杨文登博士的定义，心理健康教育的循证实践有广义与狭义两种，前者是指整个心理健康领域的循证实践，后者是指学校心理健康教育的循证实践。心理健康教育的循证实践的核心理念遵从最佳研究方法—最佳证据—最佳教育实践。循证实践要求心理健康教育工作者在直觉经验和理论思辨的基础上，秉持循证精神，基于最佳证据进行实践[4]。

（二）高质量的实证研究是高质量心理健康循证实践的基础

循证研究服务青少年心理健康的兴起既是心理健康教育发展的内在要求，也是循证实践向外延伸推广的产物。循证研究中的检索证据、评价证据和迁移证据等步骤都离不开高质量的实证研究。可见，循证研究的质量严重受制于实证研究的质量，青少年心理健康领域中高质量的实证研究是高质量心理健康循证实践的基础。

---

[1] 杨文登.循证实践：一种新的实践形态？[J].自然辩证法研究,2010,26(04):106-110.
[2] Glass G V, Smith M L. Meta-analysis of research on class size and achievement[J]. Educational Evaluation and Policy Analysis, 1979，1(1):2.
[3] Cooper H, Robinson J C, Patall E A. Does homework improve academic achievement? A synthesis of research, 1987—2003. Review of Educational Research, 2016, 76(1):1-62.
[4] 连福鑫.以循证实践范式助力我国特殊教育高质量发展[J].现代特殊教育,2022(07):1.

由于循证实践在我国出现得比较晚[①]，证据数量无法满足现实需要，部分心理健康教师对循证理念缺乏深入理解或有理解但实施较少。为进一步提高实证研究和循证研究的质量，今后可以努力的方向有很多，而其中采取预研究的注册备案、原始数据在线存放和标准化数据的规范报告等是几项重要举措。未来还需要继续以追求有效的心理健康教育项目为目标，促进青少年心理健康教育内容的精准化和实施流程的模块标准化。

基于这样的理念，本书围绕青少年心理健康的现状、影响因素和干预展开了一些系统评价和元分析研究，力争将自己的一些研究尝试呈现给读者。由于心理健康涉及内容较多，每个部分争取用短小的篇幅做一些浓缩性的介绍。

---

① 李思源,季婷,拜争刚,邓巍,童峰,杨文登.循证实践在我国社会科学领域的研究现状分析[J].中国社会医学杂志,2017,34(06):529-532.

第二章　特定群体青少年心理健康现状的循证研究

读懂青少年,摸清他们心理健康的现状,是做好青少年心理健康工作的前提。一些特定群体的青少年心理健康问题引起了人们的广泛关注,本章主要探讨中职生、流动儿童和寄宿制学生的心理健康问题。

第一节　中职生心理健康的系统评价与元分析

一、问题提出

中等职业教育是我国中等教育的重要组成部分,承担着培养高素质劳动者的任务。中职生的心理状况对于自身的成才和今后的生活都有着不可低估的重要意义。随着我国高等教育体制的改革,中职生招生规模不断扩大,现如今已经成为一个庞大的群体。中职生既要面临青春期特有的生理心理变化,又要承受学业考证、就业生存等职业压力,他们的心理健康水平日益引起社会各界的高度重视。中职生正处于埃里克森心理发展理论中的青春期,面临着自我同一性对角色混乱的心理冲突[1],这是一个人一生中心理最不稳定、压力最大和最叛逆的时期。中职生与普通高中生有着相同的年龄,但自成一个独特的团体,中职学生的生理心理特点和所处的校园环境都不同于一般的中学生,他们面临着不同的亲子关系、同伴关系以及更大的学业压力,因此中职生的心理健康问题受到关注。据调查,目前我国存在心理问题的青少年大约有三千多万,其心理障碍的患病率在中小学生中介于21.6%~32%,在大学生中的患病率为16%~25.4%,且一直呈上升态势。那么,作为同龄人的中职生,他们的心理健康状况如何呢?

为了回答这一问题,学者们做了许多实证研究。例如赵建平的研究表明,中职生学习焦虑的检出率最高,其次是过敏倾向和身体症状[2]。侯诗宜经过实证调查发现,中职

---

[1] Erikson E H. Identity and the life cycle[J]. Psychological Issues, 1959(1): 18-164.
[2] 赵建平.对中职学校学生心理健康现状的调查[J].职教论坛,2011(35):137-138.

生心理水平总体较为良好,但在学习焦虑、过敏倾向、身体症状方面检出率较高[1]。王玲凤的研究结果表明,检出率位于前三位的分别为恐怖倾向、对人焦虑、冲动倾向[2]。为了更准确地定位中职生心理健康问题的相对检出率,周建国等人比较了高中生与中职生的心理健康状况,发现两者异常焦虑的比例都较高。中专生的心理健康状况明显较高中生差[3]。曾宁波等人的研究结果表明,中职生在学习焦虑、身体症状、自责倾向、恐怖倾向、冲动倾向和孤独倾向等6个维度上的检出率均高于普通高中学生,在过敏倾向和对人焦虑2个维度上的检出率低于普通高中学生[4]。梁艳的研究结果表明,中职生的心理健康问题的检出率为2.2%,普通高中学生的心理健康问题的检出率为3.3%,普高学生心理健康水平略低于职高学生[5]。

还有学者比较了不同性别中职生的心理健康问题检出率,管梅娟的研究结果表明,男女学生心理问题的总体检出率并不存在明显的性别差异,但学习焦虑的检出率女生非常显著地高于男生[6]。林艳端的研究结果表明,男女生之间有极显著性差异,职专女生的心理健康状况总体不如男生[7]。王玲凤的研究结果表明,过敏倾向、身体症状、恐怖倾向和总分检出率,女生均大于男生。

在年级方面,赵建平研究发现,年级的心理健康诊断量表(MHT)检出率不存在显著差异。侯诗宜在对不同年级中职生MHT检出比例的差异研究中发现,一年级学生总体焦虑高于二年级学生,但差异无统计学意义。在学习焦虑、孤独倾向、身体症状及冲动倾向4个项目上,一年级学生高于二年级学生,且差异有统计学意义。管梅娟研究发现,学习焦虑、自责倾向、过敏倾向和身体症状4个项目的检出率均存在显著的年级差异。

家庭类型也对中职生的心理健康有着一定的影响,孙琳源的统计结果表明,单亲家庭中职生的心理健康问题检出率为29.4%,高出正常家庭中职生11%的检出率近2倍,说明单亲家庭中职生和正常家庭中职生在心理健康方面差异明显[8]。李晓娟将单亲家庭的数据与完整家庭的数据进行比较,结果发现在多数维度上,单亲家庭学生的问题检出率都要高一些[9]。陈凤桃的研究也发现单亲家庭学生在对人焦虑、孤独倾向、自责倾向、冲动倾向及身体症状等方面与完整家庭的子女存在差异,单亲家庭学生存在着自卑自责、冷漠孤独、对人焦虑、冲动等心理问题[10]。

---

[1] 侯诗宜.中职生心理健康状态调查研究[J].中国卫生产业,2017,14(03):163-165.
[2] 王玲凤.中职生的心理健康状况和亲子关系[J].中国心理卫生杂志,2006,20(7):444-446.
[3] 周建国,袁建生,李娟.高中生与中专生心理健康状况的比较研究[J].江西教育科研,2006(5):43-44.
[4] 曾宁波,刘传星,廖大凯.四川省藏区"9+3"学生心理健康状况调研报告——兼与普通高中学生之比较[J].教育科学论坛,2014(11):75-77.
[5] 梁艳.对中等学历在校学生心理健康特征及影响因素的研究[D].北京体育大学,2008.
[6] 管梅娟.职业中专生心理健康状况调查分析[J].中小学心理健康教育,2004(08):25-27.
[7] 林艳端.职专生心理健康状况及其教育对策初探[J].福建医药杂志,2006(02):156-157+148.
[8] 孙琳源.单亲家庭的中职生管理现状及其对策研究[D].鲁东大学,2015.
[9] 李晓娟.职业高中单亲家庭学生心理健康问题的调查和研究[D].华中师范大学,2014.
[10] 陈凤桃.单亲家庭存在的心理问题、成因及对策研究——以白云区四所中专为例[D].华南师范大学,2009.

可见,学界对于中职生心理健康问题已有了大量研究,关于中职生心理健康问题的检出率是多少,与高中生群体相比孰高孰低,不同亚群体之间有无差异,这一检出率是否存在年代效应等问题,已有研究间均无相对一致的看法,因此有必要采用规范的系统评价和元分析方法对相类似的研究进行整合。为探究中职生心理健康发展趋势,运用元分析方法,本书研究从中国知网、万方数据库和维普数据库中检索了从收录至2022年的相关研究,对以国内中职生为被试,以心理健康问题检出率为结果的实证研究进行元分析,力争初步澄清以往关于中职生心理健康检出率不一致的争论,并尝试找出一些影响检出率高低的调节因素,为相关部门了解中职生心理健康的现状提供了一定的参考。

二、研究方法

(一)文献检索策略

本研究从中国知网数据总库、万方数据库和维普数据库三大数据库中搜索文献。搜索文献时,将"高中生""青少年""中学生""中职生""心理健康""心理健康诊断量表""MHT"等中英文关键词交叉匹配,搜索以此为主题的文献,检索的截止时间为2022年4月5日。

(二)文献纳入与排除标准

界定纳入标准:(1)研究对象是中等职业学校学生,来自中等职业学校和技术学校。主要招收的是初高中毕业生,学制为两年或三年。(2)变量是心理健康,调查问卷限定为心理健康诊断量表(MHT)。MHT是由华东师范大学心理学系教授周步成和其他心理学科研究人员,根据日本铃木清等人编制的"不安倾向诊断测验"进行修订,成为适应于我国中学生标准化的《心理健康诊断测验》[①]。心理健康诊断量表包括8个分维度,可诊断出个人的焦虑中,哪个方面问题较大。这8个内容量包括:学习焦虑、对人焦虑、孤独倾向、自责倾向、过敏倾向、身体症状、恐怖倾向、冲动倾向。(3)提供了所需要的实证信息,主要是心理健康测验总分及各维度的检出率,还有被试的人数等信息。(4)数据经核查无明显的错误。(5)对于一组数据的多篇成果,选择信息最全、被试量最大的一次,并将多个研究成果连接在一起。(6)对于数据搜集年代的信息,按照惯例,如果文中无交代,则使用文章发表的时间减去2年。

剔除标准:排除特殊青少年群体,如独生子女、复读生、艺体生;排除特殊时期,如高考或考试前期;排除没有足够数据的研究。

(三)文献筛选

文献筛选共分为两个阶段。第一阶段通过标题、摘要及研究对象判断是否符合纳入标准,以便排除掉不相关的文献。第二阶段阅读全文并做出是否符合纳入标准的判

[①] 宋专茂.心理健康测量[M].广州:暨南大学出版社,2005.

断,如全文中是否含有总数、检出率等相关数值,是否使用了统一的测量工具。

(四)结果变量

结果变量是中职生心理健康状况与高中生比较的结果及其心理健康问题检出率在性别、家庭类型、(出版)年代、地区上的调节效应等研究结果。

(五)数据处理

使用 Excel、IBM SPSS Statistics 23 和 Comprehensive Meta Analysis3.0(CMA)等软件进行数据分析。将文献数据录入到 Excel 中,接着使用 IBM SPSS Statistics 23 软件进行描述统计,使用软件 CMA 3.0 计算检出率,并对满足条件的数据计算调节效应。考虑其他因素对研究结果的影响,比如文献来源(期刊论文、学位论文)、被试的年级分布、被试的地区分布等因素,因此对所收集的文献进行信息的提取和编码。调节效应参考了以往研究中所使用的变量,这些变量的存在可能对检出率的结果有一定的影响。研究量表中留守和独生两个变量,检出率没有足够的数据,在分析中被剔除。地区变量中,由于东北地区文献太少,将东北地区合并入东部地区。

三、研究结果

图 2-1-1 详细描述了各阶段所选择和剔除的文献数量,最终符合纳入标准的实证研究共 41 项。这些研究样本所呈现出的特征可以客观反映中职生心理健康状况。本研究共涉及全国多个省份,主要集中分布在我国东部、中部、西部地区,就文献来源而言,41 篇纳入文献中有 12 篇为学位论文,29 篇为期刊论文;所纳入文献的年份范围为 2004—2021 年;中职生心理健康检出率均有涉及,其中 8 篇文献描述了性别这一亚组的检出率,约占文献总数 19.5%;8 篇文献描述了年级这一亚组的检出率,约占文献总数 19.5%;4 篇文献描述了家庭类型这一亚组的检出率,约占文献总数 9%;4 篇文献将中职生和高中生的检出率进行了对比,约占总数 12.2%。按照纳入文献的亚组信息,数据多于 3 项方可作为调节变量进行分析,仅有一篇文献描述了是否留守这一亚组的检出率,约占总数 2.4%,此数据不足以支撑亚组分析(见表 2-1-1)。

(一)中职生心理健康问题的检出率

本研究对纳入的中职生心理健康问题进行分析(见表 2-1-2),结果显示:(1)在心理健康总分上,中职生心理健康问题的检出率为 3.5%;(2)在分维度上,学习焦虑问题、人际焦虑问题、孤独倾向、自责倾向、过敏倾向、身体症状和恐怖倾向的检出率依次为 29%、8.5%、4.8%、11.3%、11.4%、16.2%、7.4% 和 7%。为了确定可能存在的调节变量,我们对纳入的效果量进行异质性检验。结果发现,各心理健康指标的卡方值的 P 值均小于 0.001,且 I^2 值超过 75% 的临界值,这意味着选用随机效应模型是恰当的。该结果也提示我们可以探讨调节效应,寻找对不同研究间估计值差异产生干扰的因素。

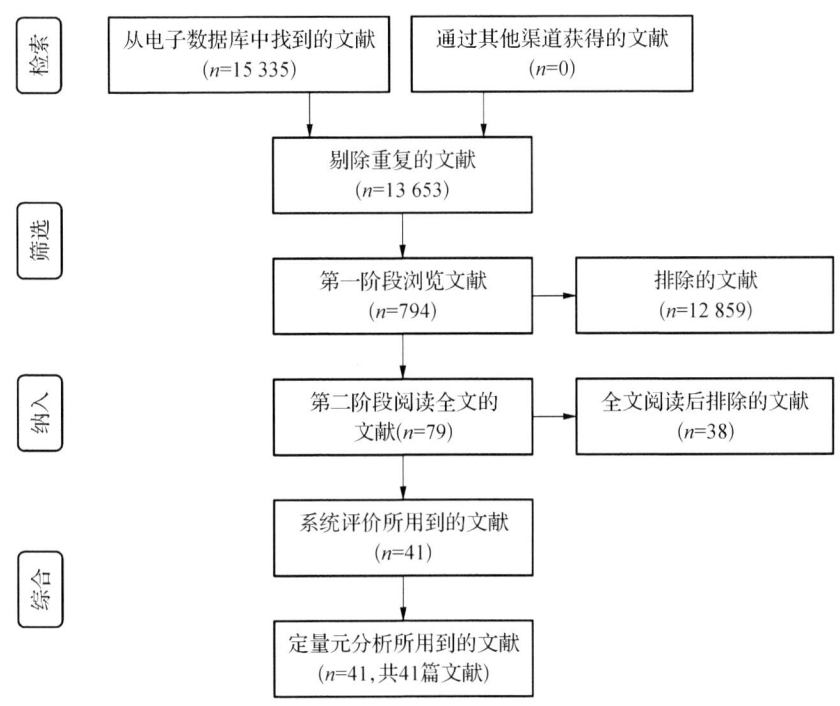

图 2-1-1 文献筛选流程图

表 2-1-1 纳入文献基本特征表

作者/年份	人数	地区	亚组信息	作者/年份	人数	地区	亚组信息
曾宁波,2014	2 180	西部	无	刘婧,2020	1 033	西部	无
陈静,2021	1 340	西部	无	刘文芳,2015	5 127	东部	单亲
陈旭,2018	475	西部	无	罗平,2009	642	东部	年级
陈凤桃,2009	324	东部	单亲	屈擎,2019	1 352	中部	无
陈希,2014	973	西部	无	任小梅,2010	210	东部	无
程亮,2016	382	东北	无	孙琳源,2015	34	东部	无
董媛,2017	51	东部	无	田彩彩,2016	296	西部	无
杜平,2015	543	中部	性别	王富珍,2006	534	东部	无
朵尔奎,2013	551	西部	无	王玲凤,2006	610	东部	性别、年级
格茸拉姆,2012	942	西部	无	吴伟,2002	491	西部	性别、年级
管梅娟,2004	261	东部	性别、年级	肖丹,2016	930	西部	无
郝秀刚,2008	406	中部	无	肖笛,2017	535	东部	无
侯诗宜,2017	1 423	西部	年级	徐晓青,2008	1 186	东部	年级

续 表

作者/年份	人数	地区	亚组信息	作者/年份	人数	地区	亚组信息
黄慧昭,2004	1 601	东部	性别、年级	杨磊云,2012	1 018	东部	无
黄小萍,2016	462	西部	留守	杨强,2011	221	东部	无
江佳康,2009	75	东部	无	叶纯菁,2019	684	东部	性别
李博,2013	829	东北	无	赵建平,2011	633	中部	年级
李晓娟,2014	404	中部	单亲	赵颖,2014	322	东部	无
李亚男,2019	406	东部	无	钟菲,2013	244	中部	性别
梁艳,2008	490	中部	无	周建国,2006	119	中部	无
林艳端,2006	708	东部	性别				

表 2-1-2 中职生心理健康问题的检出率表

心理健康维度	研究数量	被试人数	检出率	下限	上限	异质性检验 P	I^2	发表偏倚 t	p
心理健康总分	36	25 130	0.035	0.028	0.044	0.000	91.053	4.068	0.000
学习焦虑	40	28 766	0.290	0.230	0.358	0.000	99.139	1.751	0.087
人际焦虑	40	28 766	0.085	0.068	0.105	0.000	96.968	5.496	0.000
孤独倾向	40	28 766	0.048	0.031	0.073	0.000	98.698	4.205	0.000
自责倾向	40	28 766	0.113	0.095	0.133	0.000	95.934	2.700	0.015
过敏倾向	40	28 766	0.114	0.089	0.145	0.000	98.175	3.940	0.000
身体症状	40	28 766	0.162	0.128	0.203	0.000	98.522	2.005	0.052
恐怖倾向	40	28 766	0.074	0.054	0.100	0.000	98.265	2.788	0.008
冲动倾向	40	28 766	0.070	0.047	0.102	0.000	98.803	3.329	0.002

有 4 项研究对比了中职生与高中生心理健康问题的检出率,我们使用优势比 OR 值进行元分析,结果见表 2-1-3。

表 2-1-3 中职生与高中生心理健康问题的检出率比较表

心理健康维度	研究数量	被试人数	OR 优势比	下限	上限	异质性检验 P	I^2	发表偏倚 t	p
心理健康总分	4	3 323	1.541	0.702	3.387	0.204	34.778	0.539	0.643
学习焦虑	3	2 833	1.401	1.202	1.633	0.941	0.000	0.032	0.979
人际焦虑	3	2 833	1.206	0.614	2.369	0.085	59.385	1.480	0.378
孤独倾向	3	2 833	1.038	0.184	5.856	0.020	74.508	0.289	0.820
自责倾向	3	2 833	1.451	0.949	2.219	0.153	46.786	158.668	0.004

续 表

心理健康维度	研究数量	被试人数	OR 优势比	下限	上限	异质性检验		发表偏倚	
						P	I^2	t	p
过敏倾向	3	2 833	0.890	0.743	1.066	0.387	0.000	2.882	0.212
身体症状	3	2 833	1.111	0.456	2.709	0.000	88.232	0.313	0.806
恐怖倾向	3	2 833	2.279	0.744	6.987	0.012	77.590	0.808	0.567
冲动倾向	3	2 833	0.982	0.679	1.419	0.669	0.000	22.377	0.028

研究表明,中职生与高中生在学习焦虑方面存在显著差异,其他维度均不存在显著差异。在中职生心理问题检出率中,学习焦虑、身体症状、过敏倾向检出率排在前三位,检出率最高的学习焦虑达到了29%,说明中职生面临的学习压力问题较为突出。这一结论与曾宁波等人研究发现的学习焦虑、身体症状、过敏倾向检出率偏高是一致的;与王玲凤的研究结果发现位于前三位的心理问题分别为恐怖倾向、对人焦虑、冲动倾向的结论不太一致,这可能与纳入偏倚有关。

心理健康各维度中,中职新生在学习焦虑方面无论是评分值还是高焦虑检出率均显著高于高一新生。身体症状也是检出率较高的一项,可能的原因是中职生正处于青春期,身体激素急速增长导致情绪波动,会外显到身体状况,这与前人侯诗宜、李晓娟的研究相符。过敏倾向也有着较高的检出率,可能的原因是青春期的少年心思细腻,比较敏感,对外界的感受性比较强,容易产生焦虑。这与前人赵建平、管梅娟的研究相符。

学习焦虑是中职生较为常见的心理健康问题,且高于普通高中生。这可能与中职生群体的特殊性有关,中职生需要学习技术性知识,比普通高中生更早踏入社会,所以更加焦率。这与曾宁波等人调研结果一致,王富珍等人的研究结果也显示无论是中职新生还是高一新生,在心理方面均存在一定的焦虑,两者之间的检出率基本一致[①]。

(二)性别对中职生心理健康检出率的调节效应分析

研究表明,在身体症状和恐怖倾向维度上,性别的调节效应显著,女生身体症状的检出率高于男生,在心理健康总分和其他维度上的调节效应均不显著(见表2-1-4)。

表2-1-4 性别对中职生心理健康问题检出率的调节效应分析表

心理健康维度	异质性检验			类别	K	人数	检出率	下限	上限
	Q	df	P						
心理健康总分	0.896	1	0.344	男生	7	1 812	0.024	0.014	0.039
				女生	7	2 622	0.034	0.020	0.055

---

① 王富珍,徐琪安,尹淑菊,马剑涛,王国芳.中职护理新生与高中新生心理焦虑状况调查分析[J].中国健康心理学杂志,2006,14(6):601-604.

续 表

心理健康维度	异质性检验			类别	K	人数	检出率	下限	上限
	Q	df	P						
学习焦虑	0.507	1	0.477	男生	8	2 080	0.121	0.042	0.300
				女生	8	3 062	0.195	0.078	0.410
人际焦虑	2.956	1	0.086	男生	8	2 080	0.061	0.044	0.083
				女生	8	3 062	0.092	0.065	0.130
孤独倾向	0.108	1	0.743	男生	8	2 080	0.028	0.018	0.046
				女生	8	3 062	0.026	0.021	0.033
自责倾向	3.078	1	0.079	男生	8	2 080	0.086	0.054	0.134
				女生	8	3 062	0.143	0.100	0.199
过敏倾向	0.498	1	0.480	男生	8	2 080	0.074	0.037	0.143
				女生	8	3 062	0.104	0.053	0.195
身体症状	3.971	1	0.046	男生	8	2 080	0.080	0.049	0.128
				女生	8	3 062	0.147	0.102	0.206
恐怖倾向	7.269	1	0.007	男生	8	2 080	0.066	0.042	0.102
				女生	8	3 062	0.136	0.102	0.180
冲动倾向	2.327	1	0.127	男生	8	2 080	0.050	0.034	0.073
				女生	8	3 062	0.075	0.052	0.105

(三) 家庭类型对中职生心理健康问题检出率的调节效应分析

研究表明,家庭类型在心理健康总分和孤独倾向的调节效应显著,其中单亲家庭的检出率远高于完整家庭。其他各个维度的调节效应均不显著(见表2-1-5)。

表2-1-5 家庭类型对中职生心理健康问题检出率的调节效应分析表

心理健康维度	异质性检验			类别	K	人数	检出率	下限	上限
	Q	df	P						
心理健康总分	9.233	1	0.002	单亲家庭	4	1 008	0.117	0.054	0.234
				完整家庭	3	4 881	0.020	0.009	0.047
学习焦虑	0.015	1	0.904	单亲家庭	4	1 008	0.166	0.058	0.391
				完整家庭	3	4 881	0.152	0.051	0.377
人际焦虑	2.182	1	0.140	单亲家庭	4	1 008	0.215	0.108	0.382
				完整家庭	3	4 881	0.083	0.026	0.235

续　表

心理健康维度	异质性检验			类别	K	人数	检出率	下限	上限
	Q	df	P						
孤独倾向	6.847	1	0.009	单亲家庭	4	1 008	0.215	0.113	0.368
				完整家庭	3	4 881	0.049	0.019	0.122
自责倾向	3.619	1	0.057	单亲家庭	4	1 008	0.215	0.133	0.328
				完整家庭	3	4 881	0.076	0.027	0.198
过敏倾向	0.875	1	0.350	单亲家庭	4	1 008	0.125	0.066	0.225
				完整家庭	3	4 881	0.063	0.016	0.217
身体症状	0.479	1	0.489	单亲家庭	4	1 008	0.144	0.081	0.245
				完整家庭	3	4 881	0.097	0.034	0.246
恐怖倾向	0.875	1	0.350	单亲家庭	4	1 008	0.125	0.066	0.225
				完整家庭	3	4 881	0.063	0.016	0.217
冲动倾向	0.393	1	0.531	单亲家庭	4	1 008	0.121	0.051	0.263
				完整家庭	3	4 881	0.082	0.033	0.189

（四）年份对中职生心理健康问题检出率的调节效应分析

由于文献发表年份为连续变量，因此采用元回归方法来探究是否存在显著调节效应。回归分析结果发现，学习焦虑、过敏倾向和身体症状等维度的检出率上，发表年份的调节效应显著，其回归系数及95％置信区间（Confidence Interval，CI）依次是0.092 (0.029, 0.154)、0.087 (0.035, 0.138)和0.061 (0.006, 0.116)。进一步分析发现，2000—2009年三个维度的检出率依次为22.0％、8.4％和11.3％，2010—2019年的检出率依次为34.1％、13.5％和19.8％，说明近20年来中职生学习焦虑、过敏倾向和身体症状问题的检出率越来越高（见表2-1-6）。

表2-1-6　年份对中职生心理健康问题检出率的调节效应分析表

心理健康维度	回归系数			Z	P
	b	下限	上限		
心理健康总分	0.014	−0.036	0.066	0.57	0.566
学习焦虑	0.092	0.029	0.154	2.86	0.003
人际焦虑	0.042	−0.00	0.088	1.80	0.073
孤独倾向	0.086	−0.005	0.178	1.86	0.063
自责倾向	0.032	−0.007	0.071	1.61	0.107

续 表

心理健康维度	回归系数			Z	P
	b	下限	上限		
过敏倾向	0.087	0.035	0.138	3.32	0.000
身体症状	0.061	0.006	0.116	2.17	0.030
恐怖倾向	−0.039	−0.108	0.030	−1.10	0.272
冲动倾向	0.002	−0.084	0.088	0.04	0.964

(五)地区对中职生心理健康问题检出率的调节效应分析

研究表明,地区在身体症状的调节效应显著,其中东部地区检出率高于西部高于中部。其他维度的调节效应均不显著(见表2-1-7)。

表2-1-7 地区对中职生心理健康问题检出率的调节效应分析表

心理健康维度	异质性检验			类别	K	人数	检出率	下限	上限
	Q	df	P						
心理健康总分	0.264	2	0.876	东部	18	13 299	0.034	0.025	0.046
				西部	10	9 460	0.033	0.021	0.051
				中部	8	3 548	0.039	0.021	0.071
学习焦虑	1.690	2	0.430	东部	21	15 575	0.266	0.178	0.379
				西部	12	9 889	0.347	0.270	0.433
				中部	7	9 399	0.360	0.243	0.496
人际焦虑	1.257	2	0.533	东部	21	15 575	0.092	0.066	0.127
				西部	12	9 889	0.072	0.050	0.103
				中部	7	9 399	0.092	0.062	0.134
孤独倾向	0.383	2	0.826	东部	21	15 575	0.051	0.030	0.086
				西部	12	9 889	0.047	0.016	0.130
				中部	7	9 399	0.042	0.029	0.060
自责倾向	0.956	2	0.620	东部	21	15 575	0.106	0.080	0.138
				西部	12	9 889	0.111	0.085	0.145
				中部	7	9 399	0.134	0.090	0.195
过敏倾向	3.172	2	0.205	东部	21	15 575	0.114	0.078	0.162
				西部	12	9 889	0.096	0.064	0.141
				中部	7	9 399	0.161	0.105	0.240

续 表

心理健康维度	异质性检验			类别	K	人数	检出率	下限	上限
	Q	df	P						
身体症状	14.660	2	0.001	东部	21	15 575	0.117	0.091	0.149
				西部	12	9 889	0.248	0.172	0.343
				中部	7	9 399	0.193	0.156	0.236
恐怖倾向	0.490	2	0.783	东部	21	15 575	0.071	0.052	0.096
				西部	12	9 889	0.090	0.043	0.177
				中部	7	9 399	0.064	0.033	0.120
冲动倾向	0.020	2	0.990	东部	21	15 575	0.069	0.051	0.092
				西部	12	9 889	0.073	0.029	0.174
				中部	7	9 399	0.072	0.036	0.137

综上所述，在性别变量上，研究结果表明，中职生在身体症状和恐怖倾向检出率存在显著的性别差异，女生的检出率显著高于男生。需要注意的是，心理健康总分与其他几个维度的检出率也呈现出女生比男生略高的趋势，但差异并不显著。男女生维度仅在孤独倾向检出率相当，这表明沟通能力弱、封闭自我是中职生男女生的共同特点。叶纯菁的研究同样发现女生更容易出现对人焦虑、恐怖倾向，男生更容易出现孤独倾向[①]。林艳端、王玲凤的研究也表明了中职学生中女生的心理健康状况较男生存在更多问题，这可能与女生的敏感性有关。研究的一致性在某种程度上说明女生更需要关注。

在家庭变量上，研究结果表明，中职生在心理健康总分和孤独倾向检出率存在显著的家庭类型差异，其中单亲家庭的检出率远高于完整家庭。其他几个维度的检出率也呈现出单亲家庭略高的趋势，但差异并不显著。刘文芳通过分析研究发现，单亲家庭学生存在对人焦虑、孤独倾向、过敏倾向、恐怖倾向等心理问题的比例明显高于双亲家庭学生[②]。二者的研究具有高度的一致性，单亲家庭的中职生心理健康问题应该受到关注。该结果与以往的横断历史研究结果相呼应。

在年份变量上，我们以检出率为指标，对中职生心理健康问题检出率的动态变化进行探究，时间跨度为 2000—2019 年。结果发现，在学习焦虑、过敏倾向和身体症状三个维度的检出率上存在显著的年份差异。进一步分析发现，2000—2009 年三个维度的检出率依次为 22.0%、8.4% 和 11.3%，2010—2019 年的检出率依次为 34.1%、13.5% 和 19.8%，说明近 20 年来中职生学习焦虑、过敏倾向和身体症状问题出现了恶化趋势。无独有偶，美国有学者也发现，2011—2018 年美国青少年自杀意向的检出率也呈现出

---

① 叶纯菁.中职新生心理普查状况及应对策略——以福建铁路机电学校为例[J].福建广播电视大学学报,2019(03):20-23.
② 刘文芳.中职生心理健康探索性调查分析研究[J].卫生职业教育,2016,34(13):156-158.

显著增加的趋势①。尼泊尔某一研究也发现,大约15%~20%的18岁以下人群存在某种类型的心理健康问题②。由此可见,青少年心理健康问题愈加严重逐年呈上升趋势,需要引起重视。

在地区变量上,研究表明中职生身体症状的检出率存在显著的地区差异,其中东部地区检出率高于西部高于中部。需要注意的是,由于东北地区相关文献太少,将其合并入东部地区。然而于晓琪等的研究发现,不同区域的高中生(包括中职生)检出率相近,差异并不显著③。

四、讨论分析

本研究共纳入41篇符合标准的文献,涉及29 256名中职生。结果发现学习焦虑、身体症状、过敏倾向是中职生检出率最高的三类心理健康问题。其中,中职生的学习焦虑显著高于高中生,与高中生相比,中职生的学习焦虑问题更严重。女生的心理健康问题检出率高于男生,其中身体症状和恐怖倾向尤为突出。与来自完整家庭的中职生相比,来自单亲家庭的中职生的心理健康问题,尤其是孤独倾向问题更值得关注。中职生学习焦虑、过敏倾向和身体症状检出率随年份呈上升趋势。东部地区的中职生比中西部地区中职生有更多的身体症状问题。总体而言,中职生心理健康问题是不容乐观的。但对该结果的解释需要谨慎,因为存在较大的异质性和发表偏倚,这一领域将来还需要更多高质量的研究。

第二节 流动儿童心理健康的系统评价与元分析

心理健康近年来成为流动人口教育和公共卫生领域的一个热点话题,但是关于流动儿童心理健康状况的已有研究却存在诸多不一致之处。为了给出一个相对综合全面的结论并找出造成已有结论矛盾的原因,本研究对PubMed、OVID、ERIC、Web of Knowledge、中国知网、万方数据库和维普数据库进行文献检索,使用Comprehensive Meta-Analysis 3.0软件中的随机效应模型进行系统评价与元分析。从501篇文献中找到11项符合纳入标准的实证研究,涉及4 621名流动儿童和5 076名城市儿童。结果发现与城市本地儿童相比,流动儿童的心理健康状况更差。心理健康诊断测验总分的

---

① Jeanm Twenge. Why increases in adolescent depression may be linked to the technological environment[J]. Current Opinion in Psychology,2020,32:89-94.

② Chaulagain Ashmita,Kunwar Arun,Watts Sarah,Guerrero Anthony P S,Skokauskas Norbert. Child and adolescent mental health problems in Nepal:a scoping review[J]. International Journal of mental health systems,2019,13(1):713-716.

③ 于晓琪,张亚利,俞国良.2010—2020中国内地高中生心理健康问题检出率的元分析[J].心理科学进展.2022,39(5):978-990.

标准化均数差 SMD 为 0.36,95% 的置信区间为 0.21~0.59。学习焦虑、对人焦虑、孤独倾向、自责倾向、过敏倾向、身体症状、恐怖倾向等 7 个子维度上也存在显著差异,标准化均数差 SMD 介于 0.24~0.37 之间,并通过敏感性分析发现该结论的稳健性。流动儿童较多的心理健康问题与其所能享受到的公共服务较少存在一定关系,因此需为流动儿童提供更多的社会支持,提高流动儿童心理健康水平的干预措施将是今后研究的重点。

一、问题提出

世界很多国家均存在着城乡间的人口迁移,因此了解城乡生活环境变迁对流动人口造成的影响十分重要[1]。从农村进入城市不仅仅是物理居住环境的改变,还会涉及心理上的适应和转变。布格拉等人发现进入新环境后,流动人口的心理健康处于较好的水平[2]。部分原因在于进入流入地后,流动家庭内部的情感支持增强,同时能享受到城市的服务和使用城市设施[3]。然而,也有学者研究发现,流动人口的心理也存在一定的脆弱性,感知到的社会排斥会增加其心理健康问题出现的风险[4]。因此,人口流动对心理健康所造成的影响,在很大程度上取决于人口流动发生地区的具体情境因素。

近年来我国从农村进入城市的流动儿童的心理健康状况日益受到社会各界的关注。为了让孩子接受更好的教育,许多进城务工人员选择将孩子带入城市,从而形成了数量庞大的流动儿童。有学者根据教育部于 2018 年 8 月发布的 2017 年教育统计数据进行计算,发现 2017 年我国义务教育阶段的流动儿童数量约为 1 897.45 万人。一方面由于环境的改变和缺少本地户籍,流动儿童更容易面临来自城市群体的歧视和排斥;另一方面由于被父母寄予厚望,流动儿童也通常背负着较大的学业压力。因此,学术界和社会各界普遍担心城乡生活环境的改变会对流动儿童的心理健康产生不利影响。

一些实证研究发现,与城市儿童相比,流动儿童存在更多的心理健康问题。中山大学尤黎明研究团队对广州市 1 182 名 5~6 年级的城乡流动儿童进行问卷调查,结果发现,流动儿童心理健康问题的检出率为 21%,远高于本地儿童心理问题 9.8% 的检出

---

[1] Johnson J E, Taylor E J. The long run health consequences of rural-urban migration[J]. Quantitative Economics, 2019, 10(2): 565–606.

[2] Bhugra D. Migration and mental health[J]. Acta psychiatrica scandinavica, 2004, 109(4): 243–258.

[3] Harker K. Immigrant generation, assimilation and adolescent psychological well-being[J]. Social forces, 2001, 79(3): 969–1004.

[4] Datta A. Pride and shame in the city: Young people's experiences of rural-urban migration in India[J]. Children's geographies, 2018, 16(6): 654–665.

率①。中科院心理所刘正奎团队调查了北京地区 58 所学校的 7 296 名流动儿童,结果发现,在流入地的居住时间与流动儿童心理健康状况呈 U 型曲线关系。与本地儿童相比,刚进入城市的流动儿童存在更多的焦虑和抑郁问题,随后这些问题慢慢减少。但是在进入城市 8 年之后,流动儿童的心理健康问题又呈现出显著增加的趋势②。浙江大学周旭东团队通过比对 1 858 名流动儿童和 2 359 名城市儿童的相关数据,发现流动儿童出现外部问题、自我伤害念头和自我伤害行为的比例更高③。还有学者发现研究中对流动人口的操作定义相当重要,根据出生地划分的流动人口与本地人口的心理健康问题差别不大,但是按照是否拥有本地房产划分的流动人口比本地人口出现心理健康问题的风险更高④。不过,另外一些实证研究却指出,流动儿童的心理健康状况并没有人们所普遍想象得那么严重。如张华和谢云天采用儿童孤独量表、儿童简易自尊问卷以及学习习惯测查表对 142 名小学生进行调查分析。结果发现流动儿童的总体孤独感较低,自尊程度较强,学习习惯较好⑤。

鉴于已有研究对流动儿童心理健康现状存在着诸多不一致甚至相反的观点,因此利用系统评价与元分析对已有证据进行定量综合就显得尤为必要。本研究的目的就是比较我国流动儿童与城市本地儿童的心理健康现状。鉴于系统评价与元分析的探索性,本研究没有提出专门的研究假设。⑥

二、研究方法

本研究严格遵循系统评价与元分析 PRISMA 声明所建议列出的报告项目。本系统评价的研究方案已在 PROSPERO 平台注册(CRD42018090676)并已公开发表。

(一)文献检索策略

本研究在 2018 年 8 月 16 日对 PubMed、OVID、ERIC、Web of Knowledge、中国知

---

① Wang J, Liu K, Zheng J, et al. Prevalence of mental health problems and associated risk factors among rural-to-urban migrant children in Guangzhou, China[J]. International Journal of environmental research and public health,2017,14(11):1385.

② Cheng J, Wang R, Yin X, et al. U—shaped relationship between years of residence and negative mental health outcomes among rural-to-urban children in migrant schools in Beijing, China: the moderating effects of socioeconomic factors[J]. Frontiers in Public Health,2017,5:168.

③ Lu J, Wang F, Chai P, et al. Mental health status, and suicidal thoughts and behaviors of migrant children in eastern coastal China in comparison to urban children: a cross—sectional survey[J]. Child and adolescent psychiatry and mental health,2018,12(1).

④ Yang M, Dijst M, Helbich M. Mental health among migrants in Shenzhen, China: does it matter whether the migrant population is identified by hukou or birthplace?[J]. International Journal of Environmental Research and Public Health,2018,15(12).

⑤ 张华,谢云天.8 岁~13 岁农民工子女心理健康与学习习惯研究[J].教育测量与评价,2008(2):35-37+48.

⑥ Zhang J, Díaz-Román A, Cortese S. Meditation—based therapies for attention—deficit/hyperactivity disorder in children, adolescents and adults: a systematic review and meta—analysis[J]. Evidence-Based Mental Health,2018,21(3):87-94.

网、万方数据库和维普数据库进行文献检索,没有语言、日期、文献类型的限制。

(二)文献纳入标准

只有符合下面标准的文献才被纳入系统评价与元分析中:(1)基于横断研究或观察性研究,测量心理健康所用到的测量工具为周步成修订的心理健康诊断测验;(2)流动儿童指的随父母从农村到城市生活、学习持续时长大于6个月的18岁以下的儿童;(3)对照组为城市本地儿童;(4)提供了流动儿童、城市儿童两组的人数(N)、心理健康诊断测验MHT的总分和维度分的平均数(M)、标准差(SD)及其他可以转化为标准化均数差(SMD)的t值、p值等信息。我们剔除以下文献:(1)非实证、非定量研究(即综述、评论或定性研究);(2)心理健康测评工具不是周步成的心理健康诊断测验;(3)没有提供元分析所必需的信息;(4)利用同一数据重复发表文献(只保留资料最全的一项);(5)没有城市儿童作为对照组。

(三)文献筛选与数据提取

文献的筛选一共分为两个阶段。第一阶段,两位研究者独立阅读非重复论文的标题和摘要,剔除那些与研究主题无关的问题。遇到不一致的文献时,则通过协商完成;如果协商后仍不能达成共识,则保留该文献进入下一阶段。第二阶段,下载前一阶段所保留的文献全文,两位研究者独立阅读,剔除不符合纳入标准的文献并列出剔除的原因,保留符合纳入标准的文献。遇到有争议的文献,两名研究者通过协商解决;对于通过协商仍无法解决的问题,请一名资深研究者担任仲裁员。对于文献中交代不够清楚的地方,在必要时进一步联系论文作者加以确认。

对于保留的文献,由两名研究者独立进行数据提取。主要提取信息包括研究信息、被试信息和结果信息。具体包括:第一作者、年份、地区、年龄/年级、学校类型、流动儿童定义、人数、平均数、标准差。

为了减少研究的异质性,我们进一步将研究方案中的心理健康量表限定为华东师范大学周步成修订的心理健康诊断测验,中国人民大学俞国良团队认为这是儿童心理健康研究中最常用的测量工具之一[1]。主要结果变量是MHT的总分,次要结果是MHT八个分量表:学习焦虑、对人焦虑、孤独倾向、自责倾向、过敏倾向、身体症状、恐怖倾向和冲动倾向。分数越高,表明心理健康状况越差。

(四)纳入文献质量评估

本研究使用香港理工大学和哈佛大学的Chen Mengtong团队的质量评价表对纳入文献的质量进行质量评定。[2] 该检查表共包括10个项目:研究设计、抽样方法、父母

---

[1] Zhao F, Yu G. Parental migration and rural left-behind children's mental health in China: A meta-analysis based on mental health test[J]. Journal of Child and Family Studies, 2016, 25(12): 3462-3472.

[2] Chen M, Sun X, Chen Q, et al. Parental migration, children's safety and psychological adjustment in rural China: A meta-analysis[J]. Trauma, Violence & Abuse, 2020, 21(1): 113-122.

外出情况、流动儿童的受教育水平/年龄、对照组、数据搜集方法、有效回收率、测量工具、统计方法和数据的完整性。两名研究者独立对纳入文献的质量进行评定,并通过进一步讨论解决了评价中的分歧。

(五)数据分析

本研究使用 Comprehensive Meta-Analysis 3.0 软件对录入的数据进行分析,具体选项为"两组数据比较,连续变量,非匹配组,每组的平均数、标准差和样本量"。本研究中,我们将流动儿童视为实验组,城市儿童为对照组。由于研究间存在较多的异质性,借鉴以往研究的做法,我们使用随机效应模型对数据进行分析。使用 I^2 来评估异质性的大小。I^2 显著意味着异质性不能归因于随机因素。本研究使用 Egger 检验和漏斗图来检测出版偏差。

三、研究结果

本研究共检索到 501 篇非重复文献。经过筛选,符合纳入标准的文献共 11 项。其中有 1 项研究分别报告了被试女童和男童的 2 组数据,故共获得 14 组有效数据。

图 2-2-1 PRISMA 流程图详细描述了各个阶段所选择与剔除的文献数量。最终纳入 11 项研究,所有研究均为横断研究,虽然部分研究没有详细报道抽样方法、有效回收率和心理健康的总分,但大多数纳入研究都有明确的研究设计,并使用了适当的测量和统计方法。关于流动儿童的定义,6 项研究中以是否具备本地户口作为流动儿童与

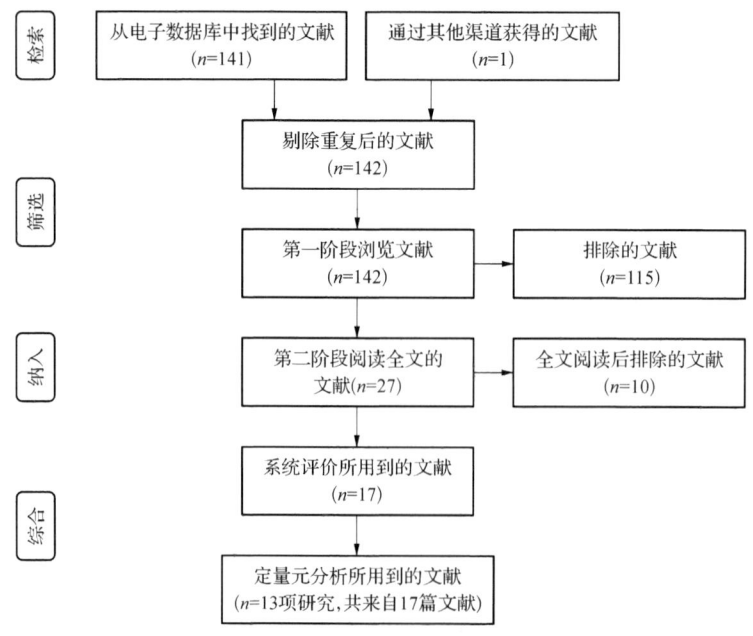

图 2-2-1 文献筛选流程图

本地儿童的区分标准,5 项研究中没有提供明确的区分标准。

所纳入研究的主要特征见表 2-2-1。研究被试包括了 4 621 名流动儿童和 5 076 名城市儿童,主要为 2～8 年级的在校学生,集中在上海、山东、福建、浙江、江苏、黑龙江、广西、广东、甘肃、重庆等地。

表 2-2-1 纳入文献基本特征表

作者/年份	地区	流动儿童(N)	城市儿童(N)	年级/年龄	流动儿童划分依据
白春玉等,2012	黑龙江	991	890	5～6 年级	户口
邓远平等,2010	福建	426	198	4～6 年级	户口
顾昉等,2014	浙江	329	280	5～6 年级	不详
韩煊,2009	广东	551	225	4～8 年级	户口
刘正荣,2006	江苏	318	103	5～6 年级	不详
邱田等,2010	重庆	302	1 810	4～6 年级	户口
王凤华等,2011	浙江	464	586	3～5 年级	不详
吴欣,2011	上海	90	82	6～8 年级	户口
谢旭媛,2013	甘肃	113	243	4～6 年级	不详
张清霞等,2005	山东	62	138	14.11±1.02 岁	不详
周亚娟,2014	广西	975	521	2～5 年级	户口

(一)元分析主要结果

本研究主要结果变量是 MHT 总分。结果发现流动儿童的 MHT 总分显著高于非流动儿童[SMD=0.36(0.18,0.55)](见表 2-2-2,图 2-2-2)。Egger's test 显示不存在发表偏倚。

森林图是以统计指标和统计方法为基础,用数值运算结果绘制出的图形。它在平面直角坐标系中,以一条垂直的无效线(横坐标刻度为 1 或 0)为中心,用平行于横轴的多条线段描述了每个被纳入研究的效果量和可信区间,用一个棱形(或其他图形)描述了多个研究合并的效果量及可信区间。它非常简单和直观地描述了 Meta-分析的统计结果,是 Meta-分析中最常用的结果表达形式[①]。

---

① 刘关键,吴泰相.Meta-分析的森林图及临床意义[J].中国循证医学杂志,2004(03):198-201.

表 2-2-2 元分析主要结果

	研究数	被试数	SMD(95%CI)	P	同质性检验				Egger's 检验发表偏倚	
					Q	df	p	I^2	t	p
MHT 总分	9	8 023	0.36(0.18,0.55)	0.00	97.46	8	0.00	91.79	1.61	0.15
冲动倾向	10	9 497	0.15(−0.03,0.33)	0.11	136.87	9	0.00	93.42	0.59	0.56
学习焦虑	11	9 697	0.35(0.21,0.49)	0.00	92.19	10	0.00	89.15	1.98	0.07
孤独倾向	10	9 497	0.30(0.12,0.48)	0.00	137.59	9	0.00	93.45	0.77	0.46
恐怖倾向	11	9 697	0.31(0.12,0.51)	0.00	179.11	10	0.00	94.38	0.82	0.42
身体症状	11	9 697	0.26(0.12,0.41)	0.00	102.31	10	0.00	90.22	0.42	0.67
自责倾向	10	9 497	0.37(0.24,0.50)	0.00	69.73	9	0.00	87.09	1.69	0.12
过敏倾向	11	9 697	0.24(0.08,0.39)	0.00	107.99	10	0.00	90.74	0.62	0.55
对人焦虑	10	9 497	0.27(0.07,0.46)	0.01	166.32	9	0.00	94.58	0.50	0.63

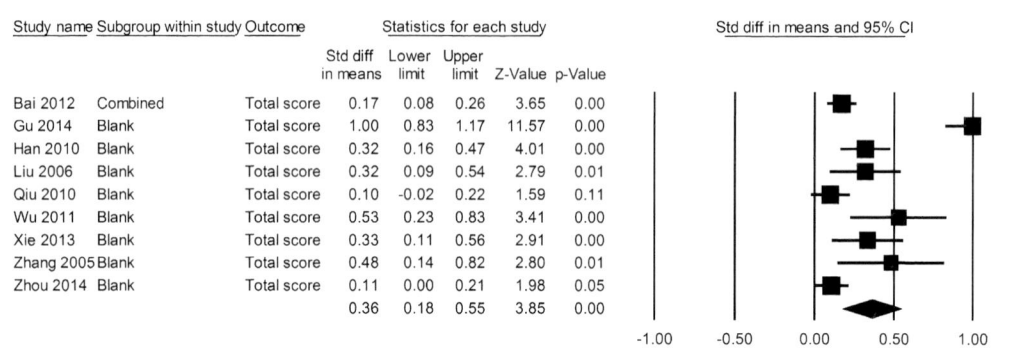

图 2-2-2 MHT 总分元分析的森林图

本研究的次要结果变量为 MHT 的 8 个维度得分。结果发现在 7 个维度上,流动儿童的得分均高于城市儿童,具体结果为过敏倾向 SMD=0.24,95% 置信区间为(0.08,0.39);对人焦虑 SMD=0.27,95% 置信区间为(0.07,0.46);学习焦虑 SMD=0.35,95% 置信区间为(0.21,0.49);孤独倾向 SMD=0.30,95% 置信区间为(0.12,0.48);身体症状 SMD=0.26,95% 置信区间为(0.12,0.41);自责倾向 SMD=0.37,95% 置信区间为(0.24,0.50);恐怖倾向 SMD=0.31,95% 置信区间为(0.12,0.51),具有异质性(I^2 分别为 90.74%,94.58%,89.15%,93.45%,90.22%,87.09% 和 94.38%)。仅在冲动倾向的子维度上,流动儿童与城市儿童的得分无显著差异,SMD=0.15,95% 置信区间为(−0.03,0.33)。Egger's test 显示不存在发表偏倚。

(二) 敏感性分析结果

为了验证结果的稳健性,我们删除了那些没有明确报告流动儿童操作定义的研究,再次使用随机效应模型进行分析。研究结果是稳健的,MHT 总分的标准化均数差 SMD 为 0.20(0.09,0.30),7 个子维度的标准化均数差 SMD 介于 0.08~0.27 之间(见表 2-2-3、图 2-2-3)。流动儿童的心理健康水平明显低于城市儿童,不存在发表偏倚(详见图 2-2-4)。

表 2-2-3 敏感性分析结果一览表(明确使用户口区分流动儿童与城市儿童)

	研究数	被试数	SMD(95%CI)	P	同质性检验				Egger's Test 发表偏倚	
					Q	df	p	I^2	t	p
MHT 总分	5	6 437	0.20(0.09,0.30)	0.00	11.50	4	0.02	65.21	2.24	0.11
冲动倾向	6	7 061	-0.01(-0.06,0.04)	0.26	3.21	5	0.00	0.00	0.76	0.48
学习焦虑	6	7 061	0.27(0.12,0.43)	0.00	38.63	5	0.00	87.05	2.58	0.06
孤独倾向	6	7 061	0.13(0.04,0.21)	0.21	2.99	5	0.04	55.08	0.60	0.58
恐怖倾向	6	7 061	0.12(0.05,0.19)	0.00	8.12	5	0.14	38.46	1.34	0.54
身体症状	6	7 061	0.13(0.07,0.18)	0.00	5.07	5	0.40	1.51	0.31	0.77
自责倾向	6	7 061	0.24(0.14,0.34)	0.00	15.69	5	0.00	68.14	1.44	0.22
过敏倾向	6	7 061	0.11(0.02,0.21)	0.02	14.78	5	0.01	66.16	1.28	0.28
对人焦虑	6	7 061	0.08(0.03,0.14)	0.00	1.58	5	0.90	0.00	0.35	0.74

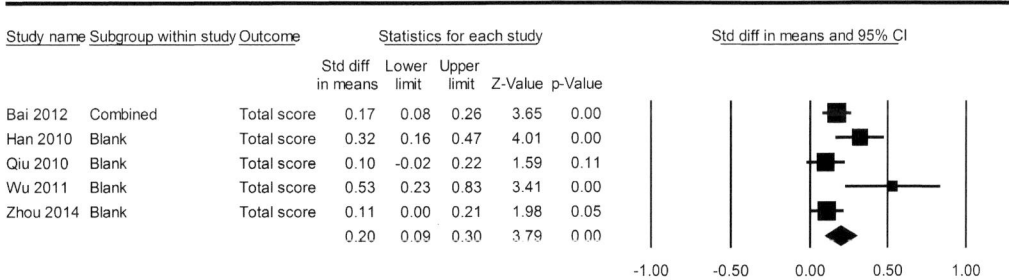

城市儿童得分高　流动儿童得分高

图 2-2-3 MHT 总分元分析的森林图(明确使用户口)

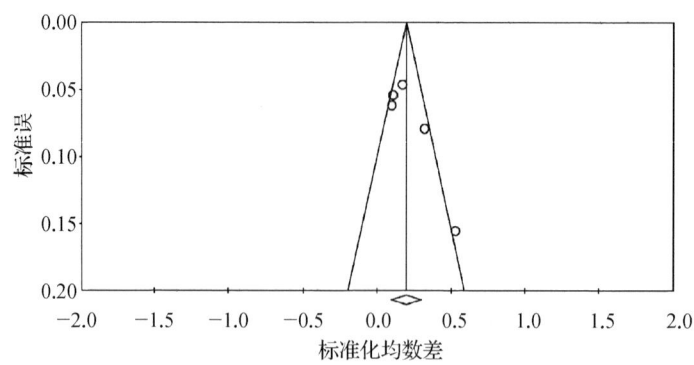

图 2-2-4 MHT 总分的漏斗图(明确使用户口)

四、讨论分析

以往关于流动儿童心理健康现状的研究结论不一,甚至存在相互矛盾的结论。本系统评价与元分析力图对于这一有争议的问题进行综合分析。结果表明,流动儿童出现心理健康问题的风险高于城市儿童。有学者使用中文版的儿童优势与劣势问卷等工具,也发现从农村进入城市的流动儿童的心理健康水平较差[1]。我们元分析的结果依赖于周步成的心理健康诊断测验。不同的测量结果得出了类似的研究结论,这在一定程度上印证了该结论的稳定性。流动儿童心理健康水平差于城市儿童与其生活环境和家庭有重要关联。从家庭方面来说,与城市儿童相比,流动儿童通常来自社会经济地位较低的家庭,在适应城市生活和学校环境方面面临一定的挑战,加之其父母对儿童权利的认识和尊重儿童的观念相对缺乏。从生活环境来说,城市快速的生活节奏让流动儿童在短时间内难以习惯,从而引起他们的不适,影响他们的心理健康。张迪等人的研究发现,流动儿童通常来自教育水平相对落后的农村,难以适应城市学校的教学,并且在衣着打扮等方面与城市学生相比也有差距,由于自信心和自尊不足而对自己持否定态度,有较多的消极情感,从而产生心理健康问题[2]。

此外,流动儿童来自农村,其固有的文化、生活方式、休闲娱乐活动和卫生服务等方面均与城市有所不同。我国很多福利待遇均与户籍挂钩。由于户籍没有进入父母所在的城市,流动儿童与城市儿童相比,所能享受到的社会医疗福利权益尚存在一些差异。这一现状无疑会对他们的健康成长,特别是心理健康产生不利影响。已有研究表明,我

---

[1] Annan J, Sim A, Puffer E S, et al. Improving mental health outcomes of Burmese migrant and displaced children in Thailand: A community-based randomized controlled trial of a parenting and family skills intervention [J]. Prevention Science, 2017, 18(7): 793-803.

[2] 张迪,白春玉,牟均,等.流动儿童心理健康状况与自尊关系的研究[J].中国儿童保健杂志,2013,21(3): 300-302.

国农村青少年的白天过度嗜睡与其抑郁症状、失眠症状存在显著相关[1]。与城市儿童相比,来自农村的流动儿童需要更多的关爱。有研究发现,来自农村的人口患慢性精神疾病的比例更高,所接受的心理健康服务更少[2]。

鉴于流动儿童出现心理健康问题的风险高于城市儿童,社会、学校和家庭应高度重视其心理健康问题。促进流动儿童心理健康、预防流动儿童精神障碍的任务迫在眉睫[3]。已有研究表明,客观环境变量与流动儿童的心理健康之间存在着许多中介或调节变量,如流动儿童家庭内部的依恋与情感支持、来自教师和同伴的社会支持、学校归属感和所在社区的邻里满意度等[4],这些变量是流动儿童心理健康的重要保护性因素。也有研究发现,给流动儿童的父母提供家庭教育知识和方法培训也有利于保护流动儿童的心理健康[5]。

在已有研究的基础上,本领域今后的研究需要进一步提高研究质量,例如更注重抽样的代表性等,利用这些高质量的研究来分析样本规模、所在地区等因素对流动儿童心理健康的影响。未来的研究主题应侧重于探索改善流动儿童心理健康的有效策略。

需要注意的是,由于纳入研究的研究方法存在一些不足,这使得本研究结果在解释时需要谨慎。5 项研究没有明确报告流动儿童的操作定义,所纳入的文献没有提供足够的信息,这使得我们没有进行亚组分析。这是本研究的主要局限。

第三节　流动儿童抑郁症状的系统评价与元分析

作为儿童期的常见问题,抑郁症状常与低自尊、低学业成绩、低身体健康、多自伤自杀倾向等消极的发展结果联系在一起[6][7][8]。2019 年的一项元分析发现我国儿童青

---

[1] Luo C, Zhang J, Chen W, et al. Course, risk factors, and mental health outcomes of excessive daytime sleepiness in rural Chinese adolescents: a one-year prospective study[J]. Journal of affective disorders, 2018, 231: 15-20.

[2] Beks H, Healey C, Schlicht K G. 'When you're it': A qualitative study exploring the rural nurse experience of managing acute mental health presentations[J]. Rural and remote health, 2018, 18(3): 180-190.

[3] Chen J. Internal migration and health: re-examining the healthy migrant phenomenon in China[J]. Social Science & Medicine, 2011, 72(8): 1294-1301.

[4] Li C, Jiang S. Social exclusion, sense of school belonging and mental health of migrant children in China: A structural equation modeling analysis[J]. Children and Youth Services Review, 2018, 89: 6-12.

[5] Meir Y, Slone M, Levis M. A randomized controlled study of a group intervention program to enhance mental health of children of illegal migrant workers[C]//Child & Youth Care Forum. Springer US, 2014, 43(2): 165-180.

[6] Yang chun Cao, Fang Yang. Self-efficacy and problem behaviors of school bully victims: evidence from rural China[J]. Journal of Child and Family Studies, 2018, 27(10), 3241-3249.

[7] Yang Fan, Zhang Lufa. Problem behavior patterns of victims of school bullying in rural China: The role of intrapersonal and interpersonal resources[J]. Children and Youth Services Review, 2018, 93, 315-320.

[8] Zhang L, Yang F. Food insecurity and school performance among the left-behind children in rural China: Depression and educational expectation as mediators[J]. School Psychology International, 2019, 40(5): 510-524.

少年抑郁症状的发生率约为19.85%[1]。另外一项研究发现青少年不同亚组间的抑郁水平存在很大差异,30.7%的留守儿童体验到抑郁,而在非留守儿童中,这一比例仅为22.8%[2]。抑郁不仅危害儿童健康,而且会令家庭和社区付出巨大代价[3],因此及早预防和发现抑郁症状对于保护儿童健康、减轻家庭和社区负担是至关重要的。

一、问题提出

抑郁是困扰流动人口常见的公共卫生问题[4]。研究发现,在土耳其,流动儿童的抑郁和焦虑明显高于非流动儿童[5]。中低收入国家的流动人口通常会遭遇许多困难,如歧视、较少的社会支持和社会法律服务的缺乏,这些困难常被视为导致抑郁症状的危险因素[6]。然而,另外一些研究却发现,总体而言,流动儿童的心理健康障碍问题少于本土儿童[7][8]。因此,人口流动与抑郁症状之间的关系还需要进一步的探讨。[9]

在过去的几十年里,我国社会经济各方面都发生了巨大变化。改革开放后,许多农民为了更好的工作机会而进入城市[10],为了让孩子接受更好的教育,他们把孩子也带到城市。那些离开户口所在地六个月以上的不满18岁的儿童常被称作流动儿童。2017年的教育统计数据显示,处于义务教育阶段的农民工子女大约有1 900万,其中有1 390万人到父母务工的城市接受教育。一方面,他们处于相对弱势群体,在学习生活各方面面临一些适应问题。在改革开放后的相当长的一段时期中,城市本地户籍居民所享受到的各种福利(如购房住房补贴、住房公积金、医疗保险),是流动人口所无法享受到的。

---

[1] Rao W, Xu D D, Cao X L, et al. Prevalence of depressive symptoms in children and adolescents in China: A meta-analysis of observational studies[J]. Psychiatry Research, 2018, 272, 790-796.

[2] Wang J, Liu K, Zheng J, Liu J, You L. Prevalence of Mental Health Problems and Associated Risk Factors among Rural-to-Urban Migrant Children in Guangzhou, China[J]. International Journal of Environmental Research and Public Health, 2017, 14(11).

[3] Anagnostopoulos D. Depression in children and adolescents[J]. Annals of General Psychiatry, 2008, 7(1): 1-2.

[4] Kim, JaHun, Nicodimos, et al. y Comparing Mental Health of US Children of Immigrants and Non-Immigrants in 4 Racial/Ethnic Groups[J]. The Journal of School Health, 2018, 88(2).

[5] Diler R S, Avci A, Seydaoglu G. Emotional and behavioural problems in migrant children[J]. Swiss medical weekly, 2003, 133(1-2): 16-21.

[6] Meyer S, Lasater M, Tol W. Migration and Mental Health in Low-and Middle-Income Countries: A Systematic Review.[J]. Psychiatry, 2017, 80(4):374-381.

[7] Cantor-Graae E, Selten J P. Schizophrenia and migration: a meta-analysis and review[J]. American Journal of psychiatry, 2005, 162(1): 12-24.

[8] Van Geel M, Vedder P. The adaptation of non-western and Muslim immigrant adolescents in the Netherlands: An immigrant paradox? [J]. Scandinavian Journal of Psychology, 2010, 51(5): 398-402.

[9] Stevens, Wilma A M Vollebergh. Mental health in migrant children[J]. Journal of Child Psychology & Psychiatry, 2008, 49(3): 276-294.

[10] Zhang, J. Comparative Study of Life Quality Between Migrant Children and Local Students in Small and Medium-Sized Cities in China[J]. Child & Adolescent Social Work Journal, 2018, 35(6): 649-655.

为了缓解快速膨胀的人口给城市运转带来的巨大压力（如交通拥堵、就业困难等），我国东部的一些特大城市不断提高准入门槛限制外来人口[①]。这种不友好的政策和行为很容易滋长流动儿童的抑郁症状[②]。此外，流动儿童对外部歧视拒绝的高度敏感及农民工父母对孩子的高期望，也一定程度上助长了他们体验到幼年创伤的可能性[③]。可以看出，从农村进入城市的迁徙流动可能会对儿童带来不利的影响，并且这一现象已经引起了社会各界的广泛关注。

流动儿童抑郁状况处于什么水平呢？已有研究的结论之间存在着巨大的差别。有学者在广州调查了1 182名流动儿童，结果发现，在从农村进入城市的流动儿童中，大约有21%的人正遭遇心理健康问题的困扰；而在非流动儿童中，这一比例仅为9.8%[④]。另有学者研究了从农村来到北京的7 296名流动儿童，发现在最初的安置期，他们的抑郁症状较多，随后减少。但是大约8年之后，抑郁症状又再次增加[⑤]。有学者基于包含1 858名流动儿童和2 359名城市儿童的数据库，发现与城市儿童相比，流动儿童出现外化行为问题以及自残念头和行为的风险更高[⑥]。不过，也有一些其他研究发现，流动儿童的心理健康体验更为积极。倪士光等发现公办学校中的流动儿童的心理健康水平优于民办学校[⑦]。邱达明等人发现流动儿童比公立学校中的本地儿童有着更低的抑郁症状[⑧]。

从影响因素来看，流动儿童和城市本地儿童抑郁症状之间的差异可能跟年代有一定关系。在1996年之前，城市公立学校对流动儿童很不友好，要么拒绝农民工子女入学，要么收取高额的借读费。绝大多数流动儿童只能到一些没有获得正规办学资格的农民工子弟学校就读[⑨]。2006年修订的《中华人民共和国义务教育法》规定，地方政府应为流动人口子女接受义务教育提供平等条件。与此同时，城市居民也越来越多地接纳流动儿童。流动儿童也感受到来自社会各界的广泛关注。迁入城市对流动儿童态度

[①] 王红茹.北京积分落户"门槛颇高"[J].中国经济周刊,2015(49):3.
[②] 朱倩,郭海英,潘瑾,林丹华.流动儿童歧视知觉与问题行为——心理弹性的调节作用[J].中国临床心理学杂志,2015,23(03):529-533.
[③] 卓然.父母控制的知觉差异与流动儿童问题行为的关系[J].长春大学学报,2016,26(12):48-52.
[④] Wang Y Y, Xiao L, Rao W, et al. The prevalence of depressive symptoms in "left-behind children" in China: a meta-analysis of comparative studies and epidemiological surveys[J]. Journal of Affective Disorders, 2018, 244(2019):209-216.
[⑤] Cheng J, Wang R C, Yin X, Fu L, Liu Z K. U-shaped relationship between years of residence and negative mental health outcomes among rural-to-urban children in migrant schools in Beijing, China: The Moderating Effects of Socioeconomic Factors[J]. Frontiers in Public Health, 2017, 5.
[⑥] Lu J, Wang F, Chai P, et al. Mental health status, and suicidal thoughts and behaviors of migrant children in eastern coastal China in comparison to urban children: a cross-sectional survey[J]. Child & Adolescent Psychiatry & Mental Health, 2018, 12(1):13.
[⑦] 倪士光,李虹.流动儿童认同整合与心理健康的关系:自我效能的调节作用[J].中国特殊教育,2014(01):60-66+89.
[⑧] 邱达明,曹东云,杨慧文.南昌市流动儿童心理健康状况的调查研究[J].中国健康教育,2008(01):33-34+37.
[⑨] 周序.流动儿童教育政策中的社会控制理念[J].江西教育科研,2007(05):35-38.

的变化也可能会影响流动儿童与本地儿童抑郁症状的差异①。

地区也可能对流动儿童和城市儿童抑郁症状的发生产生一定影响。我国部分特大城市对人口增长和流动人口的限制相对严格,东部地区对外来人口的吸收能力下降②。与中东部的大城市相比,西部城市的人口压力相对要小,对外来人口的限制相对较少,因而流动人口的外部环境更为友好③。从2010年到2015年,我国北京、上海、辽宁、浙江和江苏等东部地区的流动人口,包括流动儿童数量在下降④。流动人口感知到的限制越多,他们可能出现的抑郁症状就会越多。除此之外,样本的大小、流动儿童的操作定义、所选用抑郁工具和流动儿童的年级都增加了研究间的异质性。⑤

鉴于以往研究结论的不一致以及发表年份、调研地点、测量工具等因素的差异,综合以往实证研究进行定量整合是很有必要的。因此,本研究的主要目的是比较流动儿童与城市本地儿童的抑郁症状。主要研究问题有两个:(1)流动儿童与城市本地儿童的抑郁症状是否存在显著差异;(2)区域、测量工具等因素是否会起调节作用。

二、研究方法

本研究遵循的是PRISMA声明⑥。研究方案在PROSPERO注册(注册号为CRD42018090676),并发表在同行评议的期刊上⑦。

(一)检索策略

2021年1月27日对7个数据库进行文献检索,数据库分别是PubMed、OVID、Web of Knowledge、中国知网、万方数据库、维普数据库和中国社会科学引文索引数据库。在PubMed中用到的检索策略为:(Adolescent OR Child* OR Teen* OR student*) and (migrant OR floating OR migration OR migrate) and (China* OR Chinese) and (depressive OR depression OR melancholia OR MDD)。在其他数据库中的检索策略与此类似,并根据数据库的特点适当做了调整。

---

① 周皓,荣珊.我国流动儿童研究综述[J].人口与经济,2011(03):94-103.
② 邹杰玲,王玉斌.团簇的藩篱:大城市落户门槛如何阻碍农民工子女随迁[J].财经科学,2018(12):13.
③ 齐俊杰.孔雀西南飞——人口流动出现新变化[J].中国人力资源社会保障,2019(06):54.
④ 任远.关注日益严峻的"流留一代"问题[EB/OL].(2018-12-26).https://www.thepaper.cn/newsDetail_forward_2776080.
⑤ Ding L, Yuen L W, Buhs E S, Newman I M. Depression among Chinese left-behind children: a systematic review and meta-analysis[J]. Child: care, health and development, 2019,45(2):189-197.
⑥ Moher D, Liberati A, Tetzlaff J, et al. Preferred Reporting Items for Systematic Reviews and Meta-Analyses: The PRISMA Statement[J]. Revista Espanola de Nutricion Humana y Dietetica, 2014, 18(3):172-181.
⑦ Zhang J, Yan L, Yuan Y. Comparing the mental health of rural-to-urban migrant children and their counterparts in china[J]. Medicine, 2018,97(17).

(二) 文献纳入与排除标准

纳入标准:(1) 测量抑郁症状的实证研究;(2) 被试儿童与父母生活在一起,年龄在18周岁以下;(3) 离开农村户籍所在地6个月以上到城市的流动儿童;(4) 两组人群都能够提供抑郁症状的平均数、标准差、被试样本或 t 值、p 值等在 CMA 软件中计算标准化均数差 SMD 所需要的必要信息。

排除标准:(1) 评论、综述、定性研究等非实证、非量化的研究;(2) 测量的不是抑郁症状的研究;(3) 没有明确的测量指标或者测量工具缺乏适合我国儿童客观解释标准的研究,如房树人测验[1];(4) 数据重复发表的研究,如果同一数据在多篇论文发表,仅使用数据最全、最早的那篇;(5) 本地缺乏城市儿童数据的研究;(6) 缺乏流动和本地儿童两组人群抑郁症状得分的平均数、标准差、被试样本或 t 值、p 值等在 CMA 软件中计算标准化均数差 SMD 所需要的必要信息的研究。

(三) 文献筛选与数据提取

文献筛选分两个阶段进行,第一阶段仅阅读题目和摘要,剔除那些明显不符合要求的文献,由两名研究者独立进行;第二阶段下载经过第一阶段保留下来的文献全文,同样由两名研究者独立作出判断。对于有争议的文献,通过协商解决。必要时由第三位经验丰富的研究者通过全文进行判断,决定是否纳入。标题/摘要审查和全文审查也分两个阶段进行:第一个阶段,前两位研究者独立地筛选所有论文的标题和摘要,并排除不相关的内容。在第二阶段,两位研究者独立评估其余论文的全文版本。研究者之间通过讨论达成一致意见,解决分歧。如果需要,第三位资深研究者决定是否纳入或排除。从纳入的文献中主要提取如下信息:第一作者、发表年份、规模、地区、流动儿童和城市儿童的年龄、人数、抑郁症状的均值、标准差或 t、p 和 F 等在 CMA 软件中可以转换为标准化均值差的其他参数。

(四) 结果指标

由于抑郁症状的判断标准不同,我们选择将抑郁症状的得分作为主要结果,而不是抑郁检出率。抑郁症状的分数越高意味着抑郁症状越严重。

在前人的研究中,自我报告的抑郁症状测量工具主要有两类。第一类量表是专门用于测量抑郁的工具,此类工具的各项测量指标都相对较高。这一种工具主要有贝克抑郁量表(BDI)、儿童抑郁量表(CDI)、抑郁症流行病学研究中心自评量表(CES-D)[2]、

---

[1] Burns R C. Kinetic-house-tree-person drawings(K-H-T-P): An interpretative manual[M]. New York: Brunner, 1987.

[2] Radloff L S. The use of the center of epidemiologic studies depression scale in adolescents and young adults[J]. Journal of youth and adolescence, 1991, 20(2), 149-166.

儿童抑郁自评量表(DSRSC)和抑郁自评量表(SDS)。[1][2]

第二类量表使用的是某种量表的某个维度,或由调查者自行设计,通常较少被人引用的测量工具。这些量表包括中学生心理健康量表(MSSMHS)、症状自评量表(SCL-90)、Yatabe-Gnilford 测验(Y-G 测验)和十六人格因素问卷(16-PF)。

(五) 文献质量评价

参照前人的研究中横断面研究的质量评估工具,对纳入的文献进行方法学质量评价[3],共 8 个项目:研究设计、抽样方法、数据收集方法、回收率、流动儿童定义、城市儿童信息、测量和统计方法。两位研究者独立评估了纳入的每项研究的质量,并通过讨论解决了分歧。

(六) 统计分析

采用 CMA 3.0 进行分析。流动儿童作为实验组,城市儿童作为对照组。考虑到研究的固有异质性,采用随机效应模型[4]。I^2 用于评估效应大小的异质性[5]。使用 Egger's 检验和漏斗图来估计发表偏倚。通过 meta 回归和亚组分析确定是否存在调节效应[6]。

三、研究结果

在检索到的 2 710 篇非重复的目标文献中,经过两个阶段的筛选,最终有 32 项实证研究进入 meta 分析中。对筛选过程的详细描述见图 2-3-1。虽然部分研究没有明确指出用到的抽样方法、流动儿童的具体定义和详细的问卷回收率,但大多数纳入的研究都有着明确的研究设计,使用的测量方法和统计方法恰当。

表 2-3-1 报告了纳入的 32 项研究的主要特征,总样本包括 14 906 名流动儿童和 10 792 名城市本地儿童。调查区域涉及我国大陆地区的东部(北京、广东、福建、浙江、江苏、上海,代码为 0)、中部(湖北、湖南、河南、江西,代码为 1)和西部(四川、重庆、新疆、云南,代码为 2)的 14 个省份和直辖市。被调查者为一年级到九年级的中小学生。用到的测量工具包括 BDI、BSI、CDI、CES-D、DSRSC、SDS、16-PF、MSSMHS、SCL-90、Y-G Test 和其他两种没有详细信息的量表。

---

[1] 汪向东,王希林,马弘.心理卫生评定量表手册(增订版)[M].北京:中国心理卫生杂志社,1999.
[2] Zung W W K. A self-rating depression scale[J]. Archives of general psychiatry, 1965, 12(1): 63-70.
[3] Chen, M, Sun X, Chen Q, Chan K L. Parental Migration, Children's safety and psychological adjustment in rural China: a meta-analysis[J]. Trauma Violence Abuse, 2020, 21(1), 113-122.
[4] Cortese S, Sun S, Zhang J, Sharma E, Chang Z, Kuja-Halkola R, Faraone S V. Association between attention deficit hyperactivity disorder and asthma: a systematic review and meta-analysis and a Swedish population-based study[J]. The Lancet Psychiatry, 2018, 5(9): 717-726.
[5] Higgins J P T, Thompson S G. Quantifying heterogeneity in a meta-analysis[J]. Statistics in medicine, 2002, 21(11): 1539-1558.
[6] Egger M, Davey Smith G, Schneider M, Minder C. Bias in meta-analysis detected by a simple graphical test[J]. BMJ, 1997, 315(7109): 629-634.

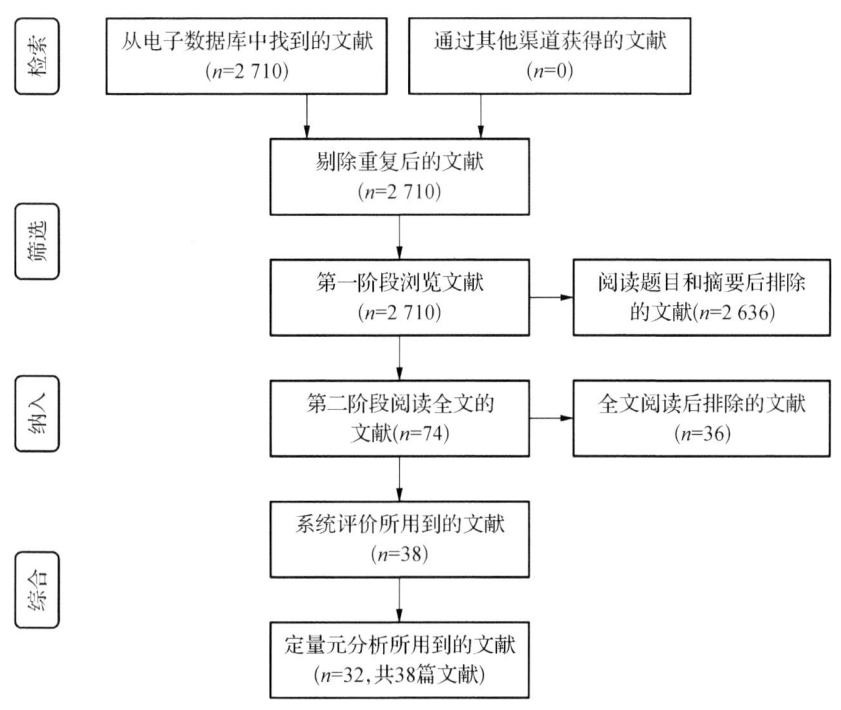

图 2-3-1 文献筛选流程图

表 2-3-1 纳入文献基本特征表

作者/年份	流动儿童	城市儿童	工具	省份	区域	年级年龄	流动儿童划分依据	流动时长
曹廷珲,2017	776	265	BDI	北京、黑龙江	混合	5～9	户籍	>6个月
陈殿君,2017	414	352	CDI	广东	东部	7～9	户籍	不明
陈雷音,2011	184	202	DSRSC	湖南	中部	3～6	户籍	不明
陈美芬,2006	140	150	EPQ 16PF	浙江	东部	2～5	不明	不明
陈欣银,2009	411	518	CDI	北京	东部	3～6	户籍	不明
陈烨,2018	393	481	MMHI-60	广西	西部	7～9	户籍	>6个月
丁芳,2012	377	150	CDI	江苏	东部	7～9	不明	不明
付慧鹏,2013	236	207	DSRSC	河南	中部	8～14 岁	户籍	不明
龚琳涵,2016	486	143	CES-D	广东	东部	7～9	不明	>6个月
Jiang Shan,2020	804	518	BSI	广西	西部	4～9	户籍	不明
李怀玉,2009	258	279	SCL-90	河南	中部	6～13 岁	不明	不明

续 表

作者/年份	流动儿童	城市儿童	工具	省份	区域	年级年龄	流动儿童划分依据	流动时长
刘庆,2015	1 080	628	不明	湖北	中部	5~9	不明	不明
Lu Shuang,2020	140	393	CES-D	全国	混合	10~15 岁	户籍	不明
卢璇,2012	239	318	CES-D	福建	东部	4~9	不明	不明
毛亚辉,2012	712	303	CES-D	上海	东部	7~8	户籍	不明
彭颂,2006	107	121	SDS	广东	东部	3~6	户籍	不明
邱达明,2008	270	120	MSSMHS	江西	中部	7	不明	不明
石军红,2015	569	294	DSRSC	上海	东部	4~5	不明	不明
孙兰,2008	686	686	SCL-90	上海	东部	7~8	户籍	不明
卫利珍,2011	269	117	BDI	福建	东部	6	不明	不明
吴怀能,2018	560	545	CDI	浙江	东部	2~6	户籍	不明
薛君妮,2010	774	317	Y-G Test	江苏	东部	7~9	户籍	不明
杨辉,2014	399	341	SCL-90	重庆	西部	7~9	户籍	不明
杨鹤林,2014	183	182	16-PF	江苏	东部	<18 岁	不明	不明
杨莉,2012	258	253	SCL-90	湖北	中部	11~18 岁	不明	不明
姚梅玲,2012	340	210	SCL-90	河南	中部	7	不明	不明
张巧玲,2013	305	205	MSSMHS	北京	东部	7~9	户籍	不明
张文武,2010	412	148	DSRSC	浙江	东部	4~6	不明	不明
赵晓敏,2018	682	1 242	MSSMHS	重庆	西部	7~12	户籍	不明
赵燕,2014	741	172	CDI	广东贵州	混合	6~8	不明	<1 年 66；1~3 年 85；>3 年 356；本地 249
周皓,2008	1 517	437	CDI	北京	东部	3~5	户籍	不明
Zhou Mi,2018	184	505	CES-D	全国	混合	10~15 岁	户籍	不明

（一）主分析结果

与城市本地儿童相比,流动儿童在抑郁症状上的得分显著高于非流动儿童,SMD=0.307,95% 置信区间为(0.222,0.393),研究间存在较大的异质性(I^2=90.388%),见表2-3-2和图2-3-2。

表 2-3-2 元分析主要结果和敏感性分析的结果表

		研究数	被试数	SMD	（95%CI）	P	同质性检验				发表偏倚检验	
							Q	df	p	I^2	t	p
区域	所有	32	25 708	0.307	0.222~0.393	0.000	322.524	31	0.000	90.388	0.562	0.578
	东部	17	13 147	0.405	0.284~0.527	0.000	167.261	16	0.000	90.434	0.622	0.542
	中部	7	4 525	0.307	0.124~0.490	0.001	50.602	6	0.000	88.143	1.537	0.184
	西部	4	4 860	0.106	0.005~0.208	0.040	8.792	3	0.032	65.878	0.426	0.711
工具	BDI	2	1 427	0.182	0.064~0.299	0.002	0.381	1	0.537	0.000		
	CES-D	5	3 423	0.177	0.069~0.285	0.001	8.204	4	0.084	51.233	0.399	0.716
	CDI	6	6 194	0.324	0.145~0.504	0.000	50.751	5	0.000	90.148	0.876	0.430
	DSRSC	4	2 252	0.577	0.468~0.686	0.000	4.426	3	0.219	32.216	0.423	0.716
	某维度	12	9 154	0.267	0.098~0.436	0.002	165.736	11	0.000	93.363	1.247	0.240

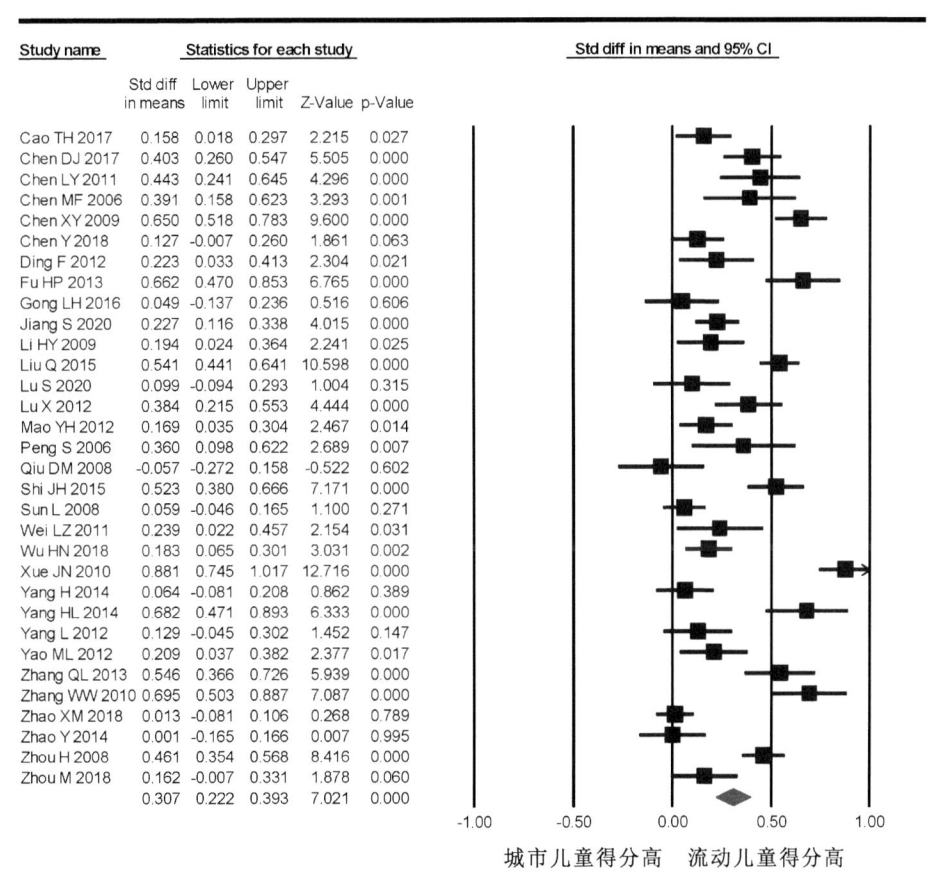

图 2-3-2 流动儿童与本地儿童抑郁症状的元分析结果图

(二) 元回归与亚组比较

以年份(连续变量)、被试量(连续变量)、地区(东部=0、中部=1、混合=2、西部=3)、量表(BDI=0、BDS=1、CDI=2、CES-D=3、DSRSC=4、SDS=5、自发展=6、细分=7)、年级(小学=0、中等=1、混合=2)和对流动儿童的操作定义(定义明确=0、定义不明确=1)为回归因子进行 meta 回归分析。结果发现,区域对合并 SMD 有显著影响。其他变量均未显著影响合并 SMD。

为了进一步探究异质性的来源,对区域进行了亚组分析。结果发现,在我国东部地区和中部地区,流动儿童抑郁得分更显著高于城市儿童,东部地区效果量 SMD=0.405,95%置信区间为(0.284,0.527);中部地区 SMD=0.307,95%置信区间为(0.124,0.490)。虽然西部地区流动儿童抑郁得分也高于城市儿童,但其效果量较小,SMD=0.106,95%置信区间为(0.005,0.208),详见表 2-3-3。

表 2-3-3 元回归结果表

设置	变量	β	SE	Z	P	Q	P	R^2
区域	中部 vs 东部	−0.376	0.142			10.32	0.016	22
	混合 vs 东部	−0.279	0.167					
	西部 vs 东部	−0.333	0.203					
人数		0.000	0.000	−0.900	0.367			
年级	中等 vs 小学	−0.014	0.139			3.14	0.208	
	混合 vs 小学	0.213	0.174					
年份		−0.011	0.017	−0.610	0.539			
工具						10.34	0.170	
	BSI vs BDI	0.171	0.340					
	CDI vs BDI	0.144	0.200					
	CES-D vs BDI	−0.071	0.201					
	DSRSC vs BDI	0.448	0.222					
	SDS vs BDI	−0.096	0.342					
	自编工具 vs BDI	0.686	0.365					
	其他工具某维度 vs BDI	0.186	0.214					
流动儿童的定义	不明 vs 户籍	−0.165	0.102	−1.610	0.107			

我们也对量表进行了亚组分析。结果发现,在 DSRSC 和 CDI 两个量表上,流动儿童与本地儿童抑郁得分的效果量更大[DSRSC:SMD=0.577,95%CI=(0.468,

0.686);CDI：SMD=0.324,95％CI=(0.145,0.504)]。在 BDI 和 CES-D 量表上,虽然流动儿童的抑郁得分也高于本地儿童,但是效果量比较小[BDI：SMD=0.182,95％CI=(0.064,0.299);CES-D：SMD=0.177,95％CI=(0.069,0.285)]。

四、讨论分析

通过系统回顾和元分析,我们发现流动儿童的抑郁症状明显高于城市儿童,这意味着与城市本地儿童相比,流动儿童的心理健康相对处于劣势。考虑到家庭微环境在儿童心理成长中的重要作用,这个结果是可以理解的。与城市儿童相比,流动儿童遭遇更为频繁的城乡迁徙甚至省际流动,而流动意味着外部环境和人际关系的变换,这会对流动儿童的健康造成显著负面影响[1]。此外,由于城乡之间有着巨大差异,如休闲活动时间的多少以及对卫生服务的获取和利用程度,流动儿童原有的一套生活模式到了新的环境可能会不太奏效,甚至会显得格格不入[2]。由于没有当地户籍,流动儿童虽然身在城市,但却无法融入城市生活,这种情况无疑会对他们的发展尤其是心理健康的维护,产生非常不利的影响。与城市本地儿童相比,流动儿童遭遇歧视性虐待、贫困和其他压力事件的可能性更大[3][4]。与城市儿童相比,流动儿童的家庭和学校环境更差,因为父母的职业地位、经济收入和受教育程度通常更低,父母对孩子的健康发展了解不足。并且,已有研究发现我国城市生活方式的变化和生活节奏的加快,给人们带来了巨大的心理压力,这与流动儿童的心理不适也有一定的关系[5]。这些变化都容易影响到流动儿童的心理成长,他们往往更容易出现极端自卑或行为偏差。因此,流动所带来的环境变化使流动儿童面临更大的心理压力,一旦超出了他们应对困难的能力,就容易出现较严重的抑郁症状。

地区对流动儿童抑郁症状有显著影响。这可能是因为不同地区对流动儿童的接受程度也不同。在过去一段时间里,我国东部的一些特大城市对外来人口的限制比较多,相比之下,西部地区鼓励开发,对外来人口采取更友好的态度,城市接受度的不同,造成了儿童抑郁症状的差异。造成这种差异的另一个原因是流入城市和户籍所在地之间存在的环境差异。对于流动人口来说,原生地区的文化和新城市的文化都很重要,但往往

---

[1] Cheng H, Liu Y, Tian M, Li Z. A study on the impact of "residential instability" on the health of migration population in large cities of China[J]. Geographical Research,2021,40(01),185-198.

[2] Zheng J, An R. Satisfaction with local exercise facility: a rural-urban comparison in China[J]. Rural and remote health,2015,15(2):147-157.

[3] Fang L. The well-being of China's rural to urban migrant children: Dual impact of discriminatory abuse and poverty[J]. Child Abuse & Neglect,2020,99(C).

[4] Gao Y, Wang H, Liu X, et al. Associations between stressful life events, non-suicidal self-injury, and depressive symptoms among Chinese rural-to-urban children: A three-wave longitudinal study[J]. Stress and Health,2020,36(4):522-532.

[5] 倪士光,李虹,张平,徐继红.压力知觉对流动儿童社交焦虑的影响:希望的调节作用[J].中国特殊教育,2016(11):63-68.

两种文化和生活方式会有冲突①。在西部地区,流动儿童大多在省内流动,目的地与户籍所在地的距离较小,生活方式也更为接近,因此由适应压力导致的抑郁症状也较小②。而在中国东部地区,流动儿童多来自外省,其原籍地与新居住地差异较大,因而容易出现较多的心理问题和抑郁症状。

虽然本研究采用了不同的量表,但核心都离不开对主观抑郁体验的测量③。流动儿童的抑郁得分在各量表上均高于城市儿童,然而不同量表的效应大小不同,这可能是由于这些量表对不同维度抑郁症状的关注有所不同。例如,DSRSC 和 CDI 关注抑郁情绪,因此这些工具的效果量最大,而 CES-D 关注抑郁行为症状,效果量最小④。其他量表的子维度可以测量抑郁情绪和抑郁行为症状,报道了中等效应大小。因此我们需要注意,流动儿童的抑郁得分较高意味着他们比城市儿童更容易出现抑郁情绪,而不是抑郁行为症状。

这些发现提示我们需要更加关注流动儿童的抑郁心理,给予他们更多的物质、社会和人际支持。流动儿童身居的不利环境很可能对其身体、社交和情感发展产生深远、持久的消极影响。因此,给他们提供相应的教育支持,帮助他们克服风险因素,对于促进积极的个人和社会发展是很重要的。研究结果表明,应采取更多的社会心理干预措施来支持流动儿童,学校、家庭和全社会应更多地关注他们的抑郁症状。在城乡一体化的背景下,我国许多城市正在逐步调整人口户口限制政策,营造更加友好的社会氛围,这有助于减少流动儿童感知到的与抑郁症状相关的社会歧视⑤。其中,教师基于户口的歧视与流动儿童抑郁呈正相关,减少教师歧视是减少流动儿童抑郁症状的重要手段⑥。

研究发现,团体人际心理治疗和元认知干预训练可以有效缓解初中阶段流动儿童的抑郁,且具有较好的稳定性⑦。泰姆等人实施了一项旨在减少流动人口相关困难的干预研究,发现随着干预的进行,被试的抑郁症状明显减少⑧。另外,还需要鼓励流动

---

① Maehler D B, Daikeler J, Ramos H, et al. The cultural identity of first-generation immigrant children and youth: Insights from a meta-analysis[J]. Self and Identity, 2021, 20(6): 715-740.

② 段成荣,吕利丹,王宗萍,郭静.我国流动儿童生存和发展:问题与对策——基于 2010 年第六次全国人口普查数据的分析[J].南方人口,2013,28(04):44-55+80.

③ 王中会,蔺秀云,侯香凝,方晓义.流动儿童城市适应及影响因素——过去 20 年的研究概述[J].北京师范大学学报(社会科学版),2016(02):37-46.

④ 王鑫,王惠萍,耿晓伟.抑郁及其测量工具的研究综述[J].赤峰学院学报(自然科学版),2015,31(08):81-82.

⑤ Song R, Fung J J, Wong M S, et al. Attachment as Moderator of Perceived Social-Class Discrimination on Behavioral Outcomes Among Chinese Migrant Children:[J]. The Journal of Early Adolescence, 2020, 40(6): 745-771.

⑥ Jiang S, Dong L. The Effects of Teacher Discrimination on Depression Among Migrant Adolescents: Mediated by School Engagement and Moderated by Poverty Status[J]. Journal of Affective Disorders, 2020, 275.

⑦ 孙卉,张田.团体人际心理治疗对初中流动儿童抑郁情绪的作用[J].中国临床心理学杂志,2020,28(01):212-216.

⑧ Tam C C, Li X, Benotsch E G, et al. A Resilience-Based Intervention Programme to Enhance Psychological Well-Being and Protective Factors for Rural-to-Urban Migrant Children in China[J]. Applied Psychology: Health and Well-Being, 2020, 12(1): 53-76.

儿童的家长多与子女进行沟通,建立积极的亲子关系,这一定程度上可以预防流动儿童的抑郁症状[1]。

我们的研究当然也存在一些缺点,这是在解释元分析结果时需要注意的。第一,纳入文献用到的测量抑郁症状的工具较多较杂,增加了研究间的异质性。抑郁具有多维度,包括情感、行为和执行等多种成分,每项研究使用的工具通常对每种成分的重视程度不同,因而无法保证所有工具测量的是抑郁症状的相同症状和特征。第二,由于只纳入了32篇实证研究,对元回归的结果解释需要谨慎考虑。第三,部分研究没有报告取样方法、流动儿童的定义、他们目前在现有城市停留的时间,建议今后此领域的研究应尽量提供这些信息以提高研究方法学的质量。

总之,与城市儿童相比,流动儿童有更严重的抑郁症状。地域对流动儿童与城市儿童抑郁症状差异有显著影响。较大的效果量来自使用专注于抑郁情绪的量表的研究,如DSRSC和CDI,而使用专注于抑郁行为症状的量表的研究,如BDI和CES-D,其效果量较小。未来的研究主题应该集中在降低流动儿童抑郁情绪的治疗上。

第四节 寄宿制学生心理健康比较的系统评价与元分析

一、问题提出

2004年以来,教育部、发改委、财政部布局实施"西部地区农村寄宿制学校建设工程",这项工程解决了很多农村学生入学难的问题,但同样也带来了一些弊端,譬如寄宿生与家人的相处时间减少,寄宿生相较于非寄宿生受到的家庭教育、亲情熏陶相对较少。尤其是小学寄宿生,他们入学年龄尚小,缺乏处理人际关系以及解决问题的能力。极易进入心理亚健康状态。但是,对于寄宿学生,还有一种较普遍的看法认为,经由教师的指导帮助来安排打理自己的生活与学习的学生会更容易获得积极主动学习、独立自主的能力;而学校的规章制度也能帮助学生更早地适应社会规章制度,使自己的自我管理能力更加完善;住宿生与同学长期生活也能帮助他们更早地学会如何与不同的性格爱好的人交朋友。当然,寄宿生活之于中小学生究竟影响如何,学界还没有相对一致的结论。不论在宏观还是在微观的研究上,也不论是在心理学、教育学抑或是社会学研究上,寄宿生心理健康问题依旧需要进一步系统而深入的研究。

寄宿制学生是指因为一些原因而被迫脱离父母监管,并且住在学校宿舍里面的学生。与非寄宿制学校的学生相比,寄宿制学校的学生在个性、情绪或行为方面都有一定的特殊性。汪明等人调查了安徽阜阳的900名高中生,结果发现寄宿学生在人际焦虑

---

[1] Liu T, Zhang X, Jiang Y. Family socioeconomic status and the cognitive competence of very young children from migrant and non-migrant Chinese families: The mediating role of parenting self-efficacy and parental involvement[J]. Early Childhood Research Quarterly, 2020, 51: 229-241.

和恐怖倾向维度要高于非寄宿学生[1]。张萍基于对云南昭通 1 128 名寄宿与非寄宿初中生的调查,发现初中阶段的寄宿生与非寄宿生的心理健康并无显著差异,仅在自责倾向和恐怖倾向两个维度上寄宿生的得分显著高于非寄宿生[2]。黄亚亮对青海藏区寄宿制中学生的调查发现,寄宿制中学生在学习焦虑、对人焦虑、自责倾向、恐怖倾向和孤独倾向维度的得分显著高于非寄宿中学生,但是在过敏倾向、身体症状和冲动倾向方面差异并不显著[3]。马欣仪的研究显示,在小学年龄段的学生中,寄宿生的心理健康状况总分高于非寄宿生。寄宿生在学习焦虑、自责倾向、过敏倾向、身体症状、恐怖倾向及冲动倾向上显著高于非寄宿学生,而在对人焦虑与孤独倾向上差异不显著[4]。刘雪珍的研究显示,寄宿小学生的心理健康状况显著低于非寄宿小学生,并在对人焦虑、自责倾向、身体症状上呈显著差异[5]。马亚静等人的研究显示,在留守学生中,高年级寄宿生的学习焦虑要高于高年级非寄宿生。而在对人焦虑和过敏倾向上也有显著差异,高年级寄宿生的对人焦虑要低于非寄宿生,高年级寄宿生的过敏倾向则高于非寄宿生[6]。姜少凯的研究显示,学习焦虑、孤独倾向、自责倾向、社交焦虑以及心理健康总分在是否寄宿上不存在显著差异,小学寄宿生的身体症状、过敏倾向、恐怖倾向均显著高于小学非寄宿生,而冲动倾向则低于非寄宿小学生[7]。任彩霞的研究显示,总体上,寄宿生与非寄宿生的心理健康状况并没有显著差异[8]。廉萌的研究显示,寄宿生的总体心理健康状况的平均值与非寄宿生没有显著差异,但整体心理健康水平要低于非寄宿生。

关于寄宿制学生心理健康状况,已有研究间存在诸多不一致之处。为了得出一个相对客观全面的研究结论,笔者采用元分析方法比较寄宿制学生与非寄宿制学生的心理健康及子维度状况,以便有针对性地开展寄宿制学生的心理健康教育工作。

---

[1] 汪明,卢玲利.农村留守寄宿高中学生心理健康现状及教育对策[J].阜阳师范学院学报(社会科学版),2010(04):151-153.

[2] 张萍.寄宿生心理状况分析及教育对策[J].甘肃教育,2018(15):32.

[3] 黄亚亮.青海藏区寄宿制中学学生心理健康与生活事件关系研究[D].青海师范大学,2014.

[4] 马欣仪,凌辉,李新利,王梦怡.寄宿与非寄宿小学生学习适应性、心理健康与学业成绩比较[J].中国临床心理学杂志,2013,21(03):497-499.

[5] 刘雪珍.农村寄宿小学生主观生活质量与心理健康研究——基于环江县 4 所农村小学的调查分析[J].内蒙古师范大学学报(教育科学版),2012,25(06):67-70.

[6] 马亚静,金晓莉.寄宿制与非寄宿制学校高年级农村留守儿童心理健康状况的比较研究——以淮北市某镇为例[J].社会工作(下半月),2010(11):28-30.

[7] 姜少凯,梁进龙.寄宿与非寄宿中小学生心理健康状况调查研究[J].襄阳职业技术学院学报,2015,14(02):121-125.

[8] 任彩霞.寄宿与非寄宿农村留守儿童一般心理健康状况的比较[J].科教导刊(上旬刊),2012(07):251-252.

二、研究方法

(一) 筛选文献

本研究以"寄宿""住宿""住校""心理健康诊断""MHT"为关键词,使用中国期刊网、维普期刊网、万方数据三个数据库,对国内有关中小学寄宿生心理健康状况研究的文献进行检索,一共找到 500 篇没有重复的文献。

检索完成后,对文献进行筛选,从中提取出有用的信息,选取标准为:(1) 采用了由华东师大教授周步成编写的心理健康诊断测验;(2) 提供了人数以及其他可以转化为标准化均数差的参数,如 t、p、f 等;(3) 语言为中文。对使用同一数据库发表的类似的多篇文献,笔者将它们联系分析,从中选取出数据最全的一篇文献以供参考。

根据文章选取的标准,初步检查文献的题目和摘要中的内容,删除纯综述类文献以及重复发表的文献后,再删除没有明确数据以及研究对象不在筛选范围内等不符合要求的文献后,一共有 12 篇文献符合标准被录入本元分析研究中(见表 2-4-1)在选取的文献中,心理健康诊断测验得分和寄宿与否的相关系数都是用标准化均数差 MSD 来表示的。

(二) 编码

本研究将选取的 12 篇文献进行编码,主要提取作者、(发表)年份、寄宿生与非寄宿生的样本量和心理健康诊断量表的得分等信息,依次填入表格中(见表 2-4-1)。

表 2-4-1　纳入文献基本特征表

作者/年份	地区	寄宿	非寄宿	年龄/年级	文献类型
Wang,2017	山西	600	600	7～9 年级	期刊
Li,2014	江苏	260	166	7～9 年级	期刊
Gai,2011	山东	568	568	12～15 年级	学位论文
Liu,2009	重庆,云南	1016	523	7～9 年级	学位论文
Liang,2017	江西	148	99	12～17 年级	期刊
Li,2015	广西	455	421	7～9 年级	学位论文
Shen,2010	湖北	88	370	5～6 年级	期刊
Du,2015	广东,江西	706	442	3～6 年级	学位论文
Cui,2009	湖南,安徽,上海	321	763	7～17 年级	期刊
Li,2016	重庆	1 416	3 337	1～6 年级	期刊
Xu,2013	江西	267	644	11～17 年级	期刊
Xiao,2015	广西,湖南	1 110	792	4～9 年级	学位论文
Zhang,2013	安徽	413	169	7～8 年级	学位论文

（三）效果量计算

本研究使用的研究方法是元分析，将 CMA 3.0 中的随机效应模型用于主要的元分析。

三、研究结果

以下是汇总了所选研究中寄宿生与非寄宿生的心理健康状况数据，分成八个分量表的数据表格（见表 2-4-2）以及 Egger 检测和漏斗图估计来表示 12 篇文献的分量表的分数变化情况。

表 2-4-2 寄宿与非寄宿学生自责倾向元分析结果表

心理健康维度	研究数量	被试人数	SMD(95%CI)	P	同质性检验				发表偏倚检验	
					Q	df	p	I^2	t	p
自责倾向	12	5 325/5 661	0.469(0.251,0.686)	0.000	322.0	12	0.000	96.2	2.12	0.06
学习焦虑	12	5 325/5 661	0.114(0.033,0.196)	0.006	42.354	12	0.000	71.667	1.197	0.26
身体症状	12	5 325/5 661	0.325(0.152,0.499)	0.000	204.489	12	0.000	94.132	2.10	0.06
恐怖倾向	12	5 325/5 661	0.480(0.246,0.714)	0.000	373.701	12	0.000	96.789	1.998	0.071
过敏倾向	12	5 325/5 661	0.407(0.210,0.604)	0.000	265.765	12	0.000	95.485	3.63	0.004
孤独倾向	12	5 325/5 661	−0.135(−0.305,0.035)	0.119	197.925	12	0.000	93.937	1.93	0.080
对人焦虑	12	5 325/5 661	0.222(0.089,0.355)	0.001	118.514	12	0.000	89.875	2.046	0.065
冲动倾向	12	5 325/5 661	0.221(0.013,0.429)	0.037	299.5	12	0.000	95.994	2.45	0.032

（一）寄宿生与非寄宿生自责倾向的比较

由表 2-4-2 和图 2-4-1 可见，在自责倾向上，寄宿与非寄宿组的标准化均数差为 0.469，95% 置信区间为 (0.251,0.686)，其中不包含 0，寄宿组得分显著高于非寄宿组，这意味着寄宿生的自责倾向明显高于非寄宿生。由此可见，寄宿生在日常生活中做出自责行为的概率高于非寄宿生。有自责倾向的人遇事常常会将事故的原因归咎于自己，他们因为害怕失去别人的爱而做出这样的行为，这是极其不自信的表现。因此寄宿生要比非寄宿生更加容易失去自信。

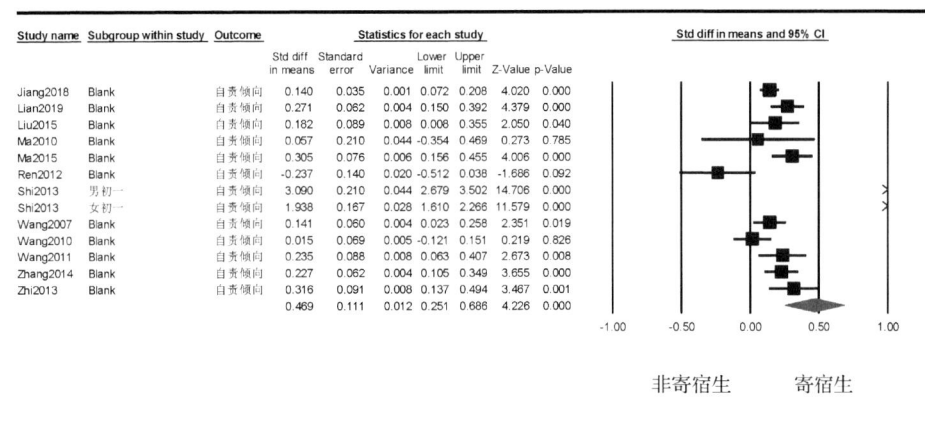

图 2-4-1　寄宿与非寄宿自责倾向得分比较的元分析森林图

（二）寄宿生与非寄宿生学习焦虑的比较

由表 2-4-2 和图 2-4-2 可见，在学习焦虑上，寄宿与非寄宿组的标准化均数差为 0.114，95％置信区间为（0.033，0.196），其中不包含 0，寄宿组得分显著高于非寄宿组，这意味着寄宿生的学习焦虑明显高于非寄宿生。由此可见，在日常的学习中，寄宿生要比非寄宿生更易产生焦虑情绪，更感到难以面对学习上的困难。而对于学习带来的压力，寄宿生也会感觉得比非寄宿生更加敏锐。

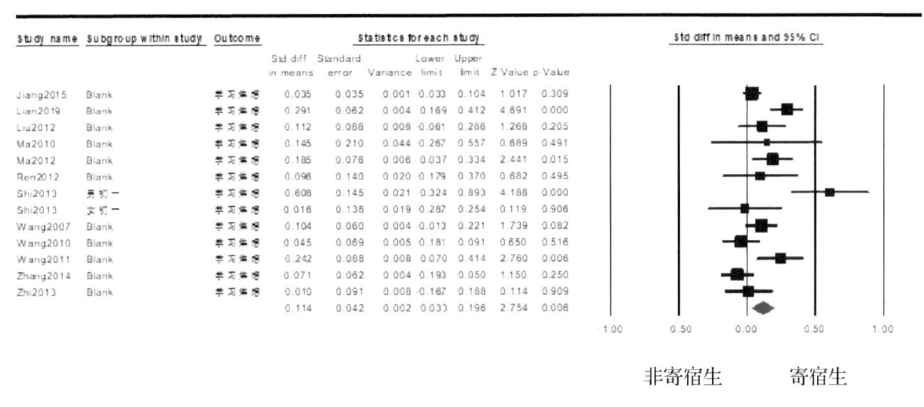

图 2-4-2　寄宿生与非寄宿生学习焦虑得分比较的元分析森林图

（三）寄宿生与非寄宿生身体症状的比较

在身体症状上，寄宿与非寄宿组的标准化均数差为 0.325，95％置信区间为（0.152，0.499），其中不包含 0，寄宿组得分显著高于非寄宿组，这意味着寄宿生的身体状态要比非寄宿生更差。

(四) 寄宿生与非寄宿生恐怖倾向的比较

由表2-4-2和图2-4-3可见,在恐怖倾向上,寄宿与非寄宿组的标准化均数差为0.480,95%置信区间为(0.246,0.714),其中不包含0,寄宿组得分显著高于非寄宿组,这意味着对于日常事物,寄宿生的恐怖感高于非寄宿生的恐怖感。

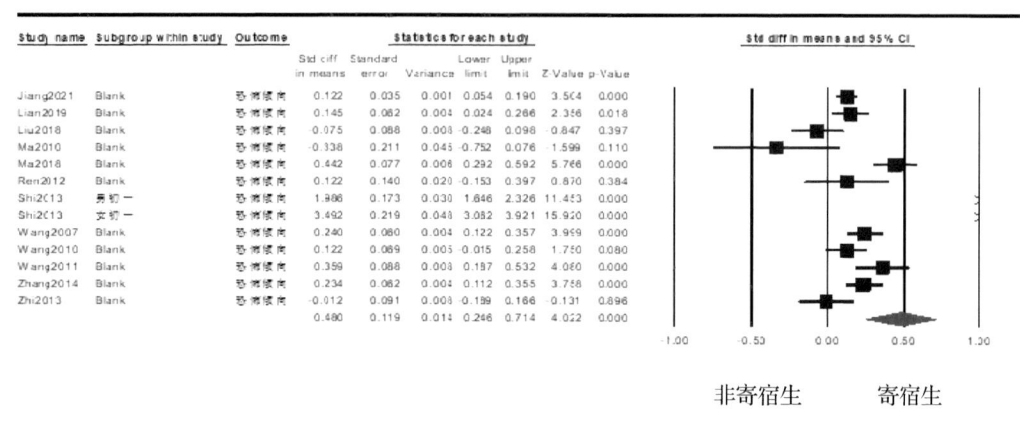

图2-4-3 寄宿生与非寄宿生恐怖倾向得分比较的元分析森林图

(五) 寄宿生与非寄宿生过敏倾向的比较

由表2-4-2和图2-4-4可见,在过敏倾向上,寄宿与非寄宿组的标准化均数差为0.407,95%置信区间为(0.210,0.604),其中不包含0,寄宿组得分显著高于非寄宿组,这意味着寄宿生在过敏倾向上远高于非寄宿生。

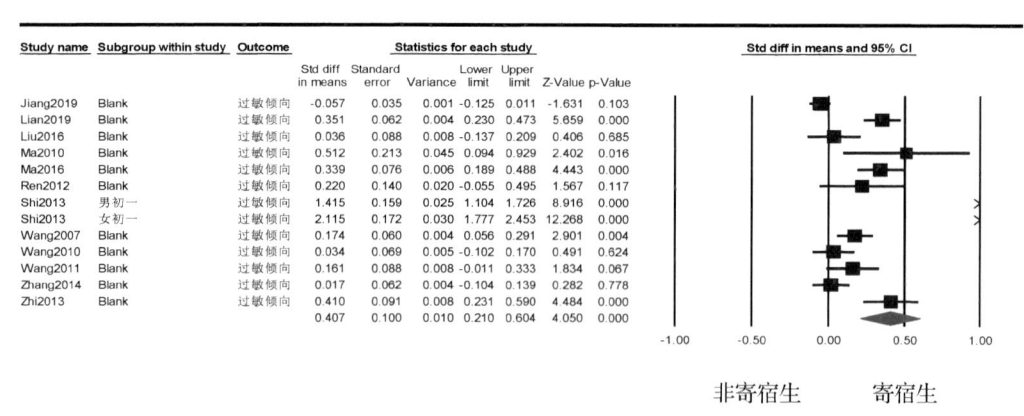

图2-4-4 寄宿生与非寄宿生过敏倾向得分比较的元分析森林图

(六) 寄宿生与非寄宿生孤独倾向的比较

由表2-4-2和图2-4-5可见,在孤独倾向上,寄宿与非寄宿组的标准化均数差为-0.135,95%置信区间为(-0.305,0.035),其中不包含0,寄宿组得分显著低于非寄宿组,这意味着寄宿生在孤独倾向上远低于非寄宿生。

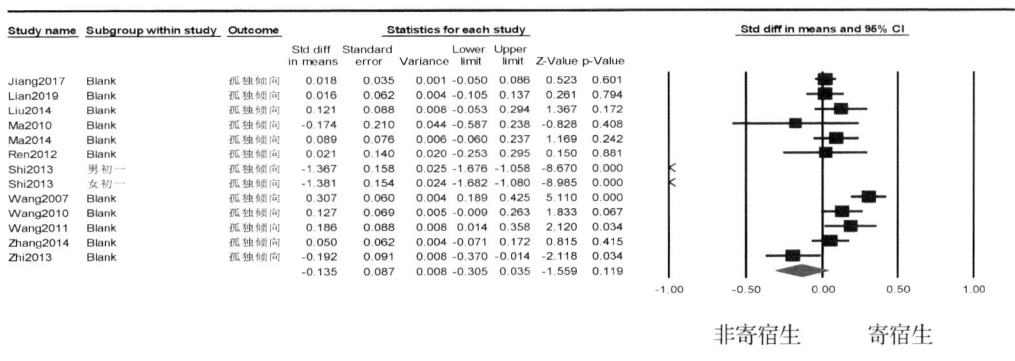

图2-4-5　寄宿生与非寄宿生孤独倾向得分比较的元分析森林图

(七) 寄宿生与非寄宿生对人焦虑的比较

由表2-4-2和图2-4-6可见,在对人焦虑上,寄宿与非寄宿组的标准化均数差为0.222,95%置信区间为(0.089,0.335),其中不包含0,寄宿组得分显著高于非寄宿组,这意味着寄宿生在对人焦虑上远高于非寄宿生。

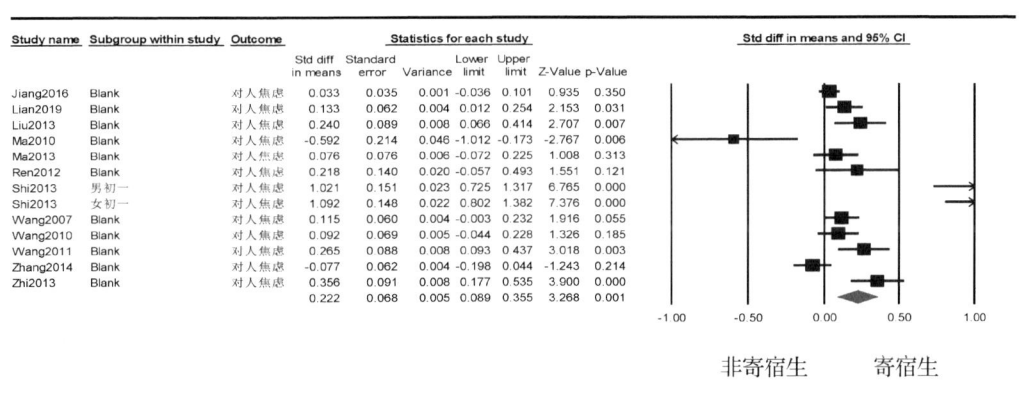

图2-4-6　寄宿生与非寄宿生对人焦虑得分比较的元分析森林图

(八) 寄宿生与非寄宿生冲动倾向的比较

由表2-4-2和图2-4-7可见,在冲动倾向上,寄宿与非寄宿组的标准化均数差为0.221,95%置信区间为(0.013,0.429),其中不包含0,寄宿组得分显著高于非寄宿组,这意味着寄宿生在冲动倾向上远高于非寄宿生。

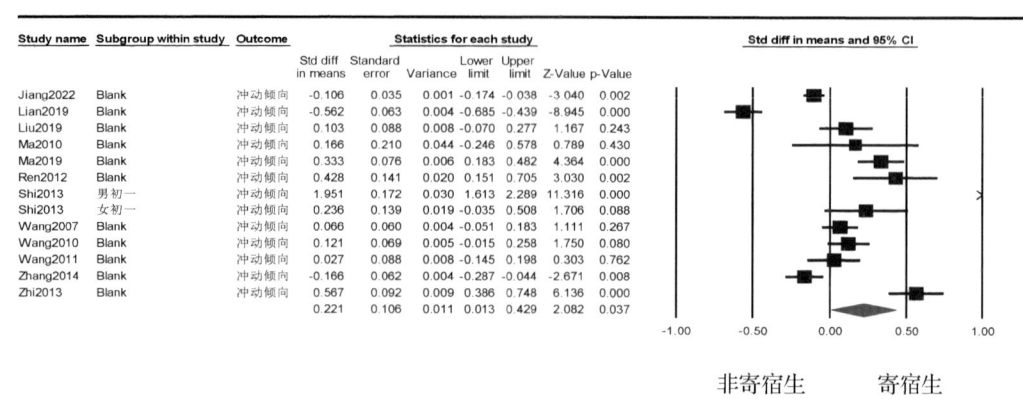

图 2-4-7　寄宿生与非寄宿生冲动 n 倾向得分比较的元分析森林图

综上所述,在学习焦虑维度,研究结果表明寄宿生的学习焦虑倾向总体上高于非寄宿生。在汪明的研究中,寄宿生与非寄宿生在学习焦虑上是没有显著差异的,但其检出率却异常之高,达到了45%。因此汪明认为这样的结论并不能说明高中寄宿生与非寄宿生皆存在心理健康问题,而是认为高中寄宿生与非寄宿生的学习焦虑均来源于当地的高中教育现状。由于当地的高中教育资源相对落后,县市区仅有几所较好的高级中学,农村地区也仅有几所普通高级中学,因此当地的中学教育内卷严重①。同时因当地经济水平落后所带来的高中学杂费、住宿费等致使这些费用带给当地高中生极其严重的心理负担。所以汪明认为其研究结果中的学习焦虑高检出率仅是心理体验,而非实际意义上的心理健康问题。

在过敏倾向维度,研究结果表明寄宿生的过敏倾向总体上高于非寄宿生。马亚静在研究中认为,选择在学校住宿的学生相较于走读生会受到更多来自学校规章制度的约束,这些约束涉及的范围不仅仅是学习方面,还包括生活方面的约束。这些规章制度在客观上也提升了寄宿生的自我评价标准,因此寄宿生会比非寄宿生在事物的感知上更加敏感②。另外,由于寄宿在学校,寄宿生相较于非寄宿生更难得拥有与父母接触的机会,与父母相处的时间更少③,交流的变少致使父母与孩子之间更加生疏,并且相较于非寄宿生,寄宿生会更加担忧家庭成员,从而提高了感受性④。但是,汪明的研究则表现了寄宿生和非寄宿生过敏倾向的检出率均高且差异并不显著。汪明认为致使寄宿生与非寄宿生皆存在高过敏倾向的原因是他们处于青春期和人格发展的关键期。处于青春期的学生会有较强的自尊心,即使面对自己现阶段无法处理的困难时也不愿意向别人寻求帮助,而这些繁多的生理或心理问题与自己偏低的问题解决能力之间的矛盾

---

① 石保青,韩雪红,蒋成娣.初一寄宿生心理健康状况调查[J].中国伤残医学,2013,21(06):426-427.
② 王慧.聊城市中学生心理健康现状调查研究[D].聊城大学,2007(05):21-26.
③ 张萍.昭通市初中住宿学生心理健康状况分析[J].中国学校卫生,2014,35(03):399-401.
④ 智银利.农村寄宿制中小学生心理健康状况的调查研究[J].晋中学院学报,2013,30(02):83-86.

以及过度关注自己的自尊心致使他们产生了较高的过敏倾向。

在对人焦虑维度,对人焦虑得分越高越注重形象、害怕与人交流。在马亚静的研究中,留守儿童中的寄宿生相较于非寄宿生要低。马亚静认为出现这样的情况是因为寄宿生相较于非寄宿生与老师同学的交流不仅有学习的交流,还有生活上的交流[①]。非寄宿生则很难拥有人际交往的机会,因此非寄宿生获得的人际交往知识与技能少于寄宿生,在对人焦虑倾向自然高于寄宿生。另外,现如今的家庭教育环境大多为隔代教育,爷爷辈的低文化水平、陈旧的思想、落后的教育观念以及不恰当的交流方式致使非寄宿生很难学会与人交往的方式方法,进而产生对人焦虑的倾向[②]。

我们的研究结果中,寄宿生的对人焦虑倾向的分数要高于非寄宿生。寄宿生的强烈交往愿望与自身的低交往能力之间的冲突导致了寄宿生要比非寄宿生在对人焦虑倾向更高。另外,寄宿生因为长期缺乏与父母的沟通而产生了自卑心态,与人交往时也自然畏手畏脚。

在恐怖倾向维度,研究结果表明寄宿生在恐怖倾向上的得分要高于非寄宿生。汪明认为,高中留守寄宿生长期缺乏父母的关心教育,这导致了他们很难获得正确处理问题的方法与能力,长此以往,高中留守寄宿生渐渐产生了面对常规问题与突发事件的恐惧心态。另外,高中留守寄宿生长期对父母关爱的渴望以及时刻担忧被剥夺关爱的心理状态导致了心理迁移的产生[③]。

在孤独倾向维度,寄宿生在孤独倾向上的得分总体上要低于非寄宿生。寄宿生相较于非寄宿生在学校的时间要长得多,身边大多是相同地位、相似经历与需求的同学,在群体内的交流更加顺利。长时间的共同生活与学习,寄宿生之间产生了共识与较为深厚的情感。而非寄宿生的学习与生活环境则很难获得这样的情感支持,故而寄宿生的孤独倾向要低于非寄宿生。

在自责倾向维度,寄宿生的自责倾向得分要高于非寄宿生。寄宿生因长期缺乏与父母的沟通而产生的自卑心态、低处理问题的能力以及较高的感受性导致寄宿生会常常因为一些小事而耿耿于怀,表现出烦躁、懊恼的情绪波动,在与他人的比较中将自己的不足之处放大,进而总是不知不觉地将失败与过失归咎于自己。

在身体症状维度,寄宿生的身体症状得分高于非寄宿生。寄宿生因为长时间仅能在学校内活动,狭小的生活空间、过长的学习时间以及过大的学习压力导致寄宿生心理问题的产生,再加上学校严格规章制度的束缚,运动上的匮乏,久而久之,寄宿生的身体

---

① 马亚静,金晓莉.寄宿制与非寄宿制学校高年级农村留守儿童心理健康状况的比较研究——以淮北市某镇为例[J].社会工作(下半月),2010(11):28-30.

② Van Hoof T J, Hansen H. Mental health services in independent secondary boarding schools: The need for a model[J]. Psychology in the Schools, 1999, 36(1): 69-78.

③ Cobb J. Emotional Problems of Indian Students in Boarding Schools and Related Public Schools[J]. Adolescents, 1960:77.

症状自然而然朝向不好的方向发展①。

在冲动倾向维度,寄宿生在冲动倾向上得分要高于非寄宿生。寄宿生长期缺乏来自父母的教导与陪伴,处理事物上的能力得到的锻炼了。无论是身体上还是心理上相较于非寄宿生都有较多的问题,在面对困难时不免会有较多的冲动行为与倾向。

在现今社会环境下,寄宿制学校的确在很大程度上缓解了社会矛盾,但是对于学生的影响却是负面效果偏多。八个量表分析中,仅有孤独倾向上显示了寄宿制对于学生的积极影响,至于其他方面——学习焦虑、对人焦虑、自责倾向、过敏倾向、身体症状、恐怖倾向、冲动倾向,皆是消极影响。

四、讨论分析

学校的硬件设施是良好教育环境的基础,是向上建立出好的教育理念与规章制度的保障。寄宿学校应扩展学校地域面积,改善学校住宿设施,在生活设施方面加大投入,运动设施、洗浴护理以及食堂餐饮等要基本完善且在安全上要有所保障。在此基础上,学校老师在完成教学任务的前提下应尽量关注学生的身心发展,合理分配学生的学习时间和个人生活时间,尽量让学生生活舒适。学校还应有专业的心理指导老师,定期开展相关的心理健康活动。教师应改善教育教学观念,多与学生沟通,营造轻松的寄宿教育教学的氛围。

家长不能仅关注孩子的学习情况,应坚持孩子的学习与生活并重②。家长应当尽可能地学习一些心理学相关知识,以便在与孩子接触时能及时发现孩子的负面情绪并及时做出正确的引导。家长还应尽量安排更多时间并寻找机会与孩子谈心交流,改变较为腐化的教育方式,多与学校老师联系,以便关注在学校住宿的孩子的动态,加强孩子与家庭之间的联系。

寄宿制教育对青少年的心理健康状况产生的负面影响是非常严重的,所以国家与政府应当加大对寄宿制学校学生的关注力度。因此笔者建议国家与政府协调好学生的教育管理问题,各级相关部门通力合作,认真落实《中华人民共和国未成年人保护法》等法律③,避免流动、留守儿童的产生以及他们被歧视对待的问题,确保青少年们都能接受完全且优质的教育。同时加大对建设优质寄宿制学校的关注度,加强对社会上如网吧、游戏厅等场所的管理,为青少年的成长营造健康的环境。

---

① Mander D J, Lester L. A Longitudinal Study Into Indicators of Mental Health, Strengths and Difficulties Reported by Boarding Students as They Transition From Primary School to Secondary Boarding Schools in Perth, Western Australia[J]. Journal of Psychologists and Counsellors in Schools, 2017: 1 - 14.
② 廉萌,李虹.寄宿儿童心理健康水平调查及对策研究——以黑龙江部分县区为例[J].理论观察,2019(04): 114 - 116.
③ 汪明,卢玲利.农村留守寄宿高中学生心理健康现状及教育对策[J].阜阳师范学院学报(社会科学版),2010(04):151 - 153.

第三章 青少年常见心理健康问题的循证研究

读懂青少年,摸清他们心理健康的现状,是做好青少年心理健康工作的前提。本章具体探讨焦虑、睡眠质量和自杀意念等青少年常见心理健康问题的现状。

第一节 青少年焦虑现状的系统评价与元分析

一、问题提出

焦虑通常指的是当面对未知事件或不能达到预期目标时,个体产生的忧虑紧张、失败感和恐惧感的情绪状态。在现如今的学业竞争环境下,青少年通常面临较大压力,容易出现焦虑情绪。过高焦虑会降低学生学习效率,严重影响学生心理状态,进而导致一些行为问题以及人际关系冲突。多关注青少年的焦虑状况,及时对其进行适当的疏导,有利于青少年学生形成良性的情绪状态,从而更好地把精力投入学习和生活中。

学界通常把焦虑分为状态焦虑和特质焦虑。状态焦虑指因为特定情境引起的暂时的不安状态。它描述一种不愉快的情绪体验,如紧张、恐惧和忧虑,一般为短暂性的。如面临考试、演讲比赛等具体的事件时所产生的焦虑情绪一般属于状态焦虑。状态焦虑往往不会局限于特定的场景,通常会伴随着具体事件的消失而减轻。特质焦虑则用来描述相对稳定的焦虑倾向,是一种长期的焦虑倾向,作为一种人格特质,具有持久性,是一种在不同时间和境遇中都保持相对稳定的行为模式。斯皮尔伯格等人编制的状态—特质焦虑问卷(STAI)具有较高的信效度,1993年我国学者对该量表进行了修订并制定了全国常模[①],该常模已被广泛应用[②]。

青少年焦虑的性别差异是学界广为关注的一个问题。国外一项研究发现男生与女

---

① 郑晓华,舒良,张艾琳,黄桂兰,赵吉凤,孙明,付源,李华,徐丹. 状态—特质焦虑问题在长春的测试报告[J]. 中国心理卫生杂志,1993,(02):60-62.
② 党彩萍. 高考前状态焦虑与特质焦虑、人格和自我效能感的关系研究[D].内蒙古师范大学,2003.

生的焦虑得分没有差异①,另一项研究却发现女性的得分高于男性②。国内的研究结果亦存在类似不一致之处。施永斌等的研究表明中学男、女生的焦虑程度无差异③,与张彦军和李梅的研究结果男、女生在特质焦虑与状态焦虑两个因子上的得分没有显著差异相一致④。而王琦平的研究则表明女生的状态焦虑和特质焦虑显著高于男生,总体焦虑水平高于男生⑤。易利红和胡义秋的研究结果则显示,高中女生的特质焦虑得分略低于全国常模⑥。青少年焦虑的城乡差异也广受关注。隆意的研究表示城镇和乡村高中生的得分有显著差异⑦,向跃进对其学校学生进行调查后发现学生的焦虑得分在城乡差异方面有明显差异⑧。但宋广文和詹发尚的研究认为青少年的状态焦虑与特质焦虑在城镇与农村上均无差异⑨。在独生方面,仝警的研究结果表明独生子女状态焦虑的得分显著高于非独生子女,而两者在特质焦虑上的得分不存在显著差异⑩,与史小爱的研究结果所一致⑪。而彭海芹发现独生与非独生子女只在特质焦虑上存在显著差异⑫。在学段方面,曹美芳在对鹤山市和澳门两地的学生进行研究之后发现,鹤山市初高中生在状态焦虑和特质焦虑的得分上均有显著差异,而澳门的初高中生在两者上均无显著差异⑬。段东园等的研究表明,初高中生在状态焦虑和特质焦虑以及总分方面均有显著差异,且高中生相较于初中生更高⑭。

  本课题拟对中国知网和维普数据库等进行检索,收集使用状态—特质焦虑问卷且以我国青少年学生为研究对象的文献进行系统评价和研究,对我国青少年焦虑的相关实证研究进行统计分析,以更加精确地了解他们的焦虑状况,为教育改善举措提供理论依据。

---

  ① Oğuztürk, Ö, Bülbül, S H, Özen, N E, et al. State and Trait Anxiety Levels of Adolescents in a Changing Society, Kirikkale City, Turkey[J]. Journal of Clinical Psychology in Medical Settings, 2012, 19:235-241.
  ② Iwate N, Higuchi HR. Responses of Japanese and American University Students to the STAI Items That Assess the Presence or Absence of Anxiety[J]. Journal of Personality Assessment, 2000, 74(01):48-62.
  ③ 施永斌,黄敏,何琼娜,张展星,朱振芳. 780名中学生心理状况调查[J].临床精神医学杂志,2009,19(06):418-419.
  ④ 张彦军,李梅. 中学生状态-特质焦虑问卷调查及分析[J]. 河南科技学院学报,2013,(02):93-95.
  ⑤ 王琦平,卢家楣. 父母教养方式对高中生宽恕感的影响及其机制[A]. 中国心理学会.第二十二届全国心理学学术会议摘要集[C].中国心理学会:中国心理学会,2019:604-605.
  ⑥ 易利红,胡义秋. 长沙市中学生焦虑状况的调查与分析[J]. 湖南省政法管理干部学院学报,2002,(S2):251-252.
  ⑦ 隆意.城乡高中生焦虑水平的比较研究[J].社会心理科学,2003,18(02):44-46.
  ⑧ 向跃进,薛平生."中学生考试焦虑现状、原因及对策研究"课题研究报告[J].中小学心理健康教育,2010,(24):32-34.
  ⑨ 宋广文,詹发尚. 高三学生认知方式与焦虑、抑郁的关系研究[J]. 中国健康心理学杂志,2005,(03):175-177.
  ⑩ 仝警. 高中生状态—特质焦虑、学习动机与学业可能自我的关系[D].西安:陕西师范大学硕士学位论文,2011:28.
  ⑪ 史小爱. 中学生压力知觉、状态焦虑与躯体化的关系研究[D].聊城:聊城大学硕士学位论文,2018:30-31.
  ⑫ 彭海芹.高中生焦虑特点研究[J].国际中华神经精神医学杂志,2005,6(02):106-107.
  ⑬ 曹美芳.澳门与鹤山市中学生睡眠模式和问题的比较性调查[D].广州:暨南大学硕士学位论文,2010:35-36.
  ⑭ 段东园,程琪,张学民,夏裕祁. 中学生消极人际关系、焦虑、暴力媒体接触程度和攻击行为的关系[J]. 中国临床心理学杂志,2014,22(02):281-284.

二、研究方法

(一) 文献检索

在中国知网和维普数据库等中进行检索。检索词包括:"状态焦虑""特质焦虑""小学生""初中生""高中生""中学生""青少年"等,通过检索和参考文献来寻找相关的研究。

(二) 纳入与排除标准

本研究在搜集文献时的纳入标准如下:(1) 研究必须使用同一测量工具,即状态—特质焦虑问卷。(2) 研究被试是正常学生,无注意力缺陷等疾病。(3) 研究报告必须提供均值、标准差和样本量等基本信息。(4) 研究测验时间需是平时,不包括考试前、军训时等特殊时期。(5) 相同作者用同一批数据所做的研究只能选一篇。

(三) 文献筛选与数据处理

文献筛选共分为两个阶段。初筛通过标题排除明显不符合要求的文献,例如面对大学生群体的研究以及针对某种疾病患者所进行的调查。其次通过阅读摘要,筛去使用其他量表的文献。最后阅读全文,查看是否含有所需要的均值、标准差和样本量等具体的相关数据,是否使用的是状态—特质焦虑量表,若不是则排除。

(四) 结果变量

结果变量是我国青少年焦虑状况与全国常模相比较的结果以及焦虑得分在性别、城乡、独生非独生、学段上的调节效应研究结果。

(五) 数据分析

使用 Excel、Stata 13.0 和 Comprehensive Meta Analysis 3.0 进行数据分析。(1) 将文献数据录入 Excel 中,接着使用 IBM SPSS Statistics 24 进行描述统计。(2) 使用 Stata 13.0 和 Comprehensive Meta Analysis 3.0 进行数据分析。

三、研究结果

本研究共纳入 43 篇有关状态焦虑和特质焦虑的研究(见图 3-1-1),得到的具体数据有 49 组。所纳入的文献中,从被试学校来看,涉及小学生的比较少,只有 3 篇,涉及高中生的最多,占比达到了 2/3,这可能是由于高中生面临着升学的压力,产生焦虑的可能性更大,所以研究者便更多地偏向于研究高中生,而小学生少有升学的压力,并且作业量比初高中生少,学习时长没有初高中生多,可以自由支配的时间更多,所以焦虑的情况较少;从被试地区来看,被试分布的省份广泛,其中研究我国东部地区的文献最多,其他区域也均有涉及,这表明各地区的学者都有对青少年的焦虑给予重视;从文献类型来看,期刊论文占大部分,学位论文的数量相对较少。

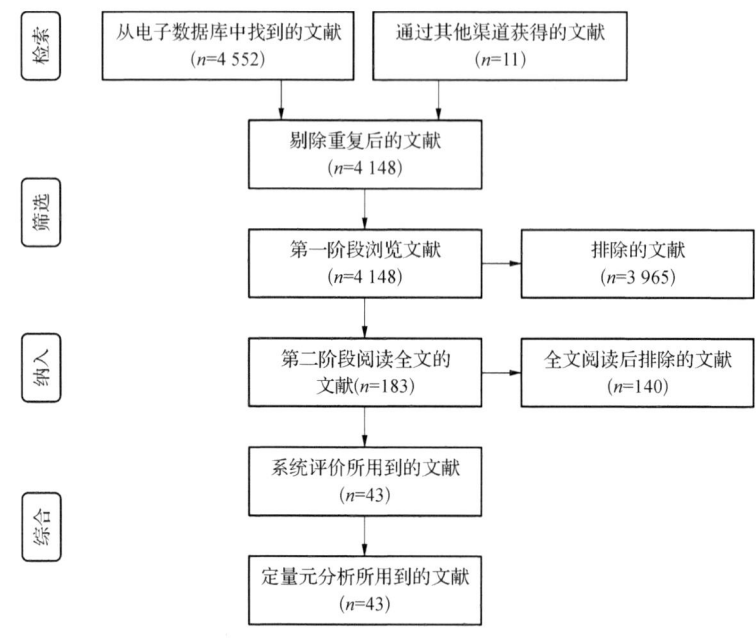

图3-1-1 文献筛选流程图

（一）青少年焦虑现状的总体分析

本研究整理出青少年状态焦虑、特质焦虑的平均数和标准差进行数据统计,结果发现状态焦虑得分为43.402,特质焦虑得分为44.321(见表3-1-1)。

表3-1-1 青少年焦虑的元分析结果一览表

指标	K	N	SMD	95%CI 下限	95%CI 上限	Z	P
状态焦虑	37	23 836	0.856	0.717	0.996	12.024	0.000
特质焦虑	35	26 494	0.522	0.337	0.707	5.529	0.000

选用被试量为818人的中国常模作为比较标准,将本研究中青少年结果作为实验组,将中国常模作为对照组,采用标准化均数差SMD作为效应统计量。结果发现状态焦虑的效果量及95%置信区间为0.856(0.717,0.996),特质焦虑的效果量为0.522(0.337,0.707),这意味着青少年状态焦虑和特质焦虑均显著高于我国常模水平。

由图3-1-2和图3-1-3的状态焦虑和特质焦虑森林图可以看出,95%置信区间不包含0,菱形远离于无效线,印证了表3-1-1中的结论,表明青少年的状态焦虑和特质焦虑得分与全国常模相比有显著差异,且青少年的得分高于全国常模。

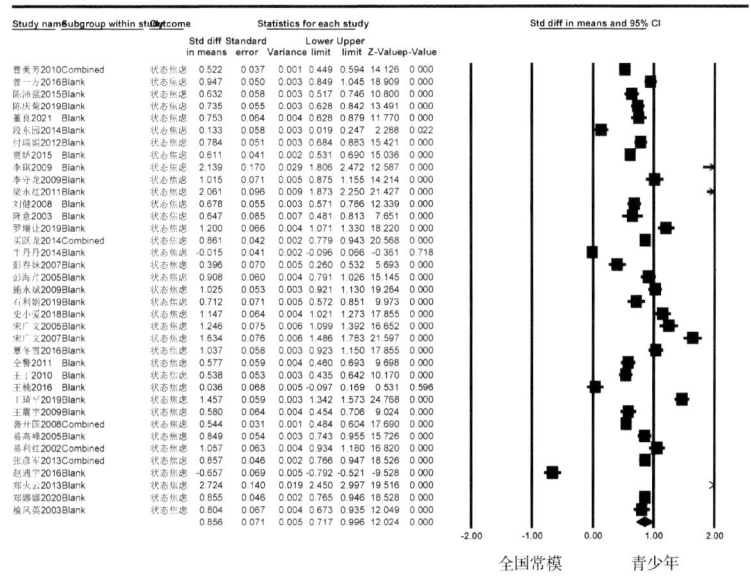

图 3-1-2　状态焦虑的元分析结果森林图

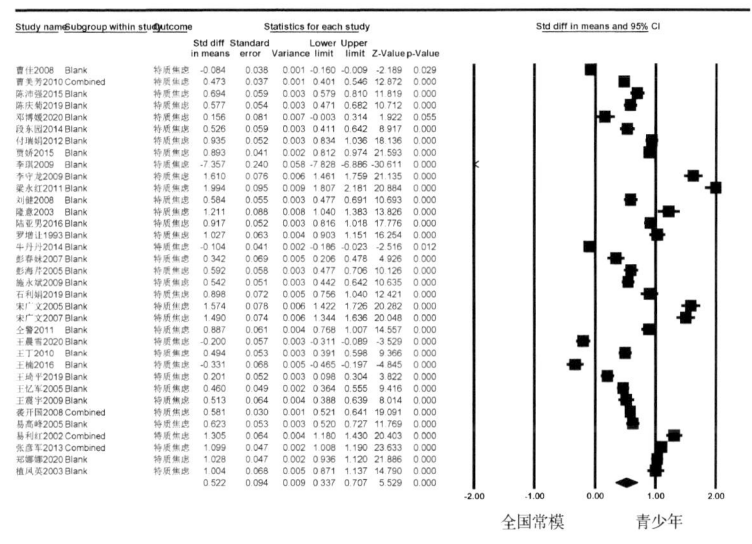

图 3-1-3　特质焦虑的元分析结果森林图

从漏斗图3-1-4可以看出,样本大都分布在顶部且向中间集中,整体呈现对称性,但分布在漏斗外的研究占多数且个别研究较分散,说明研究可能存在偏倚。

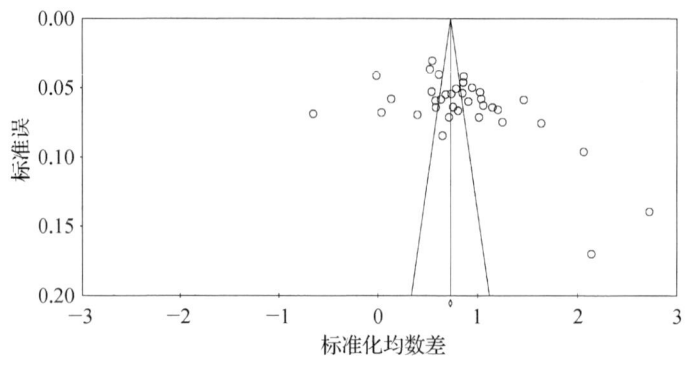

图3-1-4 发表偏倚检验图

青少年状态焦虑和特质焦虑的得分与全国常模相比均存有显著差异。学业、人际交往、父母相处等的压力聚集成堆,可能是造成他们焦虑水平较高的原因[①]。近年来,中考不再拘泥于学科成绩与体育成绩,更是加上了音乐和美术考试,这使得初中生分身乏术,要同时兼顾多个方面,难免会产生焦虑情绪;而高中的课本也进行了整改,对小考、会考的要求更加严格,这都加重了他们焦虑的产生。青少年还面临着人际关系的压力,即便是最保守的研究数据也显示,有28%的中学生遭受过校园暴力[②]。没有人是一座孤岛,总要跟各种各样的人进行交流与合作,焦虑情绪也可能来源于交际交友。加之青少年可能没有掌握排遣焦虑的办法,面对焦虑时不知所措,这便会使得焦虑的程度加深。

(二)状态焦虑和特质焦虑的调节效应

参照前人研究,依据青少年所在地区、性别、生源地、是否独生、所在学段和文献类型对研究进行亚组分析,考查这些变量的调节效应。状态焦虑的亚组分析结果见表3-1-2,结果发现在所有因素上,调节效应均不显著。由于发表年份为连续变量,因此采用元回归分析来其调节效应。结果发现在状态焦虑的得分上,其回归系数及95%置信区间是0.007(−0.038,0.025),发表年份的调节效应不显著。

表3-1-2 状态焦虑的调节效应分析表

调节变量	异质性检验			类别	K	人数	MD	95%CI 下限	95%CI 上限
	Q	df	P						
地区	1.284	2	0.526	东部	13	10 442	0.768	0.478	1.058
				西部	12	5 852	0.837	0.692	0.983
				中部	6	2 582	0.980	0.718	1.242

---

① 陆亚男.高中生家庭功能、自我调控与特质焦虑的关系研究[D].河北师范大学,2016.
② 宋雁慧.国家治理视角下的校园暴力防治研究[J].中国青年社会科学,2017,36(01):26-33.

续 表

调节变量	异质性检验			类别	K	人数	MD	95%CI 下限	95%CI 上限
	Q	df	P						
发表类型	2.009	1	0.156	期刊	26	13 868	0.923	0.750	1.096
				学位	11	9 968	0.703	0.452	0.953
性别	1.150	1	0.284	男生	35	12 063	0.992	0.803	1.180
				女生	35	11 129	1.151	0.928	1.374
生源地	0.421	1	0.517	城镇	8	1 647	0.965	0.368	1.562
				农村	8	2 243	1.250	0.630	1.870
独生子女	0.001	1	0.975	独生	5	1 107	0.944	0.038	2.043
				非独生	5	1 290	0.966	−0.023	1.955
学段	2.963	1	0.085	初中	16	7 417	0.745	0.516	0.974
				高中	20	11 187	0.994	0.815	1.173

由表3-1-3可知,在特质焦虑方面,只有地区和学段的调节效应显著,其他因素的调节效应均不显著。使用元分析来分析年代的调节效应,回归系数及95%置位区间是−0.007(−0.034,0.018),说明发表年份的调节效应不显著,意味着青少年的特质焦虑没有变化。

表3-1-3 特质焦虑的调节效应分析表

调节变量	异质性检验			类别	K	人数	MD	95%CI 下限	95%CI 上限
	Q	df	P						
地区	8.923	2	0.012	东部	14	15 476	0.512	0.283	0.740
				西部	9	6 910	0.763	0.566	0.961
				中部	5	1 614	−0.797	−1.926	0.333
发表类型	0.153	1	0.696	期刊	25	17 273	0.496	0.246	0.746
				学位	10	9 221	0.565	0.329	0.801
性别	2.132	1	0.144	男	34	12 063	0.815	0.613	1.018
				女	34	12 642	1.036	0.820	1.251
生源地	0.867	1	0.352	城镇	5	1 198	1.209	0.470	1.948
				农村	5	1 575	1.680	1.020	2.340
独生子女	0.075	1	0.785	独生	3	1 211	0.879	0.141	1.617
				非独生	3	742	0.987	0.760	1.214
学段	7.008	1	0.008	初中	13	6 408	0.506	0.256	0.756
				高中	20	10 782	0.956	0.742	1.169

四、讨论分析

我们没有发现性别、地区、城乡等因素在状态焦虑上的调节作用。在特质焦虑方面,学段和地区的调节效应显著。从学段上看,初高中学生的特质焦虑得分具有显著差异,高中生的得分更高。众所周知,高考是人生中非常关键的一场考试,学生自身、家长、学校以及社会各界都予以重点关注。中考学科知识相对简单,而且各地高中还会给予初中升学以一定数量的指标,因此相对于高考难度较小。所以从学业上来分析,初高中生所面临的考试难度和性质不同,这可能是对高中生特质焦虑较高的一种解释。另外,原因可能在于高中生的自我意识较初中生强[①]。初中生尚处于"青春期",可能会我行我素,产生对事情毫不在意的态度;而高中时期是个体独立走向社会的准备期,高中生生理心理等方面都比初中生更为成熟稳定,将注意力集中到发现自我、关心自我的存在上,自我意识的分化使得理想与现实的矛盾冲突加剧。因此,高中生比初中生更加成熟,要考虑的事情也变得多了起来,自然也产生更多的焦虑。从地区上看,地区变量在特质焦虑的得分上有显著调节效应,西部地区和东部地区青少年特质焦虑更高,而中部地区得分较低。这里可能有两种解释:第一,青少年特质焦虑有可能与社会经济发展有一定关系。有研究表明,贫困高中生心理健康水平各因子得分都显著高于非贫困高中生[②]。第二,跟研究间较大的变异有关。查阅纳入的文献,笔者发现李琪研究中青少年的特质焦虑得分仅为 36.25 分,而其他研究中青少年特质焦虑的分数均高于 40 分;加之该研究仅有 40 人的被试。因此,我们去掉这一篇文献进行敏感性分析,结果发现,区域的调节效应变得不显著了,这说明该结论的稳健性较低。整体上看,城镇与农村这一变量在青少年的状态焦虑和特质焦虑得分上无显著调节效应。这可能是由于人口的流动,很多农村户籍的学生一出生就随父母来到城镇上学,与城镇的学生处于相同的环境,受到的教育水平也与城镇学生相同,再加上本地人对外来务工人员的理解与包容,在某种程度上也减轻了流动儿童的焦虑情绪[③]。

独生与非独生这一变量在青少年状态焦虑和特质焦虑的得分上均无显著调节效应。家长的管教与孩子的反抗之间的矛盾冲突加剧是很多初中生产生心理健康问题的一个重要原因[④]。随着时代的变化,家庭教养理念和方式都在不停地更新,家庭教养理念也逐渐由"放养"转变为父母甚至爷爷奶奶等多方的重视,无论是独生子女还是非独生子女,都被给予众望,家长不会因为家中有多个孩子而偏心,同时也说明可能兄弟姊妹的陪伴对于焦虑所产生的影响不大。

---

① 刘丽萍,王宏.三峡库区中学生心理健康现状及教育对策[J].重庆医科大学学报,2008(07):854-857.
② 王玉兵,栾焕俊,王黎,张建新.贫困高中生社会支持与心理健康调查研究[J].山东教育学院学报,2002(06):31-33.
③ 孙丽.榆树市中学生心理状况调查与研究[J].中国科教创新导刊,2011(33):226-228.
④ 陈安福,钟泰铭,卢彰,陈国英,王华刚,杨柯.城市初中学生心理健康问题的研究[J].四川教育学院学报,1995(01):13-18.

五、研究结论与局限

焦虑可分为短暂的状态焦虑和稳定的特质焦虑。状态—特质焦虑量表在青少年群体中得到了广泛的应用,但是诸多研究结果之间却存在不一致。在中国知网、维普数据库进行检索,筛选以青少年为被试、以状态—特质焦虑量表为工具的文献。采用 CMA 3.0 软件,选取随机效应模型进行处理。纳入 43 篇符合标准的文献,共涉及 30 597 名青少年。研究结果表明青少年的状态焦虑和特质焦虑均显著高于全国常模。在特质焦虑上,学段起着显著的调节作用,高中生的特质焦虑高于初中生。由于研究间存在较多异质性,今后本领域还需要更多更高质量的研究。

本研究的局限性主要有以下:对青少年焦虑进行的研究很多,焦虑有很多种类型,研究焦虑的量表也有很多种类,使用状态—特质焦虑量表的研究也比较广泛,但完全符合纳入标准的文献数并没有预期的那么多。所纳入的文献中,研究对象是小学生的文献较少,被试所处的地区是东北地区的研究也较少,所以可能会对研究结果产生影响。影响焦虑的因素可能还有其他变量,由于已有研究中对影响因素探讨不足,本书只分析了性别、城乡、独生与否和学段的影响,后续研究可以更全面地对影响因素进行探讨。研究间还存有较多异质性,有一定的发表偏倚,今后本领域还需要更多更高质量的研究。

第二节 青少年睡眠质量的系统评价与元分析

一、问题提出

青少年学生正处于身心发展的关键时期,充足的睡眠对其身体的正常发育和心理的健康发展极其重要。睡眠剥夺实验表明,睡眠不足不仅导致认知功能下降,还会导致无精打采、出现幻觉以及生理心理异常等情况,从而影响个体本身的生活。睡眠质量是我们判断一个人睡眠状况的指标,可以用来评估一个人的生理、心理健康水平。比如一个人睡的时间很短,第二天起床却依旧很有精神,这表明他有很好的睡眠质量,反之,如果一个人睡了很长时间,起床后却依然觉得很累,那就表明他的睡眠质量很差[1]。美国匹兹堡大学精神科医生伯伊斯博士等人于 1989 年将睡眠质量划分为主观睡眠质量、入睡时间、睡眠时间、睡眠干扰、催眠药物、日间功能障碍等 7 个维度,并以匹兹堡睡眠质量指数(PSQI)来判定睡眠质量的好坏[2]。

---

[1] 韩君亚,郭琳.关于大学生睡眠质量调查研究[J].智库时代,2018(31):184+187.
[2] 严由伟,刘明艳,唐向东,林荣茂.压力源及其与睡眠质量的现象学关系研究述评[J].心理科学进展,2010,18(10):1537-1547.

青少年睡眠不足问题已经成为一个普遍的社会现象。国内外研究者就这一问题进行了大量的研究。伊贤正的研究表明,为预防青少年心理健康不良,应采取有效的干预措施,提高青少年的睡眠质量[1]。艾米·沃尔夫森和玛丽·卡斯卡顿的研究表明,大多数被调查的青少年没有足够的睡眠,睡眠不足会干扰他们的日间生理功能[2]。安智勇等人对韩国某大都市部分中学生睡眠质量相关因素分析的研究表明,噪声和应激是影响睡眠质量的因素,提高中学生睡眠质量需要社会意识提高和政策支持。杨心玫等人发现近三分之一流动青少年有睡眠障碍,且个体差异较大[3]。严虎等人对湖南省长沙市中学生的睡眠质量进行研究,结果显示中学生睡眠质量与多种因素有关,应及时采取积极有效的措施,促进中学生身心健康[4]。丛皓等人分析了青少年昼夜偏好类型与睡眠质量的关系,发现夜晚型偏好青少年睡眠质量更差,在上学日睡眠不足情况更为严重;昼夜偏好既对睡眠质量产生直接影响,又通过青少年抑郁情绪间接影响睡眠质量[5]。姚瑶等人对上海市奉贤区南桥镇初中生的睡眠质量现状及影响因素进行了研究,发现初中生的睡眠质量需要进一步的提高且应该重点关注初三学生,开展相关健康促进活动,实施健康干预措施,提高学生睡眠质量,促进身心健康[6]。马晓涵等人的研究结果显示,青少年抑郁症首发患者存在睡眠质量问题,且睡眠质量越差,抑郁症状越明显[7]。郭盼盼分析探讨匹兹堡睡眠质量量表下临床护理干预对青少年抑郁症患者的临床影响,数据显示临床护理干预可以有效改善青少年抑郁症患者的睡眠质量[8]。李晓南等人探讨了青少年存在的睡眠问题,发现青少年多存在一定的睡眠健康问题,睡眠不足对青少年的视力、情绪、精神状态、发育等情况都会带来不良影响[9]。林荣茂等人考察近15年来中国青少年学生睡眠质量及相关研究状况,发现青少年尤其是高中生睡眠质量不容乐观;青少年学生睡眠质量的性别差异不显著;青少年学生睡眠质量有随年代而逐步变差的趋势[10]。

---

[1] Yun Hyun Jung. Effect of Stress and Sleep Quality on Mental Health of Adolescents[J]. Journal of the Korean Society of School Health,2016,29(2):98-106.

[2] Amy R Wolfson,Mary A Carskadon. Sleep Schedules and Daytime Functioning in Adolescents[J]. Child Development,1998,69(4):875-887.

[3] 杨心玫,邱晶青,李虹,倪士光.流动青少年睡眠质量与父母教养方式[J].中国临床心理学杂志,2017,25(04):719-723.

[4] 严虎,陈晋东,赵丽萍,朱薇薇,伍海姗.长沙市中学生睡眠质量及影响因素分析[J].中国公共卫生,2013,29(06):812-815.

[5] 丛皓,郭菲,陈祉妍.青少年昼夜偏好类型及其与睡眠质量关系[J].中国公共卫生,2019,35(10):1400-1403.

[6] 姚瑶,金梅红,陈群,曹晓蕾,韩泓,曹伟艺.上海市奉贤区南桥镇初中生睡眠状况及影响因素分析[J].健康教育与健康促进,2020,15(03):239-242+245.

[7] 马晓涵,母代斌.青少年抑郁症首发患者睡眠质量与反应抑制能力的相关性[J].中国心理卫生杂志,2021,35(04):306-310.

[8] 郭盼盼.匹兹堡睡眠质量量表基础下的临床护理干预对青少年抑郁症患者的临床影响[J].辽宁医学杂志,2021,35(01):78-81.

[9] 李晓南,翟银燕.青少年睡眠健康问题探讨[J].世界最新医学信息文摘,2018,18(30):190.

[10] 林荣茂,严由伟,唐向东.近15年中国青少年学生匹兹堡睡眠质量指数调查结果的元分析[J].中国心理卫生杂志,2010,24(11):839-844.

《中国国民心理健康报告(2019—2020)》基于2009年和2020年的两次调查数据,分析了我国青少年的睡眠状况在十余年间的演变趋势,认为我国青少年睡眠不足的现象持续恶化,睡眠时长随年级升高呈下降趋势。这是一个十分具有警惕性的信号,青少年的睡眠问题不容忽视,但由于该研究依靠的是两个时间点的数据资料(2009年和2020年),如果纳入更多年份的数据,该结论是否依然成立还未有相关明确科学论据。

本研究对中国知网、万方数据库和维普数据库等进行检索,收集使用匹兹堡睡眠质量指数量表,以我国青少年为对象的文献,进行系统评价和横断历史研究,对我国青少年睡眠质量的相关研究进行整合分析,以更客观准确地认识青少年群体的睡眠状况及背后原因。

二、研究方法

(一)文献检索策略

本研究在中国知网、万方数据库和重庆维普等数据库进行检索,中文检索词包括:"学生""中小学生""小学生""中学生""初中生""高中生""初高中生""未成年""青少年""青春期""PSQI""匹兹堡睡眠质量指数量表",通过参考文献和手工检索以寻找相关研究文献。

(二)文献纳入与排除标准

纳入标准:(1)研究使用由美国匹兹堡大学精神科医生伯伊斯博士等人于1989年编制的匹兹堡睡眠质量指数量表,量表由18个自评条目和5个他评条目组成,其中,18个自评条目可以组合成7个因子:睡眠质量、入睡时间、睡眠时间、睡眠效率、睡眠障碍、催眠药物以及日间功能,每个因子按0~3计分,各因子得分总和为PSQI总分,5个他评项目不参与计分[1]。(2)研究被试是正常青少年,主要为生活在中国大陆的小学高年级学生、初中生、高中生。(3)研究包含元分析所必需的匹兹堡睡眠质量指数量表中的7个因子的总分、平均数、标准差等具体明确的数据。将同一数据库发表的不同成果视为一项研究。

排除原则:(1)研究被试非中国大陆地区的青少年;(2)研究被试患有心理或生理疾病;(3)研究对象包括其他群体;(4)没有使用匹兹堡睡眠质量指数量表;(5)文献中无总数、平均数和标准差的数据。

---

[1] 路桃影,李艳,夏萍,张广清,吴大嵘.匹兹堡睡眠质量指数的信度及效度分析[J].重庆医学,2014,43(03):260-263.

(三) 文献筛选与数据处理

文献筛选共分为两个阶段。第一阶段通过阅读标题、摘要及研究对象判断是否符合纳入标准，排除不相关的文献。第二阶段阅读全文并作出是否符合纳入标准的判断，如全文中是否含有总数、平均数、标准差等相关数值，是否使用了匹兹堡睡眠质量指数量表。

图3-2-1的流程图详细记录了各个阶段所选择与剔除的文献数量。对于最终纳入的研究，主要提取作者、年代、刊物来源、被试人数、被试性别及年级分布、平均数、标准差等信息。针对以上筛选，最终检索了自2001年到2020年以来的相关研究，共搜集到来源于中国会议的2篇、国际会议的2篇、203篇学位论文和3 962篇期刊类论文，共计4 169篇，其中使用了1989年编制的匹兹堡睡眠质量指数量表的有214篇，其中有48项研究报告了平均数和标准差。

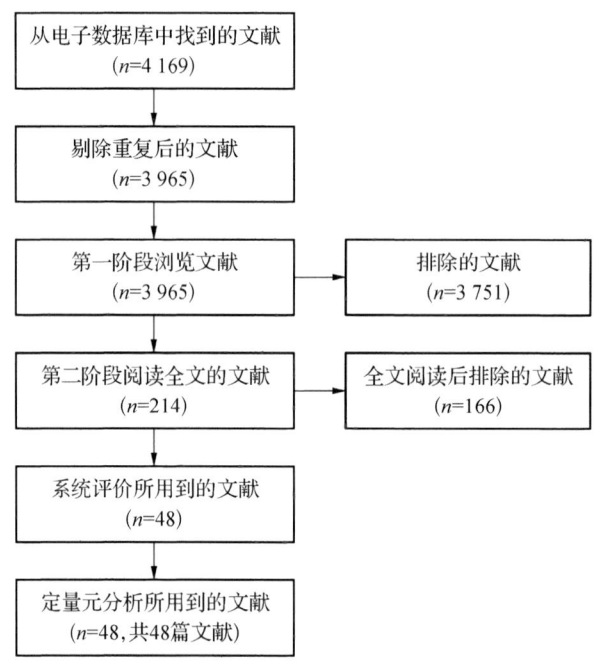

图3-2-1 文献筛选流程图

(四) 结果变量

主要结果变量是我国青少年睡眠质量在性别和年份上的研究结果。次要变量是我国青少年睡眠质量在教育学段差异上的研究结果。

(五) 变量编码

参考前人研究，除了要在数据库中录入平均数和标准差以及年代信息之外，还需考虑其他因素对研究结果的影响，比如文献来源（期刊论文、学位论文）、被试的年级分布、被试的地区分布等。因此要对所收集的文献进行信息的提取和编码,文献编码赋值表见表3-2-1。

表3-2-1 变量编码赋值表

变量名称	编码	文献数量
文献来源	1＝期刊论文	39
	2＝学位论文	9
年级分布	1＝小学生	2
	2＝初中生	13
	3＝高中生	19
	4＝初中和高中生	13
	5＝小学、初中和高中生	2
量表七因子使用数量	1＝睡眠质量	35
	2＝入睡时间	35
	3＝睡眠时间	35
	4＝睡眠效率	35
	5＝睡眠障碍	35
	6＝睡眠药物	31
	7＝日间功能障碍	35
地区	1＝无明确地区信息	2
	2＝北部地区	7
	3＝中部地区	14
	4＝南部地区	16
	5＝西部地区	6
	6＝包含上述两类或者更多	3

(六)文献搜集其他说明

(1)研究量表中催眠药物因子存在特殊性,如在某些文献中,由于服用催眠药物的学生很少或者没有,该因子在统计中并未计算,在分析中被剔除,因此该因子与其他6个因子的文献数量有所不同。

(2)研究对象为小学高年级学生的期刊文献仅有2篇,数据相对较少,可能会影响到对该群体的睡眠质量的总体及因子分析。

三、研究结果

本研究共纳入48项有关睡眠质量的研究,从这些研究样本所呈现的特征上可以客观准确地认识到青少年群体的睡眠情况。如表3-2-2所示,本研究涉及多个省份,主要集中在我国中部、西部、北部、南部地区;就文献来源而言,48篇纳入文献中有10篇为学位论文,38篇为期刊论文;所纳入文献的年份范围为2004—2020年;青少年性别样本量均有涉及,其中大部分纳入的文献都有较为详细的数据,包括男生和女生的总人数、平均数、标准差等数据。

表3-2-2 纳入文献基本特征表

序号	作者	发表年份	所属地区	样本量 男	样本量 女	文献类型	序号	作者	发表年份	所属地区	样本量 男	样本量 女	文献类型
1	彭颜晖	2013	西部地区	545	551	期刊	25	朱道民	2015	中部地区	308	235	期刊
2	陈霜	2017	中部地区	182	178	期刊	26	葛秋红	2010	南部地区	214	138	期刊
3	姜斌	2008	北部地区	174	170	期刊	27	杜亚慧	2014	北部地区	517	546	学位
4	郭亚文	2015	南部地区	638	819	期刊	28	陈小梅	2016	南部地区	266	281	期刊
5	韩亚翠	2020	南部地区	290	305	期刊	29	邓春燕	2013	西部地区	545	551	期刊
6	侯并并	2010	北部地区	95	180	期刊	30	马云会	2014	地区较广	2 200	2 183	期刊
7	黎小源	2015	无明确地区信息	88	184	期刊	31	梁丽媛	2017	西北地区	232	243	学位
8	李虹静	2017	西部地区	206	149	期刊	32	崔丹丹	2014	中部地区	607	748	学位
9	李云贵	2004	南部地区	180	144	期刊	33	杜铭	2017	中部地区	144	161	学位
10	姜桂芳	2013	地区较广	1 402	1 392	期刊	34	卓玉郎	2013	中部地区	189	235	学位
11	赵洁	2014	北部地区	545	682	期刊	35	麻馨月	2016	西部地区	438	419	学位
12	刘征宇	2011	中部地区	473	477	期刊	36	李燕	2017	北部地区	309	235	学位
13	潘友兰	2010	中部地区	90	101	期刊	37	黄若楠	2018	南部地区	2 576	3 205	期刊
14	施少平	2009	中部地区	783	595	期刊	38	徐红纤	2020	南部地区	285	314	学位
15	王莉	2006	无明确地区信息	63	84	期刊	39	刘明艳	2010	南部地区	360	397	学位
16	毋瑞朋	2019	中部地区	4 283	5 277	期刊	40	无	无	南部地区	2 039	1 904	期刊
17	夏薇	2009	北部地区	1 764	2 211	期刊	41	胡馨	2018	中部地区	788	556	期刊
18	徐斌	2014	南部地区	122	179	期刊	42	陈舒鹏	2007	南部地区	189	157	期刊
19	严虎	2013	中部地区	1 147	1 069	期刊	43	严虎	2013	中部地区	1 483	1 353	期刊
20	杨心玫	2017	南部地区	797	526	期刊	44	黄国明	2015	中部地区	315	293	期刊

续 表

序号	作者	发表年份	所属地区	样本量 男	样本量 女	文献类型	序号	作者	发表年份	所属地区	样本量 男	样本量 女	文献类型
21	王慧	2012	西部地区	729	688	期刊	45	杜亚慧	2013	北部地区	517	546	学位
22	张娟娟	2012	南部地区	748	637	期刊	46	张娟娟	2013	南部地区	550	497	期刊
23	张伟霞	2016	西部地区	94	130	期刊	47	张秀芬	2017	南部地区	433	427	期刊
24	罗嘉仪	2020	南部地区	457	559	期刊	48	万爱兰	2011	中部地区	473	477	期刊

对睡眠质量的研究对象来源的情况做一个初步的统计,由表3-2-3可以看出,对象是初中生的有13篇,占比27%;高中生有18篇,占比38%;既有初中生,又有高中生的有13篇,占总数的27%;对象为小学生或包含小学生在内的多个年龄段的有4篇,占比约为8%。

表3-2-3 研究对象编码赋值统计表

变量名称	编码	文献数量	百分比(%)
年级分布	1=小学生	2	4.2
	2=初中生	13	27
	3=高中生	18	37.6
	4=初中和高中生	13	27
	5=小学、初中和高中生	2	4.2
	总计	48	100

对睡眠质量的研究对象的地区分布情况做一个初步的统计,见表3-2-4。由表可以看出,目前我国睡眠质量研究的研究对象主要集中在中部和南部地区,共占样本的60%以上,研究对象集中分布在中部地区的研究有14篇,占总数29.2%,南部地区的研究有16篇,占总数的33.3%,北部地区和西部地区的研究有8篇,占总数的16.7%,而无明确地区信息的研究及包含上述两类或者更多的研究仅有5篇,仅占总数的10%左右。

表3-2-4 地区分布编码赋值统计表

变量名称	编码	文献数量	百分比(%)
地区	1=无明确地区信息	2	4.2
	2=北部地区	7	14.6
	3=中部地区	14	29.2
	4=南部地区	16	33.3
	5=西部地区	6	12.5
	6=包含上述两类地区或者更多	3	6.2
	总计	48	100

对各年份发表的关于睡眠质量研究的数量情况做初步统计,见表3-2-5。由表可以看出,使用匹兹堡睡眠质量指数量表的文献研究数量从2008年呈现增长趋势,并在2013年达到最大值,但由于本研究有所条件限制,因此这一数值在之后的几个年份中下降。

表3-2-5 我国青少年睡眠质量各年份研究数量统计表

发表年份	研究数量	百分比(%)
2004	1	2
2006	1	2
2007	1	2
2008	1	2
2009	2	4
2010	4	8
2011	2	4
2012	2	4
2013	8	16
2014	5	11
2015	4	8
2016	3	7
2017	7	15
2018	2	4
2019	1	2
2020	3	7
无年限	1	2
总计	48	100

(一)PSQI量表总分的年代变迁

为了解我国青少年在PSQI量表总分上的年代变化情况,对2004—2020年间的研究数据的平均数和标准差进行加权,表3-2-6报告了在年代变化上PSQI量表总分经过加权后的总体平均值和标准偏差。图3-2-2为近20年我国青少年PSQI量表总分均值变化图。

表 3-2-6 年代变化上 PSQI 量表总分的加权平均数和标准差表

年份	N	m	sd
2004	324	3.91	2.03
2006	147	4.70	1.51
2007	346	6.80	3.41
2008	344	5.72	2.86
2009	5 353	4.37	2.82
2010	1 564	5.79	2.76
2011	1 900	3.48	2.31
2012	2 802	5.98	2.96
2013	12 570	4.96	2.65
2014	8 329	3.75	2.22
2015	3 943	4.81	2.15
2016	1 628	6.91	2.40
2017	4 222	5.95	2.57
2018	7 125	6.30	3.03
2019	9 560	5.39	3.07
2020	1 615	7.35	3.16

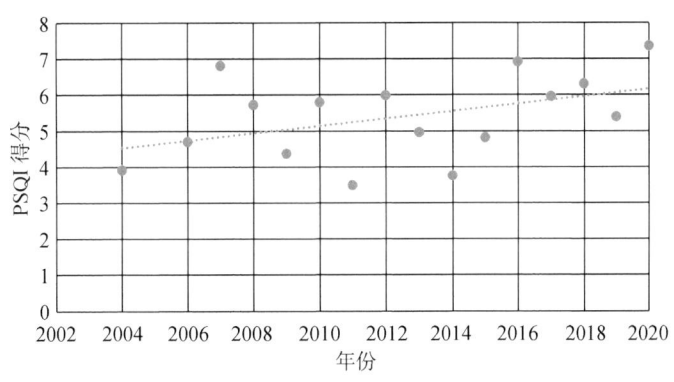

图 3-2-2 近 20 年我国青少年 PSQI 量表总分均值变化图

近 20 年我国青少年 PSQI 量表总分的加权平均数,整体呈现增长趋势,但增长速度较小,这说明我国青少年的睡眠质量正在逐年降低,睡眠不足等现象在持续恶化。

(二)性别差异上睡眠质量的总体分析

从各因子的平均分和标准差来看,男生的睡眠情况与女生的睡眠情况无显著区别。男生和女生在睡眠质量和日间功能障碍两个因子上的得分都明显高于其他因子。由此可以说明,男生女生睡眠情况无较大区别,但都存在睡眠质量低和日间功能障碍严重的现象,见表3-2-7。

表3-2-7 男女生睡眠质量量表各因子情况表 ($M\pm SD$)

因子名称	男生	女生
睡眠质量	1.13±0.77	1.09±0.72
入睡时间	0.89±0.85	0.86±0.83
睡眠时间	0.87±0.81	0.94±0.82
睡眠效率	0.34±0.59	0.32±0.55
睡眠障碍	0.83±0.57	0.86±0.55
睡眠药物	0.06±0.27	0.05±0.23
日间功能障碍	1.48±0.92	1.54±0.87

为了解我国青少年睡眠质量在总分上的性别差异情况,我们对有性别分组的平均数和标准差的41篇文章的41组数据进行一般元分析。本研究中将男生群体的得分作为实验组,将女生群体得分作为控制组,使用 Review Manager 5.3 进行元分析,见表3-2-8。

表3-2-8 睡眠质量总分在性别上的差异情况表

作者/年份	男生			女生			%权重	SMD	95% CI
	M	SD	N	M	SD	N			
潘友兰,2010	6.99	3.01	90	8.10	2.98	101	2.06	−0.371	(−0.657,−0.084)
张伟霞,2016	6.88	2.98	94	6.83	2.61	130	2.13	0.018	(−0.247,0.283)
陈舒鹏,2007	7.22	3.26	189	6.29	3.53	157	2.30	0.275	(0.062,0.487)
侯并并,2010	7.38	2.78	95	6.98	2.84	180	2.18	0.141	(−0.108,0.389)
黎小源,2015	6.95	2.67	88	6.20	2.34	184	2.16	0.306	(0.051,0.561)
姜斌,2008	5.70	2.98	174	5.73	2.73	170	2.30	−0.010	(−0.222,0.201)
杜铭,2017	4.76	2.75	144	5.53	2.57	161	2.26	−0.290	(−0.516,−0.064)
徐红纤,2020	6.93	3.73	285	7.66	3.60	314	2.45	−0.199	(−0.360,−0.039)
徐斌,2014	5.14	2.76	122	4.68	2.12	179	2.24	0.190	(−0.041,0.421)
李燕,2017	7.37	3.79	309	7.02	2.91	235	2.42	0.102	(−0.068,0.272)
梁丽媛,2017	6.59	2.85	232	6.29	3.09	243	2.40	0.101	(−0.079,0.281)
王莉,2006	4.94	1.60	63	4.52	1.44	84	1.91	0.278	(−0.050,0.606)
李虹静,2017	5.72	2.31	206	5.86	2.24	149	2.30	−0.061	(−0.272,0.149)
卓玉郎,2013	5.40	2.41	189	5.62	2.51	235	2.36	−0.089	(−0.281,0.102)

续 表

作者/年份	男生			女生			%权重	SMD	95% CI
	M	SD	N	M	SD	N			
李云贵,2004	3.89	2.01	180	3.94	2.05	144	2.28	−0.025	(−0.244,0.194)
杨心玫,2017	5.51	3.72	797	5.88	3.78	526	2.57	−0.099	(−0.209,0.011)
胡馨,2018	5.52	3.73	788	5.89	3.79	556	2.57	−0.099	(−0.207,0.010)
陈小梅,2016	7.80	2.50	266	8.30	2.20	281	2.43	−0.213	(−0.381,−0.045)
刘明艳,2010	4.75	2.63	360	5.17	2.68	397	2.50	−0.158	(−0.301,−0.015)
罗嘉仪,2020	7.04	3.01	457	7.64	2.76	559	2.54	−0.209	(−0.333,−0.085)
张娟娟,2012	6.74	3.44	748	6.14	3.25	637	2.58	0.179	(0.073,0.285)
张娟娟,2013	5.51	2.93	550	5.19	2.85	497	2.55	0.111	(−0.011,0.232)
邓春燕,2013	5.56	2.75	545	5.49	2.75	551	2.55	0.025	(−0.093,0.144)
彭颜晖,2013	5.56	2.75	545	5.49	2.75	551	2.55	0.025	(−0.093,0.144)
麻馨月,2016	6.23	2.53	438	6.14	2.15	419	2.52	0.038	(−0.096,0.172)
王慧,2012	5.50	2.86	729	5.52	2.89	688	2.58	−0.007	(−0.111,0.097)
刘征宇,2011	5.25	2.31	473	5.18	2.32	477	2.53	0.030	(−0.097,−0.157)
张秀芬,2017	5.11	2.06	433	5.43	2.32	427	2.52	−0.146	(−0.280,−0.012)
赵洁,2014	6.40	2.57	545	6.53	2.33	682	2.56	−0.053	(−0.166,0.059)
施少平,2009	5.50	2.73	783	5.01	2.47	595	2.58	0.187	(0.080,0.294)
崔丹丹,2014	6.43	2.26	607	6.17	2.24	748	2.58	0.116	(0.008,0.223)
郭亚文,2015	3.47	2.12	638	3.47	2.02	819	2.58	0.000	(−0.103,0.103)
严虎,2013	4.94	2.49	1 147	4.87	2.61	1 069	2.62	0.027	(−0.056,0.111)
姜桂芳,2013	2.95	2.97	1 402	4.80	2.73	1 390	2.63	−0.648	(−0.724,−0.572)
严虎,2013	4.91	2.46	1 483	4.85	2.60	1 353	2.63	0.024	(−0.050,0.097)
夏薇,2009	3.88	2.87	1 764	4.15	2.89	2 211	2.65	−0.094	(−0.156,−0.031)
黄若楠,2018	6.31	2.93	2 576	6.56	2.80	3 205	2.66	−0.087	(−0.139,−0.036)
陈霜,2017	5.45	0.69	182	7.52	0.52	178	1.93	−3.383	(−3.706,−3.060)
毋瑞朋,2019	5.26	3.20	4 283	5.50	2.97	5 277	2.67	−0.078	(−0.118,−0.038)
马云会,2014	2.10	2.04	2 200	2.37	2.14	2 183	2.65	−0.129	(−0.188,−0.070)
杜亚慧,2014	3.34	0.11	517	3.62	0.10	546	2.54	0.776	(0.651,0.901)
			27 716			29 488	100.00	−0.071	(−0.155,0.014)

首先,41个关于性别分组的研究在最终的合并结果中所占的百分比有所不同,但几乎一致;$P=0.102>0.05$,则说明在性别方面,睡眠质量总分无显著差异;而 $I^2=95.8\%$,说明其异质性较高,则有必要进行敏感性分析等来解决它的异质性来源;其次,效应尺度为 -0.071,可信区间是 $(-0.155,0.014)$,是将0包含进去的,因此用的是随机模型(若 $I^2<50\%$,则用固定模型)。图3-2-3为睡眠质量总分在性别上差异的漏斗图。目测漏斗图,是呈现倒置且较对称的漏斗形,说明纳入的研究不存在明显的偏倚。

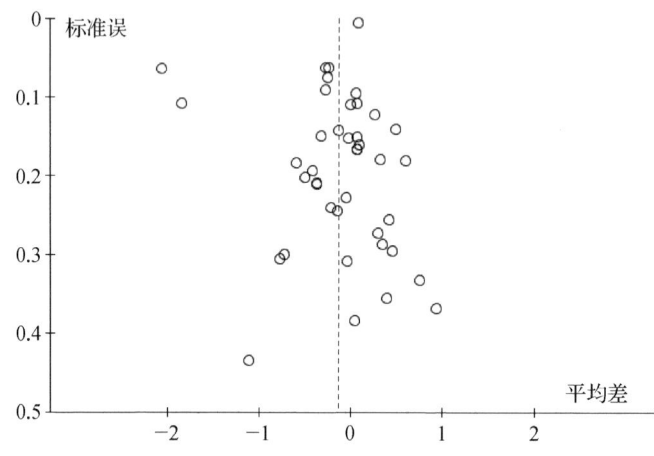

图3-2-3 睡眠质量总分在性别上差异的漏斗图

为了解我国青少年睡眠质量在各个因子上性别差异情况,我们对有性别分组的平均数和标准差的37篇文章(由于个别研究不涉及催眠药物因子的统计数据,因此除催眠药物因子的研究篇数为34篇),共37组数据进行一般元分析(催眠药物共34组数据),本研究中将男生群体的分析作为实验组,将女生群体的分析作为控制组,使用Review Manager 5.3进行元分析,最后得到表3-2-9。

表3-2-9 睡眠质量各因子在性别上的差异情况表

因子名称	亚组数		研究篇数	I^2	Z	P	95%CI
	男生	女生					
睡眠质量	21 988	23 862	37	95.4%	0.48	0.623	$(-0.115,0.070)$
入睡时间	21 988	23 862	37	92.1%	2.19	0.028	$(0.008,0.149)$
睡眠时间	21 988	23 862	37	97.0%	0.45	0.650	$(-0.087,0.139)$
睡眠效率	21 988	23 862	37	98.0%	2.03	0.042	$(0.005,0.283)$
睡眠障碍	21 988	23 862	37	94.4%	1.25	0.212	$(-0.030,0.135)$
催眠药物	21 050	23 021	34	86.5%	0.27	0.786	$(-0.076,0.058)$
日间功能障碍	21 988	23 862	37	95.1%	2.65	0.008	$(-0.207,0.031)$

注:由于所分析的异质性 I^2 均大于50%,则使用随机模型。

由表3-2-9可知,首先在亚组人数上,所纳入的文献中男生和女生的人数相差较小;研究篇数上,个别研究文献中由于客观因素或者使用较少的缘故,催眠药物因子的研究篇数少于其他因子;从异质性水平 I^2 来看,催眠药物因子的异质性水平为86.5%,明显低于其他因子,说明日间功能障碍的异质性较低,但高于50%;入睡时间、睡眠效率和期间功能障碍的显著平水平 P 均小于0.05,则说明在性别之间入睡时间、睡眠效率和期间功能障碍三个因子是有显著差异的,而在性别方面,睡眠质量、睡眠时间、睡眠障碍及催眠药物四个因子无显著差异。

为了解我国青少年睡眠质量在各个因子上性别差异情况,我们对有性别分组的平均数和标准差的37篇文章(由于个别研究不涉及催眠药物因子的统计数据,因此催眠药物因子的研究篇数为34篇),共37组数据进行一般元分析(催眠药物共34组数据),本研究中将男生群体的分析作为实验组,将女生群体的分析作为控制组,根据Stata15.0进行元分析,得到图3-2-4。

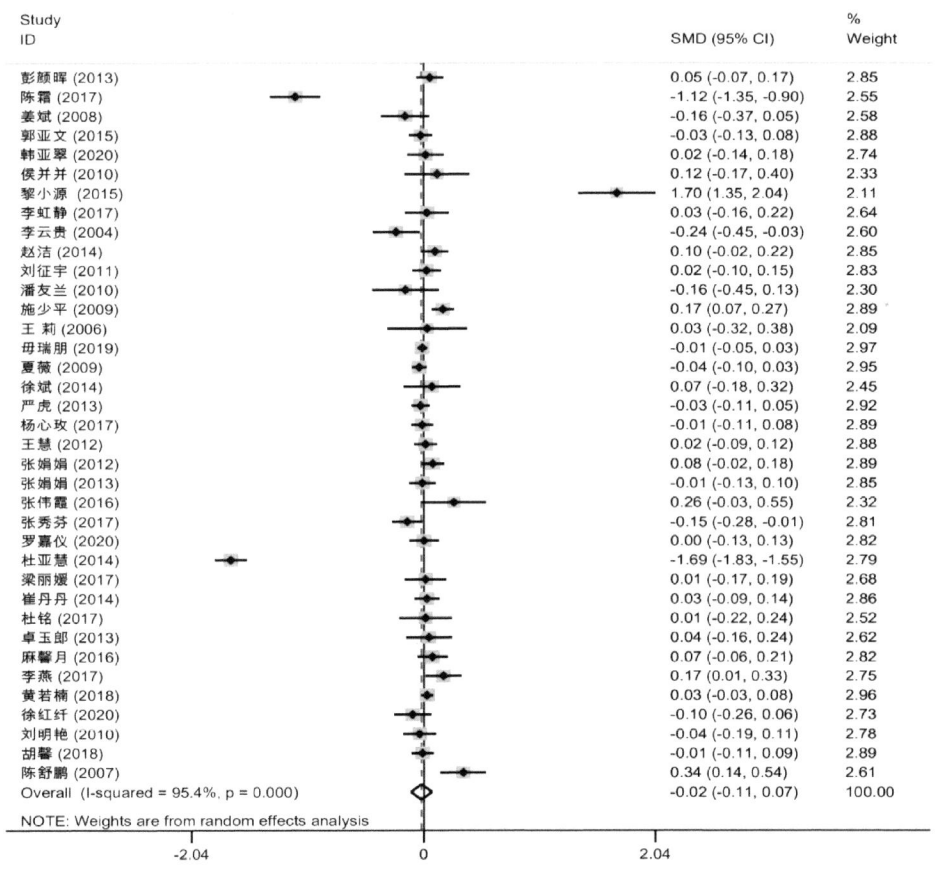

图3-2-4 睡眠质量因子在性别差异上的森林图

如图3-2-4所示,由于研究中的95%CI区间包含0,菱形与无效线相交,则说明睡眠质量、入睡时间、睡眠时间、睡眠效率、睡眠障碍及催眠药物因子在性别差异上无显著影响,且短横线大多数都与无效线相交,因此也可以看出睡眠质量、入睡时间、睡眠时间、睡眠效率、睡眠障碍及催眠药物因子在性别差异上无统计学意义。研究中的95% CI 区间未包含0,菱形与无效线不相交,且日间功能障碍因子在性别差异上有显著影响及统计学意义。

(三) 教育学段差异上睡眠质量的总体分析

为了解中国青少年睡眠质量的总体情况,本研究对研究对象分类睡眠质量的总分及各因子的平均分做出初步统计加权,表3-2-10报告了研究对象分类睡眠质量的总分及各因子经过加权后的总体平均值。

表3-2-10 研究对象睡眠质量总体及各因子加权平均数表

年级	睡眠质量	入睡时间	睡眠时间	睡眠效率	睡眠障碍	催眠药物	日间功能障碍	PSQI总分
4年级	0.47	0.72	1.52	1.54	0.83	0.03	0.59	5.23
5年级	0.51	0.81	1.63	1.56	0.82	0.03	0.66	5.51
6年级	0.56	0.89	1.83	1.55	0.81	0.03	0.87	6.12
农民工小学	0.50	0.66	1.55	2.00	0.73	0.07	0.59	6.11
普通小学	0.53	0.74	1.39	1.16	0.78	0.03	0.70	5.34
重点小学	0.48	0.85	1.18	1.32	0.79	0.07	0.64	5.32
初一	0.82	1.13	0.79	0.31	0.85	0.11	1.25	5.29
初二	0.90	1.13	0.79	0.34	0.83	0.12	1.29	5.34
初三	1.04	1.25	1.05	0.31	0.90	0.19	1.63	6.32
高一	1.20	0.96	0.75	0.32	0.88	0.12	1.86	6.00
高二	1.08	0.92	0.80	0.34	0.86	0.15	1.76	5.82
高三	1.20	1.08	1.19	0.29	0.96	0.34	1.84	6.66

由表3-2-10可知,小学生的睡眠质量普遍稳定在中等水平,但其中小学高年级毕业班的学生睡眠质量总分相比于四、五年级学生较高,这表明小学高年级毕业班学生睡眠质量较差;农民工小学学生睡眠质量总分高于普通小学及重点小学的学生睡眠质量总分,这表明生长在农民工家庭的小学生可能由于某些因素导致睡眠质量较差。另外,在各个因子上小学生的睡眠质量无显著区别,但在睡眠效率因子上的数据说明农民工家庭的学生睡眠效率较差。

对初中生和高中生进行比较:整体上,高中生相较初中生睡眠质量差,尤其表现在睡眠质量因子上。这可能是由于高中学业等方面的压力高于初中;但在入睡时间方面,高中生的入睡时间较初中生短;在睡眠时间、睡眠效率、睡眠障碍、催眠药物及日间功能障碍因子上,高中生与初中生几乎一致。

对初高中各个年级进行比较:初三学生和高三学生在大多数因子得分和总分上都比其他年级高,这说明由于学业等方面的压力,初三学生和高三学生的睡眠质量较差。

表中催眠药物因子数据可以说明,有部分小学生、初高中生使用催眠药物来助眠。

1. 教育学段分类上睡眠质量总体及各因子的描述性分析

由于纳入的研究小学生睡眠质量的文献只有2篇,大多数文献的研究对象是初高中生,因此本研究对初中生和高中生睡眠质量的总分及各因子的平均分和标准差做出初步统计加权,表3-2-11报告了初高中生睡眠质量的总分及各因子经过加权后的总体平均值和标准差。

表3-2-11 高中生睡眠质量总分及各因子加权平均数及标准差表

作者	年份	睡眠质量 ($M\pm SD$)	入睡时间 ($M\pm SD$)	睡眠时间 ($M\pm SD$)	睡眠效率 ($M\pm SD$)	睡眠障碍 ($M\pm SD$)	催眠药物 ($M\pm SD$)	日间功能障碍 ($M\pm SD$)	PSQI ($M\pm SD$)
彭颜晖	2013	1.13±0.75	0.70±0.85	0.95±0.81	0.09±0.35	0.73±0.57	0.03±0.25	1.97±0.90	5.52±2.58
陈霜	2017	1.32±0.54	0.91±0.59	0.91±0.45	0.95±0.54	0.90±0.47	0.02±0.26	1.48±0.61	5.90±0.53
姜斌	2008	1.02±0.74	1.06±0.95	0.86±0.77	0.86±0.77	0.88±0.55	0.05±0.28	1.83±0.92	5.83±2.91
侯并并	2010	1.36±0.83	1.39±0.87	0.82±0.64	0.15±0.39	1.38±0.54	0.21±0.56	1.90±0.83	7.20±2.73
黎小源	2015	1.30±0.15	1.06±0.12	1.13±0.17	0.12±0.19	0.86±0.16	无	1.88±0.04	6.40±2.30
赵洁	2014	1.15±0.70	0.87±0.85	1.40±0.74	0.12±0.39	0.80±0.58	0.55±0.32	2.06±0.80	6.40±2.43
施少平	2009	1.10±0.72	1.14±0.90	0.52±0.55	0.12±0.41	0.84±0.52	无	1.55±0.87	5.29±2.59
张娟娟	2012	1.01±0.76	1.39±0.92	1.05±0.75	0.85±0.93	0.90±0.62	0.07±0.34	1.48±0.98	6.74±3.23
梁丽媛	2017	1.20±0.80	0.94±0.97	1.12±0.74	0.24±0.53	1.53±0.94	0.15±0.54	2.17±0.75	7.29±2.77
杜铭	2017	1.02±0.65	1.07±0.94	1.12±0.52	0.08±0.35	0.74±0.58	0.00±0.00	2.08±0.81	6.11±2.43
麻馨月	2016	1.42±0.67	0.69±0.68	0.67±0.63	0.18±0.48	1.20±0.52	0.12±0.38	1.91±0.76	6.28±2.15
陈舒鹏	2007	0.86±0.78	0.98±0.87	0.19±0.47	1.72±1.11	0.41±0.54	0.09±0.49	1.94±0.87	6.80±3.37

注:由于部分研究中不涉及对催眠因子的研究,因此纳入的以高中生为研究对象的文献仅有10篇。

由表3-2-12可知,所纳入文献中有12篇报告了高中生睡眠质量总分及各因子的平均数和标准差,有9篇报告了初中生睡眠质量总分及各因子的平均数和标准差,相关文献的年份在2007—2017年;从PSQI总分的加权平均数和标准差可以看出,相比较于初中生,高中生的睡眠质量较差。

表 3-2-12　初中生睡眠质量总分及各因子加权平均数及标准差表

作者	年份	睡眠质量 (M±SD)	入睡时间 (M±SD)	睡眠时间 (M±SD)	睡眠效率 (M±SD)	睡眠障碍 (M±SD)	催眠药物 (M±SD)	日间功能障碍 (M±SD)	PSQI (M±SD)
刘征宇	2011	0.58±0.82	1.79±1.04	1.33±0.92	0.93±0.67	0.39±0.54	0.39±0.54	0.16±0.34	5.22±2.38
杨心玫	2017	1.01±0.75	0.88±1.26	0.63±0.89	0.72±0.60	0.04±0.26	0.04±0.26	0.11±1.63	5.66±3.69
张娟娟	2012	0.95±0.74	1.19±0.92	1.06±0.79	0.82±0.59	0.03±0.23	0.03±0.23	1.40±0.99	6.14±3.22
张娟娟	2013	0.83±0.73	0.80±0.87	0.82±0.74	0.69±0.59	0.03±0.24	0.03±0.24	1.30±0.96	5.18±2.84
张秀芬	2017	0.60±0.78	1.74±1.13	1.29±1.01	0.95±0.65	0.35±0.63	0.35±0.63	0.14±0.42	5.23±5.27
李燕	2017	1.56±0.90	1.43±0.99	0.77±0.61	0.34±0.66	0.14±0.55	0.14±0.55	1.88±0.91	7.32±2.43
胡馨	2018	1.02±0.75	0.89±1.26	0.63±0.90	0.73±0.61	0.05±0.27	0.55±0.27	2.12±1.63	5.67±3.70
梁丽媛	2017	1.04±0.78	0.87±0.90	0.17±0.44	1.67±0.85	0.21±0.68	0.21±0.68	1.79±0.77	5.69±2.89
杜铭	2017	1.08±0.86	0.51±0.67	0.24±0.61	0.80±0.53	0.02±0.19	0.02±0.19	1.44±0.91	4.15±2.58

2. 教育学段分类上睡眠质量总分及各因子差异的效果量分析

为了解初中生和高中生的睡眠情况,表 3-2-13 和表 3-2-14 分别列出了两个学段学生睡眠质量总分及各个因子的平均数、标准差、效果量和 95% 置信区间。

表 3-2-13　高中生睡眠质量在总分及各维度差异的效果量表

因子名称	N	M±SD	ES	95%置信区间	Z	P
睡眠质量	12	1.16±0.70	1.25	(1.01,1.49)	10.21	0.000
入睡时间	12	0.97±0.82	1.05	(0.83,1.26)	9.67	0.000
睡眠时间	12	0.89±0.65	0.98	(0.74,1.22)	7.88	0.000
睡眠效率	12	0.53±0.52	0.20	(−0.02,0.42)	1.78	0.075
睡眠障碍	12	0.90±0.55	0.88	(0.65,1.11)	7.58	0.000
催眠药物	10	0.19±0.34	0.12	(−0.10,0.34)	1.10	0.272
日间功能障碍	12	1.82±0.81	1.88	(1.81,1.95)	51.37	0.000
PSQI 总分	12	6.11±2.52	6.03	(5.16,6.89)	13.70	0.000

表 3-2-14　初中生睡眠质量在总分及各维度差异的效果量表

因子名称	N	M±SD	ES	95%置信区间	Z	P
睡眠质量	9	0.91±0.77	0.95	(0.43,1.46)	3.62	0.000
入睡时间	9	1.17±1.09	1.03	(0.41,1.65)	3.26	0.001
睡眠时间	9	0.87±0.84	0.60	(0.15,1.06)	2.59	0.009

续　表

因子名称	N	$M\pm SD$	ES	95%置信区间	Z	P
睡眠效率	9	0.32±0.64	0.09	(−0.15,0.34)	0.74	0.461
睡眠障碍	9	0.78±0.63	0.81	(0.40,1.21)	3.87	0.000
催眠药物	9	0.14±0.38	0.06	(−0.14,0.25)	0.59	0.554
日间功能障碍	9	1.38±1.06	0.88	(0.31,1.45)	3.01	0.003
PSQI总分	9	5.63±3.04	5.56	(3.75,7.37)	6.03	0.000

所纳入文献中涉及高中生睡眠质量的研究共有12篇(含有平均数和标准差)，但其中2篇文献在研究中由于涉及催眠药物较少，因此不对催眠药物因子的平均数和标准差进行研究；高中生睡眠质量在总分及各维度中，PSQI总分、睡眠质量、入睡时间、睡眠时间、睡眠障碍及日间功能障碍在0.05水平上具有显著差异。

所纳入文献中涉及初中生睡眠质量的研究共有12篇(含有平均数和标准差)；初中生睡眠质量在总分及各维度中，PSQI总分、睡眠质量、入睡时间、睡眠时间、睡眠障碍及日间功能障碍在0.05水平上具有显著差异。

高中生和初中生在PSQI总分、睡眠质量、入睡时间、睡眠时间、睡眠障碍及日间功能障碍0.05水平上均具有显著差异，但高中生的睡眠状况较差。

为了解我国青少年睡眠状况在总分及各个因子上教育学段的差异情况，本研究对有高中学段的学生的睡眠质量总分及各因子的平均数和标准差的12篇文章(由于个别研究不涉及催眠药物因子的统计数据，因此催眠药物因子的研究篇数为10篇)，共12组数据进行一般元分析(催眠药物共10组数据)；对有初中学段的学生的睡眠质量总分及各因子的平均数和标准差的10篇文章，共10组数据进行一般元分析；本研究中将高中生的分析作为实验组，将初中生的分析作为控制组，使用Stata15.0进行元分析。

如图3-2-5所示，由于研究中的95%置信区间不包含0，菱形与无效线相交，则PSQI总分、睡眠质量、入睡时间、睡眠时间、睡眠障碍及日间功能障碍因子在教育学段差异上有显著影响，且短横线大多数都与无效线不相交，因此也可以看出PSQI总分、睡眠质量、入睡时间、睡眠时间、睡眠障碍及日间功能障碍因子在教育学段差异上有统计学意义。但是在睡眠效率和催眠药物方面的研究中的95%CI区间包含0，菱形与无效线相交，则睡眠效率和催眠药物因子在教育学段差异上无显著影响及统计学意义。

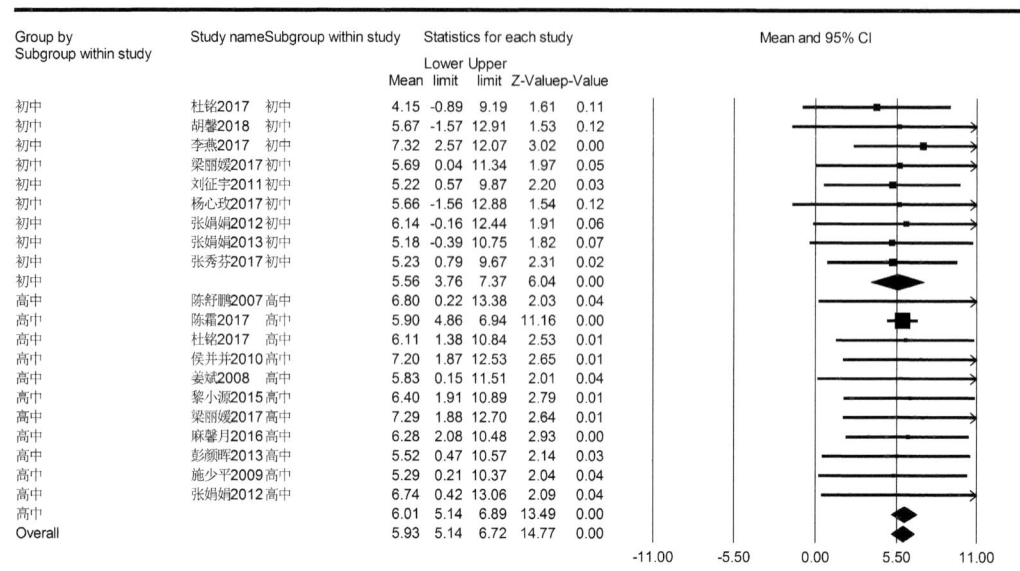

图 3-2-5 睡眠质量总分在教育学段分类的差异上的森林图对比

四、讨论分析

（一）对所纳入文献总体情况的讨论

1. 所纳入文献基本信息汇总情况

所纳入的关于青少年睡眠质量的研究总体信息情况显示，目前使用由美国匹兹堡大学精神科医生伯伊斯博士等人于1989年编制的匹兹堡睡眠质量指数量表来研究青少年的睡眠状况的相对较少，相关元分析的研究也较少。但在趋势上，相关研究数量呈现上升趋势，这表明对青少年睡眠情况的重视程度有所提升。

2. 所纳入文献研究对象分布情况

从本研究纳入的文献来看，目前我国青少年睡眠质量研究的对象主要是初高中生，占90%以上，而涉及小学生睡眠质量的研究仅为4篇。因此从研究对象的分布情况可知，以往研究对于小学生睡眠质量的研究较少，这可能是由于初高中生在学业及生活其他方面的压力要明显高于小学生，会对他们的睡眠质量产生直接影响。

研究对象分布不均匀的现象应该受到相关研究者的关注。随着社会的进步和发展，小学生可能也存在睡眠不足问题和一些鲜为人知的压力源，比如父母长期不在身边,由老人抚养;使用电子产品的频率增加。原生家庭不完整以及自身的不良生活习惯等可能会造成他们睡眠不足及睡眠质量变差的情况。

3. 所纳入文献地区分布情况

从本研究纳入的文献来看,目前我国睡眠质量研究的地区主要集中在中部和南部地区,占总体的60%以上。经济发达地区如沿海城市的研究较多,经济相对落后的西部地区研究较少。但近年来,南部地区经济发展迅速,家家户户的生活质量水平也有所提升,因此接下来研究者应该对于经济相对落后的地区进行更多的相关研究。

4. 年代趋势上睡眠质量的讨论

本研究纳入了2004—2020年的关于我国青少年睡眠情况的研究。根据所纳入文献的数量,使用匹兹堡睡眠质量指数量表的文献研究从2008年呈现增长的趋势,并在2013年达到最大值。这表明青少年的睡眠问题逐渐受到大家的广泛关注,我国青少年的睡眠质量情况的研究也日渐受到重视。

(二) 性别差异上睡眠质量的讨论

从表中各因子的平均分和标准差来看,男生与女生的睡眠情况无显著区别,两者几乎一致;根据其计分方式,男生和女生在睡眠质量和日间功能障碍两个因子上的得分都明显高于其他因子。由此得出结论:在性别差异上,男女睡眠情况无较大差别,且其中睡眠质量和日间功能障碍两个因子高于其他因子,也能够说明在睡眠质量和日间功能障碍两个因子上我国青少年的睡眠状况相对于其他因子较差。这说明他们在白天出现乏力,上课困倦、打盹及注意力不集中等现象和睡眠时长无关。因此,多参加一些有氧运动可以改善睡眠质量,学生们在进行了脑力劳动后可以适当地进行跑步、打球等运动,可以有效地改善其睡眠问题,另外也可以在睡前喝一杯热牛奶等来调节自身,从而改善睡眠质量。

睡眠质量总分在性别差异维度上的效果量表明,41个关于性别分组的研究在最终的合并结果中所占的百分比有所不同,但几乎一致;在性别方面,睡眠质量总分无显著差异,在以往研究中,侯粤虎等人研究也表明,男女生之间睡眠质量和睡眠时间差异无统计学意义[1];关于睡眠质量总分的漏斗图显示,纳入的有关于睡眠质量总分的41个研究无偏倚情况。在性别差异之间入睡时间、睡眠效率和日间功能障碍三个因子均有显著差异,这是因为相比于男性,女性心思细腻,心事重,加之每个月的生理期等,导致部分睡眠状况较差,而睡眠质量、睡眠时间、睡眠障碍及催眠药物四个因子均无显著差异。还有研究显示,女生睡眠异常显著高于男生,表明女性更易多梦、睡眠不稳、夜惊,这可能与男女认知紧张的程度不同、性别生物基础差异、心理防卫和所承受压力的质量不同相关[2]。徐斌等人对上海市某中学高一不同性别学生睡眠质量与学习成绩的关系

---

[1] 侯粤虎,张泉水,唐建军,邓秀良.深圳市宝安区高中生睡眠质量分析[J].中国学校卫生,2015,36(10):1560-1562.

[2] 郝珊.750名高中生睡眠状况及其相关因素分析[J].中国继续医学教育,2014,6(04):37-39.

探讨的研究表明,男生的入睡困难人数较女生多,差异有统计学意义,而男女生间的睡眠质量差异无统计学意义[①]。需要在以后的研究中进一步探讨,尽量控制其他影响因素来讨论男女生的睡眠质量情况是否存在差异。

(三)教育学段差异上睡眠质量的讨论

1. 研究对象睡眠质量总体及各因子的描述性分析

根据所纳入的相关文献显示,小学高年级毕业班的学生睡眠质量相较差于四、五年级学生。农民工小学的学生睡眠质量相较差于普通小学及重点小学学生,这可能由于农民工家庭的家务活较多、父母长期在外打工、照顾家庭老人和弟弟妹妹等因素。另外,在各个因子上小学生的睡眠质量也无显著区别,但在睡眠效率因子上可以说明,农民工家庭的学生睡眠效率较差,这也是因为农民工家庭出生的孩子身上的负担更重,需要考虑的因素较多。

以初中和高中的学生进行比较:大多数情况下,高中生相于初中生睡眠质量较差。这可能是由于高中学业等方面的压力高于初中,尤其是在睡眠质量因子上,高中生的睡眠质量明显低于初中生;但在入睡时间方面,反而高中生的入睡时间较初中生短;在睡眠时间、睡眠效率、睡眠障碍、催眠药物及日间功能障碍因子上,高中生与初中生几乎一致。(2)以初高中各个年级之间进行比较:初三学生和高三学生在大多数因子和总分上都比其他年级的得分高,足以说明由于学业等方面的压力,初三学生和高三学生的睡眠质量较差。(3)在催眠药物因子上,还是有很大数量的小学生、初高中生使用催眠药物来助眠。(4)从PSQI总分的加权平均数和标准差可以看出,相比较于初中生,高中生的睡眠质量较差。

2. 教育学段分类上睡眠质量总分及各因子差异的元分析

在教育学段的分类上,所纳入文献大多数的研究对象为初高中生,关于初高中生的睡眠质量情况的研究相对较多。本研究为了解初中生和高中生在睡眠质量总分及各因子差异的情况,对总样本中分别报告了初中生和高中生睡眠质量总分及各因子的均值和标准差的研究样本做元分析。由图表分析可知,高中生和初中生在PSQI总分、睡眠质量、入睡时间、睡眠时间、睡眠障碍及日间功能障碍0.05水平上均具有显著差异,但相比较初中生而言,高中生的睡眠状况较差。另外,从森林图的对比分析中也可以看出PSQI总分、睡眠质量、入睡时间、睡眠时间、睡眠障碍及日间功能障碍因子在教育学段差异上有统计学意义,而睡眠效率和催眠药物因子在教育学段差异上无显著影响及统计学意义。

造成此结果的因素有很多,以往研究中对中学生考试焦虑与睡眠质量的关系分析表明,高中生比初中生面临着更加激烈的学业竞争与沉重的升学压力,因而睡眠问题更严重,尤其是高三年级的考试焦虑与睡眠质量得分最高,考试焦虑与PSQI总分、睡眠

---

① 徐斌,胡晨波,范秀红.上海市某中学高一不同性别学生睡眠质量与学习成绩的关系探讨[J].上海预防医学,2014,26(11):635-637.

时间及日间功能障碍等因子有显著相关①。毋瑞朋等人的研究表明,不同学段中学生在 PSQI 总分、入睡时间、睡眠时间、睡眠效率、睡眠障碍、催眠药物及日间功能得分差异均具有统计学意义,尤其初中和高中在催眠药物得分差异有统计学意义②。在教育学段中,初高中生的学业压力以及升学压力要明显高于其他学段,由此产生的睡眠问题相对更多,面临着考试焦虑、紧张,会给初高中生生活和学习带来较大的影响,因此我们应该更加关注学生的睡眠问题,引导学生加强锻炼和劳逸结合,以达到学习的最佳效果,减轻学业压力,逐渐解决睡眠不足等相关问题。

五、主要结论与研究局限

本研究使用由美国匹兹堡大学精神科医生伯伊斯博士等人于 1989 年编制的匹兹堡睡眠质量指数量表,在其前提下设置纳入标准,从而筛选出 2004—2020 年之间的研究进行数据整理;本研究主要研究对象主要为初中生和高中生。

在年代变化趋势上,本研究发现,从 2004—2020 年睡眠情况的研究成果在数量上呈现上升趋势,说明近年来研究者们对于青少年的睡眠问题越来越重视;总体均值随着年份增加呈现增长趋势,说明我国青少年的睡眠质量正在逐年降低,以及睡眠不足的现象在持续恶化。

在男女性别差异上,本研究发现,入睡时间、睡眠效率和期间功能障碍因子在性别差异之间是有显著差异的,而在性别差异方面,睡眠质量、睡眠时间、睡眠障碍及催眠药物四个因子无显著差异。

在教育学段分类差异上,本研究发现,高中生和初中生在 PSQI 总分、睡眠质量、入睡时间、睡眠时间、睡眠障碍及日间功能障碍均具有显著差异,但相比于初中生而言,高中生的睡眠状况较差。

本研究采用元分析的方法对近二十年来关于我国青少年睡眠质量情况的研究进行分析,在初始阶段存在很多问题以及有很多考虑不周的地方对本研究有所限制。关于我国青少年睡眠质量状况的研究相对较多,但精确全面报告匹兹堡睡眠质量指数量表总分及各个维度的研究并不多,这在一定程度上可能影响了研究结果。此外,地区间也存在不平衡的问题,在中东部取样的研究较多,但是在西部地区的就相对少很多;比如想要研究睡眠质量总分及各因子的得分与年代变迁的相关性,可能需要更长时间内的研究样本,不同年份的研究样本的数量差距不能太大,并且要考虑其他因素的影响。

---

① 刘姗姗,严由伟,林荣茂,刘灵.中学生考试焦虑与睡眠质量的关系分析[J].精神医学杂志,2011,24(01):40-42.

② 毋瑞朋,郭蓝,黄业恩,王婉馨,肖笛.山西省中学生睡眠质量及影响因素分析[J].中国学校卫生,2019,40(08):1169-1172.

第三节 中学生自杀心理的系统评价与元分析

一、问题提出

法国作家、哲学家阿尔贝·加缪曾经说过,真正严肃的哲学问题只有一个,那就是自杀。自杀是自身在经过无限次折磨后选择的一种彻底毁灭自己的行为,是一种结束生命的最极端的方式。自杀让自己生命凋零的同时,还会给家人和朋友带来极大的痛苦。自杀是一种全球性的慢性疾病,在国际上有很高的关注度。2014年世界卫生组织的数据说明自杀行为发生在世界各地,而且几乎所有年龄的人群都有自杀的案例。世卫组织已经将青少年自杀的问题列为全球性的公共卫生问题,自杀是全球青少年的第三大死亡原因[1]。中学生处在身心发展的关键时期,在人际交往、情绪调适等方面会遇到各种各样的问题,容易因各种情绪障碍而发生自杀行为。因此,针对青少年自杀行为的预测和预防已经成为不可忽视的问题。

随着经济的快速发展和社会转型的加速,越来越多的人意识到了青少年心理健康教育的重要性。青少年处于一个敏感的时期,即在身心发展非常迅速的同时,他们也会被各种问题困扰。而且现在信息传播速度快,他们容易受到来自外界的各种因素的影响。根据以前的调查结果可以看出,心理健康问题比较突出的青少年年龄段为12岁至19岁,而这也是青少年心理成长发育的关键期。处在这个年龄段的青少年多数为正在上学的中学生。根据相关数据显示,80%的中学生没有产生过心理问题,1%的中学生会产生心理问题。青少年时期是一个人由孩童向成年过渡的时期,对于青少年来说也是危险与机遇并存的时期,心理跟不上身体的成熟速度,使得青少年很容易被心理问题困扰,如果发现不及时或处理不妥当,很容易导致心理疾病甚至自杀[2]。根据我国的统计数据,每一年都有287 000人自杀死亡。有关自杀的研究很多,但主要是针对老年人等弱势群体。很多媒体会为了引起关注而对青少年自杀事件进行报道,但这些报道往往是片面的,会导致人们误解青少年自杀的真实情况。那么,青少年中学生自杀及其发展趋势是怎样的?尽管这个问题是非常基本的,但依然值得我们去研究。

在学术研究中,关于自杀的分类有很多种。但是在自杀预防的实际工作中,国内相关预防自杀类研究认为自杀行为经历了自杀意念、自杀计划和自杀未遂三个阶段,但三者不一定同时具备,即存在自杀意念或自杀计划并不一定产生自杀,自杀未遂有突然性、爆发性的特点,而不一定有自杀意念或自杀计划。自杀意念,是指丧失活着的欲望,

---

[1] USCDC. Web-based Injury Statistics Query and Reporting System(WISQARS)[R/OL].(2011-10-11)[2017-07-28]http://www.cdc.gov/injury/wisqars/index.htm.
[2] 王雪,尚元东,马文华.青少年自杀行为产生原因及干预对策[J].社会与公益,2019(07):42-44.

想要结束生命,但不采取任何实际行动造成人身伤害的想法,也就是没有采取外显行为来达到死亡目的。它具有隐蔽性、泛化性和偶然性的特征。自杀意念通常表现在沮丧和抑郁中,随着抑郁时间的增加,自杀意念的频率也会增加,并且想要开始进行实际行动,这不仅是关于死亡的思考,还包括如何自杀的念头。自杀计划是指有了自杀意念之后,从生与死的矛盾冲突中解脱出来,决死意志坚定,情绪逐渐恢复,表现出异常平静,考虑自杀细节,包括时间、地点、方式等,做自杀准备,如买绳子、搜集安眠药、爬高楼等。等待时机一到,即采取结束生命的行为。自杀未遂是指个人故意破坏身体组织,但未因主观和客观原因导致个人死亡。尽管大多数自杀未遂并未造成死亡,但这些自杀未遂给个体留下生理和心理创伤可能是严重且持久的。

人最宝贵的是生命,生命只有一次,我们既然到世间走了一遭,就应该珍惜生命的价值。中学时代是生命之花刚刚绽放的阶段,是人生成长的黄金阶段。中学生是祖国的未来,他们的茁壮成长对我国的社会主义事业的发展产生重要影响。中学生高自杀率成为摆在社会面前的亟待解决的紧迫问题。美国疾病控制与预防中心2010年的一份报告显示,在进行调查的前一年中,有15%的高中学生有思考过自杀,11%的中学生曾经计划过使用什么方法可以自杀,7%的中学生曾试图自杀但是没有成功。有研究数据显示,青少年自杀意念的发生率很高,有14%~20%的青少年在过去的一年中曾出现过自杀意念。儿童早期出现的自杀意念和自杀未遂是青少年期和成年期出现自杀事件的强烈危险因素。有研究数据表明,在有自杀意念的人中,5%会发生自杀未遂;有自杀未遂的人中,10%将发生自杀死亡。自杀意念和自杀计划都会使中学生陷入危险。因此,尽早识别到自杀意念和自杀计划对于防止自杀未遂和自杀死亡具有重要意义。

国内学者对中学生自杀意念问题的关注较多。2003年张志群等人对成都市区的1 421名中学生使用自编一般情况调查问卷进行评估[①],结果显示1 421名中学生自杀意念发生率为23.5%。2010年,庞秀然等人利用广西青少年健康相关行为调查问卷对广西宾阳县中学生伤害相关行为现状进行调查,在1 087名学生中,自杀意念的发生率达10.36%[②]。同年苏玲等人对福建省的部分中学生的自杀意念进行了调查,结果显示自杀意念发生率为15.4%,女生自杀意念的发生率明显高于男生,高中生的自杀意念发生率高[③]。影响自杀意念的因素为性别、学习成绩、独生子女,经常感到孤独,经常感到学习压力大,经常失眠、抑郁,上下学感到不安全。2011年张立敏等人用自编中学生健康相关行为量表调查了北京市顺义区1 739名学生,在被调查的学生中,有12.4%在过去12个月认真考虑过自杀,有过自杀意念。其中女生的自杀意念高于男生,初二学生自杀意识的发生率高于初一和初三,高三学生自杀意念的发生率最高。原因在于初二学生学习难度增加,且青春期在身体形态和性征方面也开始变化,而高三的学生高考压

---

① 张志群,郭兰婷.中学生自杀意念的相关因素研究[J].中国心理卫生杂志,2003(12):852-855.
② 庞秀然,陈源珍,邓赞民,陆小珍.宾阳县中学生伤害相关行为现状调查[J].应用预防医学,2010,16(03):148-150.
③ 苏玲,陈丽萍,居文.福建省青少年自杀意念与相关因素分析[J].中国校医,2010,24(03):196-198.

力急剧增加①。2015年常向东等人用自杀意念自评量表(SIOSS)对上海市松江区某所初中的609名中学生进行调查,结果表明,去年中学生自杀意念的发生率为14.61%,其中男生为13.91%,女生为15.91%。自杀意念组中有84.3%的中学生被诊断为中度或高度抑郁症,明显高于无自杀意念组,这说明自杀意念的产生与抑郁高度相关②。2017年杨婷婷等人用青少年健康调查问卷调查了贵州省少数民族地区中学生6 139名,发现20.2%中学生在过去12个月里有过自杀意念③。这些研究者研究了不同地区中学生自杀意念的发生率,但是由于调查时间、研究工具、影响因素的差异,得到的自杀意念发生率也从10%到25%不等,有进一步进行定量综合的必要。

与自杀意念的实证调查相比,对中学生自杀计划和自杀未遂的研究数量则相对较少。而对于自杀计划的研究,往往都会含有自杀未遂的研究。2005年麦锦城等人利用中国青少年健康相关行为调查问卷对广州市2 921名中学生进行调查,这些中学生曾计划自杀的发生率为5.9%,曾试图自杀的发生率为3.0%④。2008年魏霞等人对山东省城市中学生进行问卷调查,结果显示,在过去的十二个月里,有自杀计划的占7.62%(691/9 064),自杀未遂的占4.31%(391/9 064)⑤。2014年闫敬等人随机抽取了都江堰市2所高中学校、6所初中学校,采用自编自杀自伤调查表调查出2 143名中学生中曾有自杀未遂者70人(3.2%),最常见的自杀方式为割腕(43人)。女性、初中生、抑郁症状、负性生活事件为中学生自杀未遂的危险因素,家庭亲密度高为保护性因素⑥。2015年汪耿夫等人利用自编问卷调查对安徽省5 726名中学生进行调查,其中自杀计划和自杀未遂检出率分别为6.9%和1.8%,多因素Logistic回归分析显示网络欺凌是自杀相关心理行为的危险因素⑦。2019年袁芳等人对10726名中学生发放调查问卷,结果显示,最近12个月自杀意念、自杀计划和自杀未遂检出率分别为12.93%、4.54%、5.06%,女生均高于男生。这些研究显示,中学生的自杀计划发生率都低于10%,自杀未遂发生率往往不超过5%⑧。

到目前为止,有关中学生的自杀行为发生率的研究已获得较为丰硕的研究成果,但在概念界定、研究工具、时间跨度等方面存在诸多差异,且所得出来的发生率都在较大范围

---

① 张立敏,李玉堂,赵瑞兰,张克深,杨合,于金龙.北京市顺义区中学生自杀相关心理行为现况调查[J].中国学校卫生,2011,32(02):236-237.
② 常向东,袁大伟,徐燕,金霞芳,李岗,石军红,吴蕾,吴王辉,沈文龙,马丹英.初中生自杀意念与抑郁的干预[J].中国健康心理学杂志,2015,23(01):132-136.
③ 杨婷婷,卢次勇,陈钢,郭蓝,李鹏声.贵州少数民族地区中学生自杀意念及尝试自杀影响因素分析[J].中国学校卫生,2019,40(07):1017-1020.
④ 麦锦城,丁元庆.广州市中学生自杀行为现状及其相关因素分析[J].中国学校卫生,2008(02):155-156.
⑤ 魏霞,杨育林,闫静弋,席庆兰,张迎修.2008年山东省城市中学生伤害相关行为状况调查[J].预防医学论坛,2010,16(10):903-905.
⑥ 闫敬,梁素改,黄颐,符雪垠,朱翠珍,杜娜.都江堰市中学生自杀未遂的危险因素研究[J].中国卫生统计,2014,31(03):498-500.
⑦ 汪耿夫,方玉,江流,周贵阳,袁姗姗,王秀秀,苏普玉.安徽省中学生网络欺凌与自杀相关心理行为的关联研究[J].卫生研究,2015,44(06):896-903.
⑧ 袁芳,岑焕新,元国平,李辉,龚清海.中学生自杀相关行为及其影响因素研究[J].预防医学,2019,31(03):225-230+235.

内浮动,发生率差异比较大,有进一步元分析的必要。目前相对综合的研究是 2013 年常微微等人对 2000—2012 年我国中学生自杀意念的发生率进行的元分析,这篇研究共入选相关文献 40 篇,总样本量为 320 375 人,得出结论总自杀意念发生率为 17.99%,其中男、女生自杀意念发生率分别为 14.71% 和 19.92%[1]。这与以上所列研究的自杀意念发生率大致相同,但是,该研究仅仅研究了自杀意念,没有涉及自杀计划和自杀未遂。加之该研究利用的是 2012 年前的数据,因此,我们拟采用系统评价和元分析研究自杀行为的三个分类:自杀意念、自杀计划、自杀未遂的发生率,以期得出相对综合全面的结论。

综上,目前关于中学生自杀行为的研究有很多,但对自杀行为发生率的研究较少。并且由于大多数研究的研究对象来源、概念界定、样本量、调查工具以及调查的时间范围等的不同,各研究的自杀行为发生率也相差较大。本研究拟通过元分析的方法探讨中学生的自杀行为发生率,并进行早期检测与识别,提出早期干预措施,以达到减少自杀行为的目的,希望能为青少年中学生心理健康教育和预防自杀提供有利的理论依据。

二、研究方法

(一)文献检索策略

本研究在中国知网、万方数据库、维普数据库进行检索。中文中使用的搜索词包括:青少年、中学生、自杀意念、自杀计划、自杀未遂、自杀行为、自杀死亡;英文中使用的搜索词包括:Chinese middle school students、Chinese secondary school students、suicidal ideation、suicidal behavior、suicide play、suicide attempt、suicide death。通过参考文献和手工检索以寻找潜在的相关研究。

(二)文献的纳入标准与排除标准

纳入标准:(1) 研究对象为中国大陆地区的普通中学生,无特殊心理问题、精神疾病等;(2) 文献资料的语言为中文或英文;(3) 对自杀意念、自杀计划、自杀未遂的定义基本相似。

本篇研究的排除标准如下:(1) 以非中国青少年中学生为研究对象;(2) 研究类型属于非实证性研究(即综述、评论或定性文章);(3) 使用了干预措施;(4) 仅有年龄无年级信息;(5) 重复发表;(6) 研究对象包含其他群体;(7) 自杀相关行为定义不明确。

(三)文献筛选与数据提取

文献的选择分为两个阶段。在第一阶段,根据标题和摘要确定是否符合纳入标准。第二阶段,阅读全文并做出是否符合纳入标准的判断。对于最终纳入的研究,主要提取作者、刊物、年代、调查工具、被试人数以及自杀意念、自杀计划、自杀未遂的发生率。

---

[1] 常微微,姚应水,袁慧,陈佰锋,梁雅丽,陈燕,宋建根,李杰,朱玉.2000—2012 年我国中学生自杀意念发生率的元分析[J].中华流行病学杂志,2013(05):515-519.

(四) 结果变量

主要结果变量是中学生的自杀行为(自杀意念、自杀计划、自杀未遂)的发生率,次要变量男女中学生的自杀行为发生率。

(五) 分析方法

通过 Stata 软件来进行元分析计算。参照前人研究,$P>0.10$ 和 $I^2<50\%$ 是判断固定效应模型和随机效应模型的依据。当研究间是同质时,采用固定效应模式;当研究间是异质时,采用随机效应模型。

三、研究结果

图 3-3-1 的 PRISMA 流程图详细记录了各个阶段所选择与剔除的文献数量。本研究共检索到 1 404 篇无重复的文献。经过两轮筛选,最终找到 98 篇符合标准的文献(对于同一研究数据的文献,选择资料最全、发表年限早的文献)。

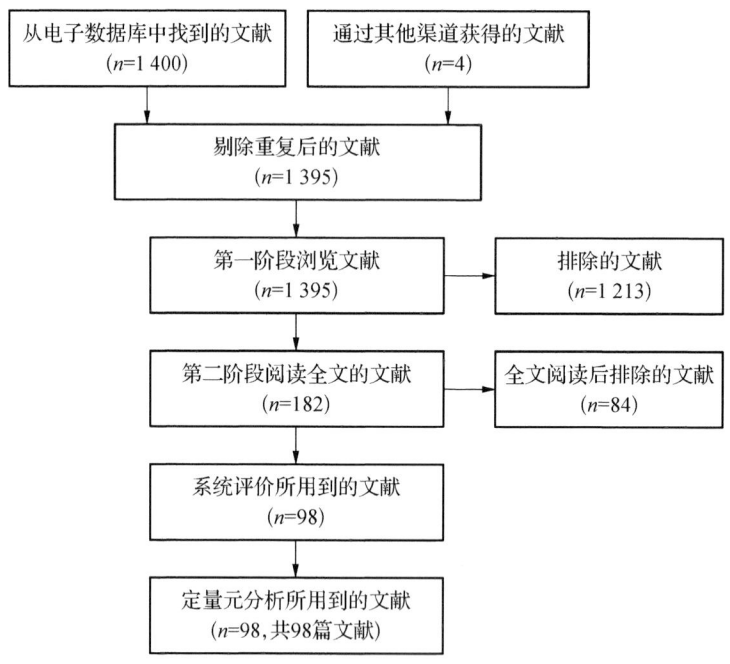

图 3-3-1 文献筛选流程图

纳入研究共涉及中国 19 个省份 311 810 名中学生,被试主要集中在北上广等地。其中 74 项对性别影响因素做出了分析,主要用到的测量工具有中国青少年健康相关行为调查问卷、自杀意念自评量表、中国中学生心理健康量表、Beck 自杀意念量表等。文献质量评估结果表明,大多数研究都有较为详细的研究设计,并采用了较为合适的测量和统计方法。

表 3-3-1 列出了纳入研究的主要特征,就文献类型而言,92 篇来自期刊论文,6 篇为硕士学位论文。研究年代从 2003—2019 年。从被试所在的地区来看,研究涉及北京、上海、广东、山东、四川、河南、新疆、宁夏和云南等 19 省市,其中东部地区的研究有 40 项,中部地区有 28 项,西部地区有 26 项,另外有 4 项研究未给出明确的地区信息。所有被试既有来自城市地区的,也有来自农村山区的。

表 3-1-1 纳入文献基本特征览表

序号	论文作者	发表时间	所属地区	使用工具	调查人数	结果指标
1	魏霞	2010	山东	中国青少年健康相关行为调查问卷	9 064	自杀意念、自杀计划、自杀未遂
2	张崛	2011	北京	北京市青少年健康相关行为调查问卷	2 195	自杀意念
3	游凯	2012	北京	中国青少年健康相关行为调查问卷	1 883	自杀意念、自杀计划、自杀未遂
4	赵瑞兰	2018	北京	北京市青少年健康相关行为调查问卷	1657	自杀意念、自杀计划、自杀未遂
5	汪耿夫	2015	安徽	安徽省中学生健康状况调查问卷	5 726	自杀意念、自杀计划、自杀未遂
6	张立敏	2011	北京	自编健康相关行为问卷	1895	自杀意念、自杀计划、自杀未遂
7	张立敏	2011	北京	自编健康相关行为问卷	1 739	自杀意念、自杀计划、自杀未遂
8	杨冬梅	2013	北京	北京市青少年健康相关行为调查问卷	2 147	自杀意念、自杀计划、自杀未遂
9	张艺阳	2016	北京	北京市青少年健康危险行为调查问卷	5 349	自杀意念、自杀计划、自杀未遂
10	庞秀然	2008	广西	广西青少年健康相关行为调查问卷	1 082	自杀意念
11	谢云天	2019	江西	自杀意念自评量表	1 381	自杀意念
12	欧薇	2014	黔北地区	中国中学生心理健康量表	2 400	自杀意念、自杀计划、自杀未遂
13	张志群	2003	四川	自编调查问卷	1 393	自杀未遂
14	黎润新	2016	广西	自杀意念自评量表	864	自杀意念
15	沈晓霜	2019	安徽	自编自杀调查问卷	669	自杀意念
16	刘金同	2013	山东	Beck 自杀意念量表	1 815	自杀意念
17	常向东	2014	上海	自杀意念自评量表	2 265	自杀意念
18	张冬冬	2011	山东	自杀意念自评量表	830	自杀意念
19	常向东	2015	上海	自杀意念自评量表	609	自杀意念

续 表

序号	论文作者	发表时间	所属地区	使用工具	调查人数	结果指标
20	闫敬	2014	四川	自编自杀自伤调查表	2 143	自杀未遂
21	苏玲	2010	福建	中国青少年健康相关行为调查问卷	10 235	自杀意念
22	张志群	2004	四川	自编一般调查问卷	1 393	自杀意念
23	章浩明	2010	浙江	自杀调查问卷	1 447	自杀意念、自杀计划、自杀未遂
24	章文佩	2011	安徽	Beck 自杀意念量表	256	自杀意念
25	吴志敏	2016	广东	青少年自杀意念量表	2 838	自杀意念
26	潘丝媛	2018	广东	青少年健康知识问卷	3 229	自杀意念、自杀未遂
27	麦锦城	2008	广东	中国青少年健康相关行为调查问卷	2 921	自杀意念、自杀计划、自杀未遂
28	王娟	2017	广东	广州市青少年健康行为调查表	5 968	自杀意念
29	王艳	2019	贵州	中国青少年健康相关行为调查问卷	2 450	自杀意念、自杀计划、自杀未遂
30	李秀玲	2019	贵州	中国青少年健康相关行为问卷	4 903	自杀意念
31	田琪	2012	浙江	中国青少年健康相关行为调查问卷	3 937	自杀意念、自杀计划、自杀未遂
32	张丽华	2009	浙江	中国青少年健康相关行为调查问卷	2 650	自杀意念、自杀计划、自杀未遂
33	孙莹	2006	安徽	自编自杀调查问卷	3 127	自杀意念、自杀计划、自杀未遂
34	杨汴生	2008	河南	河南省农村青少年健康相关行为调查问卷	8 315	自杀意念、自杀计划、自杀未遂
35	邓飞	2018	河南	自编自杀行为和自伤行为量表	3 239	自杀意念、自杀未遂
36	孙庆忠	2005	黑龙江	艾森克个性问卷	1 074	自杀意念
37	汪心婷	2006	山东	自编青少年健康与行为问卷	550	自杀意念、自杀未遂
38	张冬冬	2010	山东	自杀意念自评量表	830	自杀意念
39	李宪琪	2016	山东	自编自杀调查问卷	858	自杀意念
40	张一英	2010	上海	中国青少年健康相关行为调查问卷	722	自杀意念、自杀计划、自杀未遂
41	张熳	2007	江苏	自编调查问卷	5 120	自杀意念
42	谢雪妮	2013	云南	中国城市学生攻击性行为评定常模研制调查问卷	1 163	自杀意念

续　表

序号	论文作者	发表时间	所属地区	使用工具	调查人数	结果指标
43	何晓燕	2010	浙江	自编自杀调查问卷	1 693	自杀意念
44	孟斌	2018	安徽	自杀意念自评量表	255	自杀意念
45	常微微	2013	安徽	自杀意念评定	4 479	自杀意念
46	赵国香	2011	广东	自编青少年不良行为调查表	787	自杀意念
47	文小桐	2020	江西	美国疾病预防控制中心高中生危险行为监测系统	884	自杀意念、自杀未遂
48	朱奇	2014	江苏	青少年健康危险行为调查问卷	1 019	自杀意念、自杀计划、自杀未遂
49	龚清海	2014	浙江	自编一般情况调查问卷	2 161	自杀意念、自杀计划、自杀未遂
50	邵福泉	2011	安徽	美国疾病预防控制中心高中生危险行为监测系统	3 945	自杀意念
51	杨翠平	2015	河南	中国青少年健康相关行为调查问卷	2 311	自杀意念、自杀计划、自杀未遂
52	欧薇	2012	黔北地区	自编问题行为调查问卷	1 402	自杀意念、自杀计划、自杀未遂
53	黎亚军	2016	河南	自编自杀问卷	939	自杀意念、自杀计划、自杀未遂
54	张琴	2013	上海	上海市青少年健康相关行为调查问卷	1 087	自杀意念、自杀计划、自杀未遂
55	朱琦	2017	河南	自编调查问卷	1 011	自杀意念、自杀计划、自杀未遂
56	余力	2018	河南	自编调查问卷	1 455	自杀意念、自杀计划、自杀未遂
57	周志坚	2015	广东	Beck自杀意念量表	2 389	自杀意念、自杀计划、自杀未遂
58	王娟丽	2012	广东	广东省青少年健康相关行为调查问卷	2 308	自杀意念、自杀计划、自杀未遂
59	谌丁艳	2019	广东	自编调查问卷	1 787	自杀意念、自杀计划、自杀未遂
60	刘奋	2009	广东	自杀行为问卷	4 177	自杀意念、自杀计划、自杀未遂
61	吴虹	2015	广东	自编青少年健康知识问卷	3 206	自杀意念、自杀计划、自杀未遂
62	杨曦	2012	广东	Beck自杀意念量表	1 563	自杀意念、自杀计划、自杀未遂

续 表

序号	论文作者	发表时间	所属地区	使用工具	调查人数	结果指标
63	梁烨	2008	广东	症状自评量表	1 245	自杀意念、自杀计划、自杀未遂
64	闫京晶	2017	江苏	中国青少年健康危险行为调查问卷	3 430	自杀意念、自杀计划、自杀未遂
65	刘凤霞	2009	天津	中国青少年健康相关行为调查问卷	3 054	自杀意念、自杀计划、自杀未遂
66	刘佳	2016	安徽	自编调查问卷	5 376	自杀意念、自杀计划、自杀未遂
67	余婷婷	2013	安徽	自编伤害与暴力问卷	756	自杀意念、自杀计划、自杀未遂
68	张天成	2018	湖南	中国青少年健康相关/危险行为调查综合报告	1 071	自杀意念
69	张勇	2017	湖南	中国青少年健康相关/危险行为调查问卷	484	自杀意念
70	熊静梅	2020	湖南	中国青少年健康相关/危险行为调查综合报告	1 779	自杀意念
71	熊静梅	2016	湖南	中国青少年健康相关/危险行为调查问卷	262	自杀意念
72	杨琪	2018	湖南	中国青少年健康相关行为调查问卷	1 822	自杀意念
73	刘玉荣	2014	新疆	中国青少年健康危险行为调查问卷	19 120	自杀意念、自杀计划、自杀未遂
74	刘玉荣	2014	新疆	中国青少年健康相关行为调查问卷	17 541	自杀意念、自杀计划、自杀未遂
75	李永占	2016	河南	自杀意念自评量表	866	自杀意念
76	马计连	2012	宁夏	中国青少年健康相关行为调查问卷	1 249	自杀意念、自杀计划、自杀未遂
77	陈洁	2013	山东	Beck自杀意念量表	1 577	自杀意念
78	徐凡	2012	云南	自编调查问卷	3 177	自杀意念
79	石军红	2013	上海	自杀意念自评量表	285	自杀意念
80	袁飞	2007	江苏	青少年健康相关行为调查问卷	5 012	自杀意念、自杀计划、自杀未遂
81	严虎	2013	湖南	自杀行为问卷	2 216	自杀意念、自杀计划、自杀未遂
82	谢丹	2010	湖南	中国青少年健康相关行为调查问卷	1 615	自杀意念、自杀计划、自杀未遂

续 表

序号	论文作者	发表时间	所属地区	使用工具	调查人数	结果指标
83	张新卫	2011	浙江	全球学校学生健康调查中国问卷	1 795	自杀意念
84	王浩	2009	浙江	自编调查问卷	11 652	自杀意念、自杀计划、自杀未遂
85	徐慧琼	2019	不详	自编自杀意念和自杀未遂问卷	21 831	自杀意念
86	王瑜萍	2012	不详	自编青少年自杀自伤调查表	8 820	自杀意念、自杀计划、自杀未遂
87	傅燕艳	2018	江西	由自杀意念、自杀计划和自杀未遂评定	7 129	自杀意念、自杀计划、自杀未遂
88	蓝晓倩	2019	江西	自制调查问卷	7 129	自杀意念、自杀计划、自杀未遂
89	袁芳	2019	浙江	自行编制调查问卷	10 726	自杀意念、自杀计划、自杀未遂
90	梁军林	2000	广东	症状自评量表	518	自杀意念
91	张晓玲	2004	四川	自编自杀意念问卷	425	自杀意念、自杀未遂
92	张敏	2007	不详	自编学生心理行为问卷	1 294	自杀意念
93	王金燕	2011	江苏	自杀意念评量表	830	自杀意念
94	邓建平	2001	广西	艾森克人格问卷	325	自杀意念
95	马琅	2003	四川	青少年生活环境与心理健康量表	851	自杀意念
96	梁素改	2013	四川	自编调查问卷	2 143	自杀未遂
97	唐其	2015	贵州	中学生问题行为量表	5 608	自杀未遂
98	欧薇	2016	贵州	自编自杀行为问卷	5 608	自杀意念、自杀计划、自杀未遂

(一) 自杀行为的元分析

1. 自杀意念

84篇纳入文献的异质性检验结果表明,研究之间存在异质性($P<0.01, I^2=98.7\%$),因此,用随机效应模型来进行元分析。图3-3-2自杀意念森林图结果显示,青少年中学生自杀意念发生率的合并效果量为17%,95%置信区间为(0.16, 0.18)。

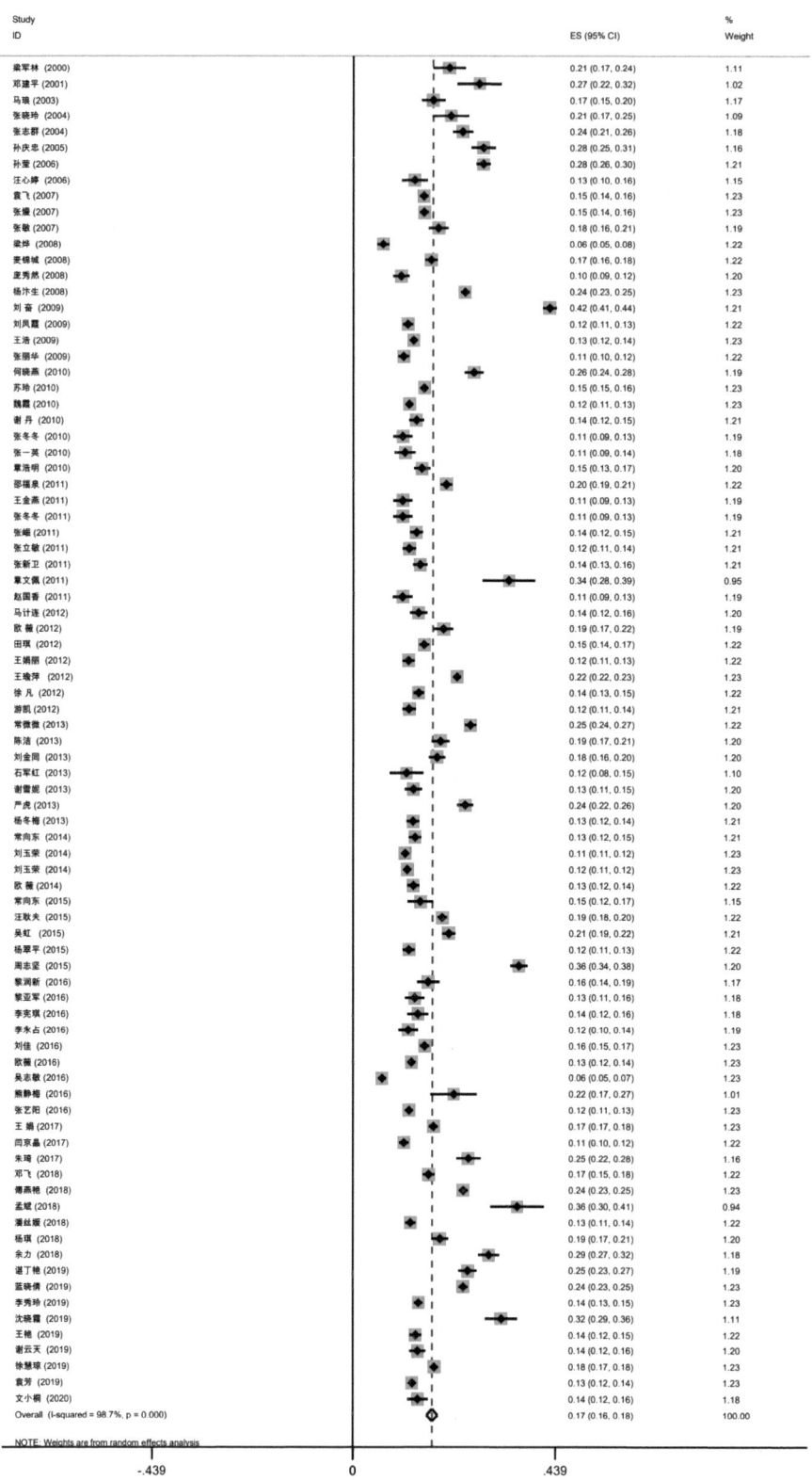

图 3-3-2 自杀意念森林图

2. 自杀计划

38篇纳入文献的异质性检验结果表明,研究之间存在异质性($P<0.01,I^2=97.5\%$),因此,用随机效应模型来进行元分析。图3-3-3自杀计划森林图的结果表明,经过合并效果量的结果为,青少年中学生的自杀计划发生率为7%,95%置信区间为(0.07,0.08)。

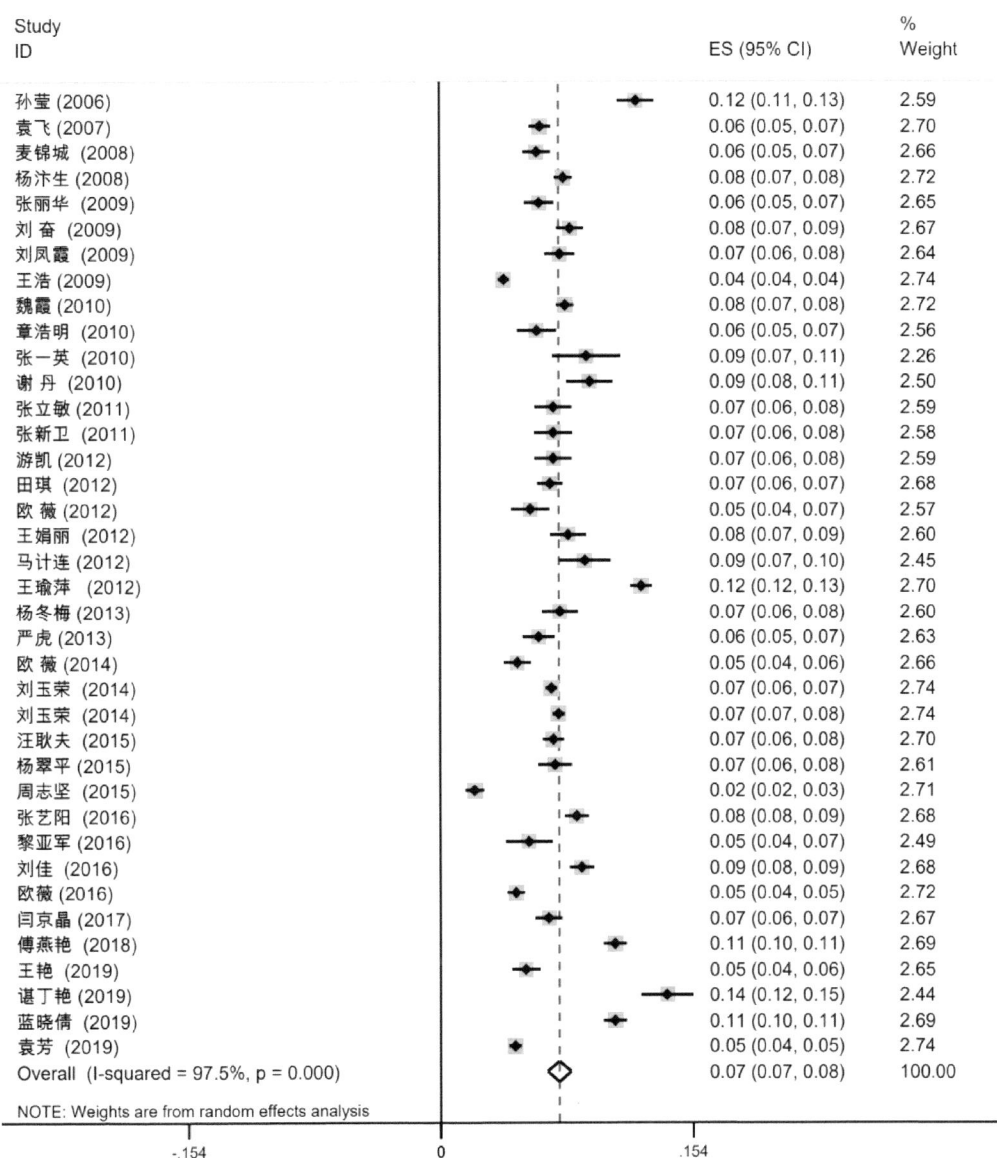

图3-3-3 自杀计划森林图

3. 自杀未遂

异质性检验表明,研究之间存在异质性($P<0.01,I^2=95.0\%$)。因此,用随机效应模型来进行元分析。图3-3-4自杀未遂森林图的结果表明,青少年中学生自杀未遂发生率的合并效果量为3%,95%置信区间为(0.02,0.03)。

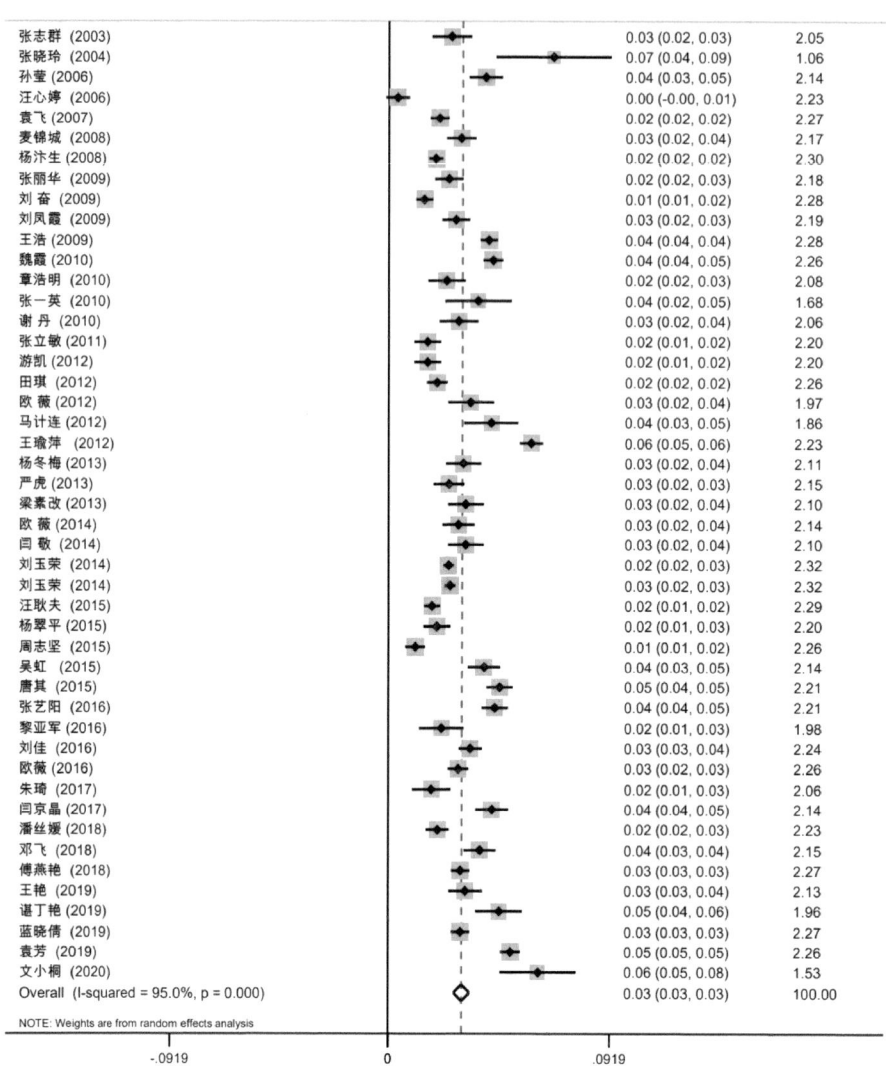

图 3-3-4 自杀未遂森林图

（二）自杀行为发生率的性别特征

表 3-2-2 显示，研究间存在较大的异质性，因此采用随机效应模型进行合并。结果表明男女生关于自杀意念、自杀计划和自杀未遂的发生率比例不同，其中男生分别为 15%、6%、3%，女生分别为 20%、8%、3%（见图 3-3-5，图 3-3-6，图 3-3-7）。

表 3-3-2 自杀行为发生率的性别特征表

性别	自杀意念					自杀计划					自杀未遂				
	文献数量	r 值	95CL	P 值	I^2 值	文献数量	r 值	95CL	P 值	I^2 值	文献数量	r 值	95CL	P 值	I^2 值
男	74	15	14~16	<0.01	97.10	33	6	5~7	<0.01	95.70	42	3	2~3	<0.01	89.90
女	74	20	18~21	<0.01	98.10	33	8	7~9	<0.01	96.50	42	3	3~4	<0.01	92.20

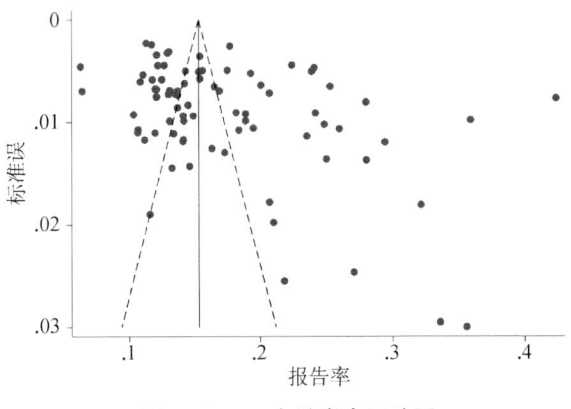

图3-3-5 自杀意念漏斗图

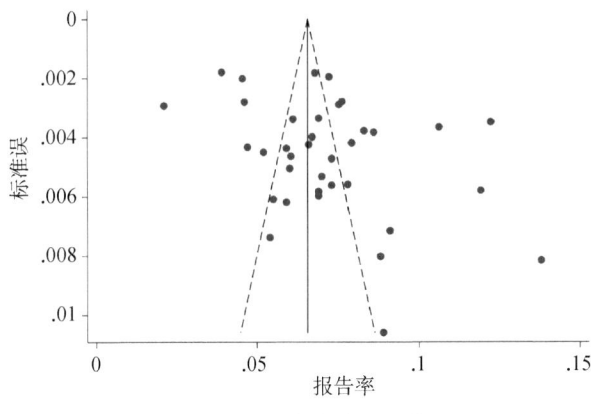

图3-3-6 自杀计划漏斗图

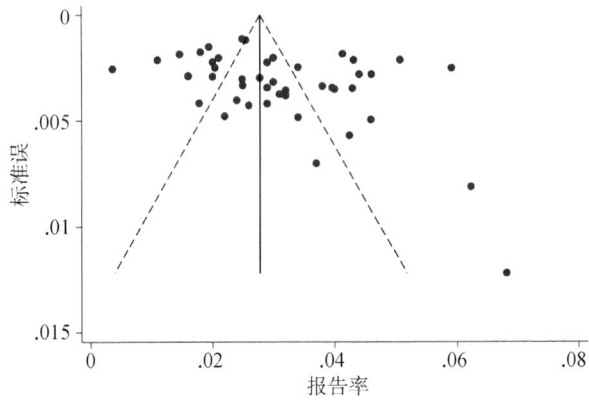

图3-3-7 自杀未遂漏斗图

(三)自杀行为敏感性分析

为了降低不同研究工具的影响,选出其中研究工具为"中国青少年健康相关行为调查问卷"的 13 篇文献做敏感性分析(见图 3-3-8、图 3-3-9、图 3-3-10),自杀意念发生率由 17%[95%*CI*=(0.16,0.18)]变为 13%[95%*CI*=(0.12,0.14)],自杀计划发生率仍然为 7%[95%*CI*=(0.07,0.08)],自杀未遂发生率仍然为 3%[95%*CI*=(0.02,0.03)]。

Statistics for each study

Study name	Rate	Lower limit	Upper limit	Z-Value	p-Value
刘凤霞2009	0.12	0.11	0.13	18.98	0.00
刘玉荣2014	0.12	0.11	0.12	64.99	0.00
马计连2012	0.14	0.12	0.16	13.30	0.00
麦锦城2008	0.17	0.15	0.18	22.22	0.00
田琪2012	0.15	0.14	0.17	24.62	0.00
王艳2019	0.14	0.12	0.15	18.32	0.00
魏霞2010	0.12	0.11	0.13	33.13	0.00
谢 丹2010	0.14	0.12	0.16	14.87	0.00
杨翠平2015	0.12	0.11	0.14	16.72	0.00
杨琪2018	0.19	0.17	0.21	18.56	0.00
游凯2012	0.12	0.11	0.14	15.09	0.00
张丽华2009	0.11	0.10	0.12	16.97	0.00
张一英2010	0.11	0.09	0.14	8.99	0.00
	0.13	0.12	0.14	24.46	0.00

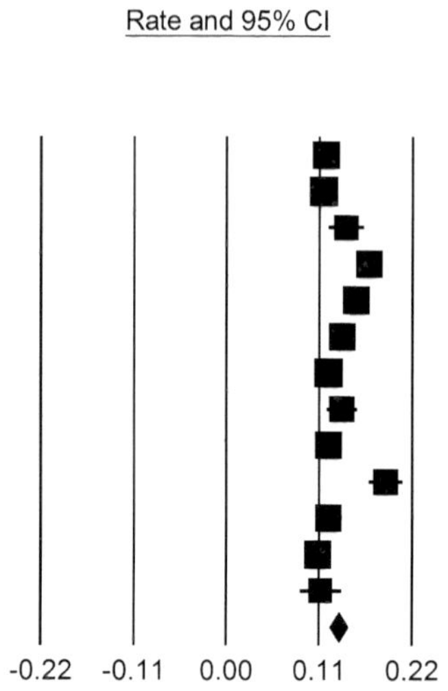

图 3-3-8　自杀意念敏感性分析图

Statistics for each study

Study name	Rate	Lower limit	Upper limit	Z-Value	p-Value
刘凤霞2009	0.07	0.06	0.08	14.93	0.00
刘玉荣2014	0.07	0.07	0.07	50.62	0.00
马计连2012	0.09	0.07	0.10	10.49	0.00
麦锦城2008	0.06	0.05	0.07	13.13	0.00
田琪2012	0.07	0.06	0.08	16.24	0.00
王艳2019	0.05	0.04	0.06	11.29	0.00
魏霞2010	0.08	0.07	0.08	26.28	0.00
谢丹2010	0.09	0.08	0.11	12.12	0.00
杨翠平2015	0.07	0.06	0.08	12.72	0.00
游凯2012	0.07	0.06	0.08	11.40	0.00
张丽华2009	0.06	0.05	0.07	12.65	0.00
张一英2010	0.09	0.07	0.11	8.02	0.00
	0.07	0.07	0.08	27.19	0.00

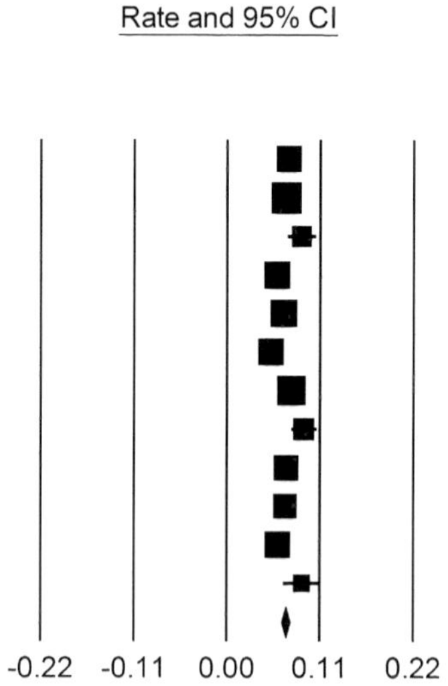

图 3-3-9　自杀计划敏感性分析图

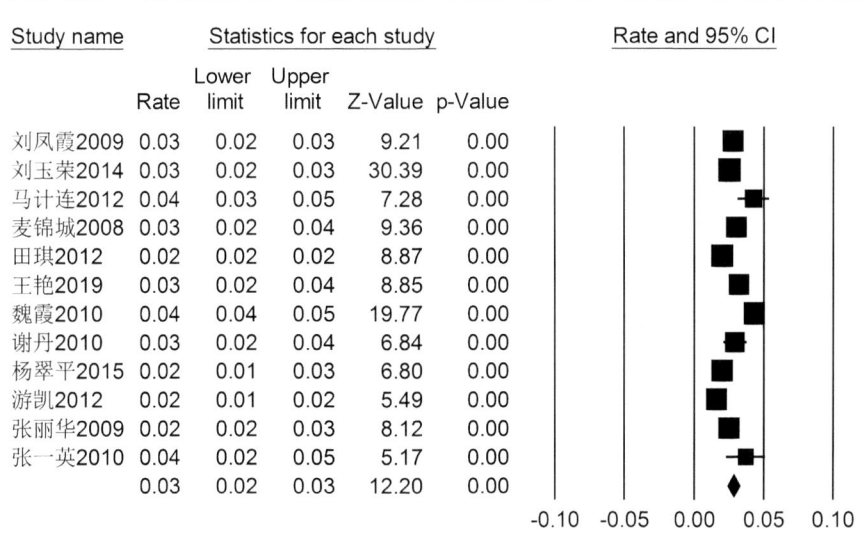

图 3-3-10 自杀未遂敏感性分析图

四、讨论分析

元分析将多个样本间的数据进行合并,增加了样本量,有利于提高结论的可靠性。基于来自 98 项研究的元分析结果发现,青少年中学生自杀意念发生率为 17%[95%CI=(0.16,0.18)],自杀计划发生率为 7%[95%CI=(0.07,0.08)],自杀未遂的发生率为 3%[95%CI=(0.02,0.03)]。这与国内最新的一篇有关中学生自杀相关行为发生率的研究结果相近(中学生自杀意念、自杀计划、自杀未遂的发生率分别为 17.7%、7.3%、2.7%)。

回顾以往中学生自杀相关行为的文献,发现导致中学生产生自杀行为的因素主要集中在家庭、学校和社会三个方面。在家庭方面,父母对心理健康教育不重视,没有对孩子进行正确的死亡教育,父母争吵、家暴、离异等都会使孩子缺乏安全感,让他们建立社会支持系统的能力变弱,当遇到问题时难以承受,会产生自杀意念从而采取行动选择告别这个世界。在学校方面,缺少心理健康教育相关课程、学习压力过大、青春期早恋情感纠纷、校园欺凌校园暴力等会导致学生们内心的苦楚和悲伤无处宣泄,又不能求助于老师和家长,最后会选择自杀来排解痛苦。在社会方面,心理健康教育政策贯彻得不彻底,学生有心理问题时不知如何解决,求助无门,而社会不良文化如某些游戏、影视剧、网络言论等会对中学生的价值观造成影响,一定程度上为中学生的自杀行为提供了动力和支持。

我们还发现,男生的自杀意念和自杀计划发生率都低于女生,这和许多国内的研究一致[1]。这应该是与女生性格内向、情绪柔和、心理脆弱、过度孤僻、依赖性强、不善于寻求社会及心理支持有关[2]。男生和女生本身是存在一定差异性的,在性格方面女生一般都比较内向腼腆和害羞,情感较脆弱,性格较内敛,不利于不良情绪的宣泄。同时,女生发育普遍比男生要早很多,很多女生成熟较早,需要更早地处理自身的生理和心理问题,女生在遇到诱因时更容易产生自杀意念。要正确地引导她们,在这一段时期里面给予她们爱和温暖。她们的性格比较抑郁和暴躁,非常容易激起反抗心理,如果用同样的方式教育来教育男生女生,会使得他们都不能够得到很好的发展,所以教育时要因材施教。

自杀不仅是个人行为,而且是一个群体性的问题。中学生由于身体的快速变化和心理上的不成熟,导致其在生活和学习中容易出现很大的情绪起伏,并且倾向于具有极端的思想和行为[3]。中学生正处于敏感的青春期阶段,是正确的价值观、人生观及健全人格形成的关键时期。中学生一旦有了心理问题后,或多或少会产生自杀意念。自杀意念是导致自杀计划形成和自杀未遂发生的早期心理活动,严重的会导致个体死亡,自杀意念、自杀计划的产生增加了中学生死亡的危险。因此对自杀意念的早期识别对于预防自杀具有重要意义。本篇研究结果显示,目前中学生自杀意念发生率仍然较高,因此对于中学生的心理健康教育问题,家庭、学校和社会都要给予重视,需要共同努力采取综合性的干预措施,对存在心理问题的学生及时进行心理咨询和疏导,以提高中学生的心理健康水平。

本篇研究共涉及中国19个省份,样本量大,共311 810名中学生,主要集中在北上广等地,结果具有一定的可信度和准确度。需要注意的是本篇研究还具有一定的局限性:本篇研究存在着某些发表偏倚,因此今后还需要用更多的研究对本次研究的结论进行验证;所选的文献研究地区主要为东部地区,中西部等欠发达地区较少;没有考虑城乡差异、学校教育、家庭环境等对研究对象自杀行为的影响。

简而言之,我们运用元分析方法评价2003—2019年中国青少年中学生自杀状况。在中国期刊网和维普数据库上检索与自杀有关的研究,最终获得了98篇报告自杀发生率的研究。经元分析之后得出了在311 810名青少年中,自杀意念的发生率为17%[$95\%CI=(0.16,0.18)$],自杀计划发生率为7%[$95\%CI=(0.07,0.08)$],自杀未遂发生率为3%[$95\%CI=(0.02,0.03)$]。亚组分析的结果表明,关于自杀意念、自杀计划男女生发生率不同,男生自杀意念发生率为15%,自杀计划发生率为6%,而女生分别为20%和8%,男女生两者的自杀未遂发生率相等,都为3%。中国中学生自杀相关行为的情况需要家庭、学校和社会重视,尤其是女生更需要引起关注。

---

[1] 张嫚.江苏省中学生自杀意念发生情况及其影响因素[J].中国学校卫生,2007(02):131-132.
[2] 张立敏,李玉堂,赵瑞兰,张克深,杨合,于金龙.北京市顺义区中学生自杀相关心理行为现况调查[J].中国学校卫生,2011,32(02):236-237.
[3] 田琪,汪晓敏,章荣华,陈卫平,祝一虹,朱婉儿.杭州市青少年自杀问题现况调查[J].中国心理卫生杂志,2012,26(03):230-234.

第四章　青少年心理健康影响因素的循证研究

青少年心理健康的影响因素有很多,但是哪些因素的作用最大仍需进一步研究。本章采用元分析的方法,考察家庭因素对青少年心理健康的影响,城乡父母教养方式的差异,中学生自杀意念的影响因素,应对方式与青少年自我概念的关系以及孤独症青少年的睡眠状况。

第一节　家庭因素对青少年心理健康影响的系统评价与元分析

一、问题提出

家庭是个体重要的生活场所和社会化动因,也是青少年除学校外生活的最主要的场所。家庭环境由家庭的结构及组成人员、家庭的气氛、家长的教养方式、经济条件、知识水平和社会地位等构成。心理学家贝尔斯基认为对家庭环境的研究应当全面,既要研究客观的家庭环境,也要研究主观的家庭环境[1]。

家庭的情感氛围、父母的教养态度和方式都会影响个体的心理发展[2]。不良的家庭教养方式、家庭氛围和家庭结构,会使青少年产生诸多情绪及焦虑问题。我国约60%的家庭有教育问题,子女有心理障碍、逃课厌学、考试压力、亲子冲突、网络成瘾、自虐、啃老、厌世等方面的问题。80%以上的家庭对如何正确地教育子女并不了解,甚至有种力不从心的感觉。习近平总书记多次针对教育问题发表重要讲话,无论学校教育还是家庭教育,都不能过于注重分数。2021年《家庭教育促进法》也正式出台,可见家庭教育的重要性。但家庭环境和教养方式与青少年心理健康到底具有怎样的相关关系呢?厘清这一问题具有十分重要的现实意义。

---

[1] Belsky J. Early human experience: a family perspective[J]. Developmental Psychology, 1981(17): 3-23.
[2] 张文新.青少年发展心理学[M].济南:山东人民出版社,2002.

1. 父母教养方式与青少年心理健康的相关研究

父母是孩子的第一任老师,也是孩子的行为榜样。父母的一言一行对孩子有着潜移默化的影响。教养方式是父母在教育子女过程中所采用的教育手段,是父母多种教养行为的特点总结,是一种相对稳定的表现[1]。陈晓燕(2003)的研究发现:民主、严格、宽松的管教方法有利于儿童的心理健康成长;溺爱型的管教方式更容易导致孩子偏执情绪的出现;放纵型和强制型教育方法容易导致孩子多种不良心理问题的出现[2]。肖新燕(2010)在对 331 名小学生的研究中发现,父母教养方式中母亲拒绝否认与心理健康总分呈负相关[3],而殷绪群(2012)在对 608 名小学生的研究中发现,父母教养方式中母亲拒绝否认与心理健康总分呈正相关[4],两者的研究结果相矛盾。吴彦文(2012)在对 481 名初中生的研究中发现,父母教养方式中母亲拒绝否认与心理健康总分也呈正相关[5],与殷绪群的研究结果相同,与肖新燕的研究结果不一致。究竟父母教养方式中母亲拒绝否认与心理健康总分是呈正相关还是负相关,还需要进一步探讨。

2. 家庭环境与青少年心理健康的相关研究

家庭环境对青少年心理健康的影响很复杂,国内学者周燕(2000)曾就家庭环境与心理健康之间的关系做了相关综述,并指出这些家庭环境因素对心理健康产生影响的作用机制还未完全阐明[6]。陈虹(2003)等人的研究结论指出,家庭环境因子中的亲密度、娱乐性与青少年的行为得分之间存在着极显著的负相关,而不良的家庭环境因子与青少年的行为得分存在着正相关[7]。吴惠娟(2005)等学者研究表明,家庭环境中的矛盾感和亲密度能显著预测中学生的心理健康程度;家庭环境中亲密度、独立性、矛盾感、控制感能显著预测高中生的心理健康程度[8]。陆昀等人(2011)的研究发现,家庭环境中的矛盾性、控制性对青少年心理焦虑程度有正向预测作用,娱乐性、组织性、情感表达和亲密性对青少年心理焦虑程度有负向预测作用[9]。马丽(2013)的研究得出结论,单亲家庭高中生在家庭环境中的亲密感和情绪表达因素与其心理健康总得分呈极显著的正相关,而矛盾性对其心理健康也有一定的影响[10]。总之,众多学者研究的结果显示了家庭环境的不同方面与青少年的心理健康存在不同程度的相关关系。

---

[1] 郭蕾,葛操.高中生心理健康水平与父母教养方式的相关研究[J].中国健康心理学杂志,2005,(01):18-20.

[2] 陈晓燕.昆明市中学生心理健康现状及原因调查分析[D].云南师范大学,2003.

[3] 肖新燕.乌鲁木齐不同民族小学生父母教养方式与心理健康的相关性分析[J].中国学校卫生,2010,31(12):1444-1446.

[4] 殷绪群.父母教养方式与小学生心理健康及自我概念发展的相关研究[D].河北师范大学,2012.

[5] 吴彦文.初中生父母养育方式与心理健康的相关研究[J].牡丹江教育学院学报,2012(01):71-72.

[6] 周燕.影响中小学生心理健康的主要家庭环境因素[J].华东师范大学学报(教育科学版),2000(02):19-24.

[7] 陈虹,姜吉吉,苏林雁.家庭环境与儿童少年行为问题的关系[J].中国学校卫生,2003(2):155-156.

[8] 吴惠娟,沈鉴清,骆宏.家庭环境对初高中学生心理健康影响的差异研究[J].中国学校卫生,2005(8):2.

[9] 陆昀,陈英葵.西部少数民族地区城市中学生心理健康与家庭环境关系——以贵阳市重点高中为例[J].贵州师范大学学报(自然科学版),2011,29(04):31-36.

[10] 马丽.家庭环境、教养方式与单亲家庭高中生心理健康的关系研究[D].山东师范大学,2013.

3. 家庭亲密度和适应性与青少年心理健康的相关研究

学者余香莲(2006)研究发现,高中生的亲子关系与应对方式有关系①,缺乏亲子教育、家庭环境恶化、亲密度偏低、家长关注不足等,是造成青少年心理问题的直接原因②。曹雪梅的研究结果显示:家庭亲密度、适应性等与初中生的心理健康水平存在着极显著的负相关。初中生家庭亲密度、适应性越好,初中生心理健康水平越高③。而赵杰等人(2008)针对农村留守儿童的家庭亲密度和适应性进行了深入的研究,发现八年级的学生现实适应性比其他年级的学生要高,这种情况的产生是由于生理发展造成的心理适应,快速的生理变化和相对迟缓的心理发展相冲突,让他们感到不知所措,再加上沉重的学习压力和不健全的家庭教育,造成了许多问题④。

综上,目前国内的相关研究虽然很多,但都仅从父母教养方式、家庭环境、家庭亲密度和适应性三者任一角度研究与心理健康的相关关系,或仅从父母教养方式这一因素与青少年心理健康的关系进行元分析⑤,并未发现有学者将多种家庭因素结合起来分析。鉴于家庭因素并不是单独存在的,而是综合起来对孩子的心理健康产生影响,本研究将综合父母教养方式、家庭环境、家庭亲密度和适应性这三个因素,对家庭因素与青少年心理健康的关系进行元分析,从而得出系统评价。

本研究拟对中国知网、万方数据库和维普等数据库进行检索,并对以我国儿童和青少年为对象的文献进行系统评价,对我国儿童青少年家庭环境及心理健康水平的相关研究进行整合分析,以更客观准确地认识二者之间的关联情况。

二、研究方法

(一)文献检索策略

对中国知网、万方数据库和维普等数据库进行检索。检索词包括:"学生""中小学生""小学生""中学生""初中生""高中生""初高中生""中职生""青少年""MHT""心理健康诊断量表""父母教养方式""家庭环境量表",知网专业检索表达式为:FT=(心理健康诊断测验+心理健康诊断量表+Mental Health Test+MHT)AND FT=(小学生+高中生+中学生+初中生+中职生+青少年+学生)AND FT=(父母教养方式+父母养育方式+EMBU+家庭亲密度和适应性量表+家庭环境量表)。通过参考文献

---

① 余香莲.高中生亲子关系与应对方式的相关分析[J].钦州师范高等专科学校学报,2006,21(4):94-95.
② 莫艳清.家庭缺失对农村留守儿童社会化的影响及其对策[J].内蒙古农业大学学报(社会科学版),2006(01):150-152.
③ 曹雪梅,左占伟,李霞,李红卫.初中生家庭亲密度、适应性和心理健康的特点及关系研究[J].石家庄学院学报,2010,12(03):97-101.
④ 赵杰,曹光海.农村留守儿童家庭亲密度和适应性调查研究[J].安徽农业科学,2008,36(36):16168-16170.
⑤ 王芬芬,张榆敏,王霞.父母教养方式与青少年心理健康关系的元分析[J].青少年学刊,2018(03):38-43+55.

和手工检索寻找相关研究。其他数据库的检索策略与上述数据库较为类似,依据数据库的特点做相应调整。此外,我们还利用已有文献的参考资料展开搜寻,以找到尽可能多的与本研究相关的文献。

(二) 文献纳入与排除标准

纳入标准:(1) 以儿童和青少年为被试的调查研究(本研究中的青少年主要指普通中小学生和中等职业学校学生);(2) 采用了周步成的心理健康诊断量表;(3) 采用了家庭环境量表中文版(FES-CV)或父母教养方式评价量表(EMBU)或家庭亲密度和适应性量表中文版(FACESⅡ—CV);(4) 提供了人数、相关系数等数据;(5) 文献语言为中文或英文。对于使用同一数据库发表的多项成果,提取出其中数据最全的一篇。

排除标准:(1) 没有定量测量家庭环境和心理健康水平,如综述研究;(2) 被试不是大陆的儿童和青少年;(3) 个案研究。

(三) 文献筛选与数据处理

文献筛选共分为两个阶段。第一阶段通过标题、摘要及研究对象判断是否符合纳入标准,以便排除掉不相关的文献。第二阶段阅读全文并作出是否符合纳入标准的判断,主要提取信息包括研究信息、被试信息和结果信息三方面。研究信息包括:第一作者、发表年代、调查所在区域、被试数量、被试年龄、测量工具、家庭环境、心理健康水平、主要结论、相关系数。

(四) 结果变量

主要结果变量是在家庭因素差异上我国青少年心理健康水平研究结果。主要的结果指标为家庭因素的各个因素与心理健康水平间的相关系数,心理健康用到的测量工具包括华东师大教授周步成的心理健康诊断量表,家庭环境的测量选用国内常用来测量家庭环境的父母教养方式评价量表、家庭亲密度和适应性量表和家庭环境量表。其中,父母教养方式评价量表由 1980 年卡洛·佩洛斯等编制,岳冬梅(1993)修订,共包括父亲情感温暖、理解(F1),父亲惩罚、严厉(F2),父亲过分干涉(F3),父亲偏爱被试(F4),父亲拒绝、否认(F5),父亲过度保护(F6),母亲情感温暖、理解(M1),母亲过干涉、过保护(M2),母亲拒绝、否认(M3),母亲惩罚、严厉(M4),母亲偏爱被试(M5)等 11 个维度。家庭环境量表包括亲密度、矛盾性、情感表达、独立性、知识性、成功性、道德宗教观、娱乐性、组织性及控制性 10 个维度。家庭亲密度和适应性量表由奥尔森等编制,费立鹏等修订,主要评价两方面的家庭功能:亲密度,即家庭成员之间的情感联系;适应性,即家庭体系随家庭处境和家庭不同发展阶段出现的问题而相应改变的能力[①]。

---

① 汪向东,王希林,马弘.心理卫生评定量表手册(增订版)[M].北京:中国心理卫生杂志社,1999.

(五) 变量编码

除了要在数据库中录入使用了心理健康诊断量表、家庭环境量表、父母教养方式评价量表或家庭亲密度和适应性量表中文版的相关系数之外,还需考虑其他因素对研究结果的影响,比如文献来源(期刊论文、学位论文)、被试年级分布、被试地区分布等因素。

三、研究结果

图 4-1-1 的流程图详细记录了各个阶段所选择与剔除的文献数量。对于最终纳入的研究,主要提取作者、年份、刊物来源、被试人数、年级分布、相关系数等信息。针对以上筛选,最终检索到了自 2001 年到 2020 年以来的相关研究——期刊论文和学位论文一共 1 320 篇,符合相关纳入要求的共 46 篇。

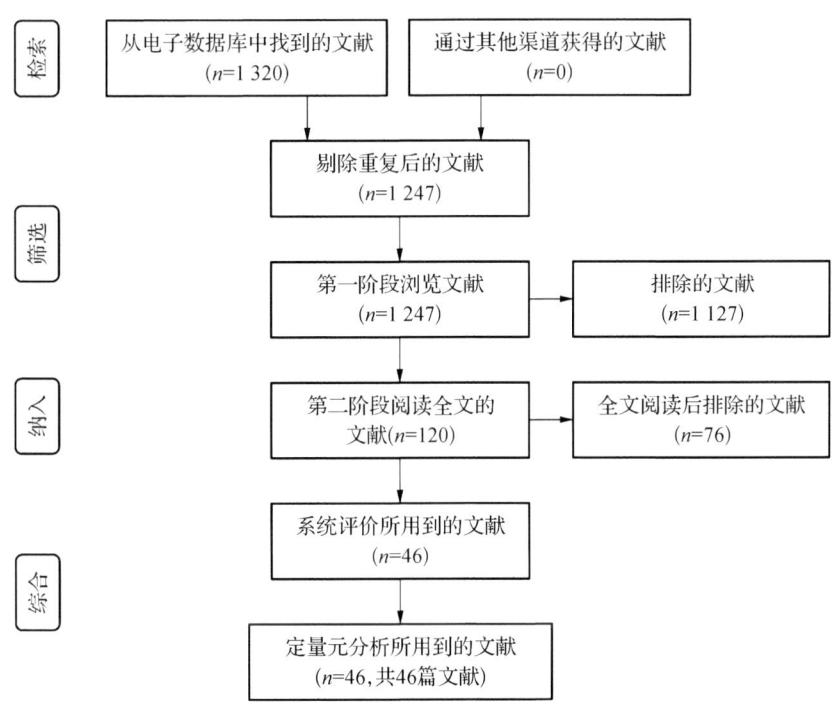

图 4-1-1　文献筛选流程图

本研究共涉及全国多个省份,地区分布比较均匀;就文献来源而言,46 篇纳入文献中有 21 篇为学位论文、25 篇为期刊论文;所纳入文献的年份范围为 2001—2020 年;研究被试均为青少年,其中大部分纳入的文献都有较为详细的数据,包括研究人数、被试年级、相关系数等数据。

纳入文献中,以小学生为研究对象的有 11 篇,占总数 23.9%;以初中生为研究对象的研究有 17 篇,占总数 37%;以高中生为研究对象的有 14 篇,占总数的 30.4%;其他以小学和初中生、职中生、职高生、工读生为研究对象的不多,一共有 4 篇,仅占 8.7% 左右。

研究对象在东北地区的有 5 篇,占总数的 10.9%;研究对象在东部地区的有 15 篇,占 32.6%;研究对象在中部地区的有 6 篇,占 13%;研究对象在西部地区的有 16 篇,占 34.8%;无明确地区信息的研究有 4 篇,占 8.7%。

(一) 父母教养方式对青少年心理健康的影响

本研究使用随机相应模型对父母教养方式各因子与心理健康总分的相关系数进行合并,结果发现所有维度的相关系数 95% 的置信区间均不包括 0,意味着相关显著。从相关系数的数值来看,对心理健康总分影响较大的因子依次为母亲拒绝、否认(M3),母亲过度干涉、保护(M2),父亲拒绝、否认(F5),父亲惩罚、严厉(F2),父亲过度保护(F6),母亲惩罚、严厉(M4),父亲情感温暖、理解(F1),母亲的情感温暖、理解(M1)和父亲过分干涉(F3)。父亲偏爱被试(F4)和母亲偏爱被试(M5)的影响较小。从相关的方向来看,父亲情感温暖、理解(F1)和母亲的情感温暖、理解(M1)与心理健康呈负相关,其他维度与心理健康均为正相关(见表 4-1-1)。

表 4-1-1 父母教养方式对心理健康总分的影响表

维度	K	N	95%CI	双尾检验		异质性		Egger's Test	
				Z	P	Q	I^2	t	p
F1	17	5 398	0.137 (−0.183,−0.089)	−5.60	0.000	44.97	64.42	0.19	0.850
F2	17	5 398	0.179 (0.128,0.229)	6.72	0.000	54.31	70.54	0.02	0.988
F3	16	5 005	0.118 (0.079,0.157)	5.88	0.000	26.30	42.98	0.59	0.561
F4	10	2 913	0.046 (0.004,0.088)	2.13	0.033	11.12	19.12	1.20	0.261
F5	17	5 398	0.184 (0.144,0.223)	8.98	0.000	32.11	50.17	0.14	0.445
F6	16	5 005	0.166 (0.114,0.217)	6.19	0.000	47.21	68.22	1.22	0.120
M1	16	5 005	−0.124 (−0.155,−0.093)	−7.68	0.000	18.75	20.02	0.75	0.461
M2	16	5 005	0.195 (0.131,0.258)	5.84	0.000	74.91	79.97	0.03	0.969
M3	16	5 005	0.203 (0.154,0.252)	7.85	0.000	44.40	66.21	0.84	0.411
M4	17	5 398	0.164 (0.115,0.211)	6.55	0.000	47.61	66.39	0.50	0.623
M5	10	2 913	0.074 (0.008,0.138)	2.21	0.027	25.16	64.23	1.31	0.225

图 4-1-2 显示，母亲拒绝、否认(M3)与青少年心理健康总分的相关系数及 95%CI 为 0.203(0.154,0.252)，是父母教养方式所有因子中相关系数最大的。在纳入的 16 项研究中，有 15 项为正相关，只有 1 项为负相关。

Study name	Outcome	Correlation	Lower limit	Upper limit	Z-Value	p-Value
陈新峰2011	母亲拒绝、否认(M3)	0.221	0.108	0.329	3.773	0.000
陈贻承2018	母亲拒绝、否认(M3)	0.239	0.163	0.312	6.049	0.000
付歆2005	母亲拒绝、否认(M3)	0.262	-0.102	0.564	1.419	0.156
贾沁云2014	母亲拒绝、否认(M3)	0.069	-0.035	0.172	1.295	0.195
江琴娣2005	母亲拒绝、否认(M3)	0.404	0.258	0.532	5.105	0.000
李海华2005	母亲拒绝、否认(M3)	0.322	0.098	0.515	2.773	0.006
李祚山2001	母亲拒绝、否认(M3)	0.294	0.160	0.417	4.209	0.000
刘清杰2015	母亲拒绝、否认(M3)	0.200	0.070	0.324	2.986	0.003
彭文涛2007	母亲拒绝、否认(M3)	0.153	0.089	0.216	4.631	0.000
石彩虹2007	母亲拒绝、否认(M3)	0.282	0.154	0.400	4.230	0.000
王希华2011	母亲拒绝、否认(M3)	0.146	0.016	0.271	2.196	0.028
吴彦文2012	母亲拒绝、否认(M3)	0.290	0.206	0.370	6.528	0.000
肖海燕2005	母亲拒绝、否认(M3)	0.198	0.068	0.321	2.969	0.003
肖新燕2010	母亲拒绝、否认(M3)	-0.032	-0.141	0.078	-0.570	0.569
殷绪群2012	母亲拒绝、否认(M3)	0.198	0.120	0.274	4.903	0.000
周晓燕2012	母亲拒绝、否认(M3)	0.146	-0.040	0.322	1.542	0.123
		0.195	0.168	0.221	13.887	0.000

图 4-1-2 母亲拒绝、否认(M3)与青少年心理健康总分相关的森林图

(二) 家庭环境对青少年心理健康的影响

由表 4-1-2 可知，除了成功性这一维度与心理健康总分相关系数 95% 置信区间中包含 0 之外，家庭环境其他各因子与心理健康总分的相关系数 95% 置信区间均不包括 0，意味着这些因子对心理健康有显著影响。从相关系数的绝对值来看，对心理健康总分影响较大的因子依次为情感表达、矛盾性、亲密度、娱乐性、组织性、文化性、独立性，道德宗教观和控制性的影响较小。从相关的方向来看，道德宗教观、独立性、亲密度、情感表达、娱乐性、文化性和组织性与心理健康呈负相关，控制性、矛盾性与心理健康呈正相关。

表 4-1-2 家庭环境对心理健康总分的影响表

维度	K	N	95%CI	双尾检验		异质性		Egger's Test	
				Z	P	Q	I^2	t	p
成功性	7	2 316	0.032 (-0.030, 0.095)	1.01	0.311	12.23	50.97	0.26	0.803
道德宗教观	7	2 316	-0.075 (-0.139, -0.010)	-2.26	0.024	13.12	54.27	0.14	0.891
独立性	7	2 316	-0.099 (-0.139, -0.058)	-4.76	0.000	5.98	0.00	3.90	0.011
控制性	8	2 905	0.059 (0.015, 0.102)	2.65	0.000	9.15	0.00	2.58	0.020

续　表

维度	K	N	95%CI	双尾检验		异质性		Egger's Test	
				Z	P	Q	I^2	t	p
矛盾性	9	3 799	0.226 (0.156,0.294)	6.21	0.000	31.71	74.77	0.79	0.227
亲密度	9	3 799	−0.187 (−0.282,−0.088)	−3.68	0.000	62.03	87.10	0.80	0.447
情感表达	7	2 316	−0.240 (−0.308,−0.170)	−6.53	0.000	16.80	64.30	1.04	0.345
文化性	9	3 799	−0.151 (−0.225,−0.074)	−3.85	0.000	36.10	77.84	0.90	0.396
娱乐性	8	2 905	−0.176 (−0.258,−0.093)	−4.10	0.000	34.03	79.43	0.97	0.229
组织性	8	2 905	−0.170 (−0.302,−0.031)	−2.40	0.016	95.02	92.63	1.22	0.825

情感表达与青少年心理健康总分的相关系数及95%置信区间为−0.240(−0.308,−0.170),是家庭环境各因子中相关系数最大的。纳入的7项研究均为负相关(见图4-1-3)。

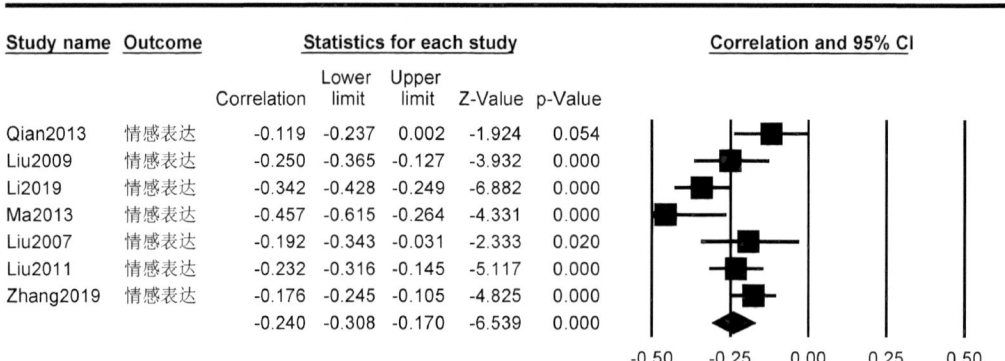

图4-1-3　情感表达与青少年心理健康总分相关的森林图

由表4-1-3可知,现实亲密度和现实适应性两个因子与心理健康总分的相关系数的95%置信区间均不包括0,意味着这些因子对心理健康有显著影响——两者均与心理健康呈显著负相关。

表 4-1-3 家庭亲密度和适应性对心理健康总分的影响表

维度	K	N	95%CI	双尾检验		异质性		Egger's Test	
				Z	P	Q	I^2	t	p
现实亲密度	5	1 645	−0.364 (−0.615,−0.045)	−2.22	0.026	160.34	97.50	0.62	0.576
现实适应性	5	1 645	−0.288 (−0.509,−0.031)	−2.18	0.029	99.15	95.96	0.85	0.457

四、讨论分析

（一）总体情况

由图 4-1-4 可知，本研究纳入的家庭因素与心理健康的相关情况，左边是危险性因素，危险性因素均与心理健康呈正相关。不同因素对心理健康的影响强度不同，从上到下影响强度递减。首先是家庭环境中的家庭环境矛盾性，家庭环境矛盾性与心理健康的相关系数 $r=0.226$，依次是父母教养方式中母亲拒绝、否认(M3)，母亲过度干涉、保护(M2)，父亲拒绝、否认(F5)，父亲惩罚、严厉(F2)，父亲过度保护(F6)，母亲惩罚、严厉(M4)，父亲过分干涉(F3)。右边则是为保护性因素，保护性因素均与心理健康呈负相关。不同因素对心理健康的影响强度不同，从上到下影响强度递减。首先是家庭亲密度和适应性中的现实亲密度、现实适应性，现实亲密度与心理健康的相关系数 $r=-0.364$，现实适应性与心理健康的相关系数 $r=-0.288$，依次是家庭环境的情感表达、亲密度、娱乐性、文化性，父母教养方式的父亲情感温暖、理解(F1)，母亲情感温暖、理解(M1)。

（二）危险性因素

危险性因素是对心理健康有消极影响的因素，危险性因素得分越高，心理健康总分越高，危险性因素与心理健康呈正相关。

家庭环境矛盾性为心理健康危险性因素，且与心理健康总分相关显著。国外学者科瑞恩(2008)的研究发现，充满矛盾和常常出现暴力现象的家庭中的孩子容易出现焦虑、恐惧、抑郁和其他心理问题[1]。家庭成员之间经常公开表达愤怒，产生攻击行为和矛盾冲突，青少年目睹或卷入家庭纠纷中，这些都容易引起青少年心理上的恐慌，从而造成心理创伤，影响到情感、信心、意志、坚韧等多方面的发展，导致敏感、脆弱、不稳定的性格。因此，家庭成员之间矛盾冲突越多，对孩子心理健康的负面影响就越大。在家

---

[1] Leary C E, Kelley M L, Morrow J, et al. Parental use of physical punishment as related to family environment, psychological well-being, and personality in undergraduates[J]. Journal of family Violence, 2008, 23(1): 1-7.

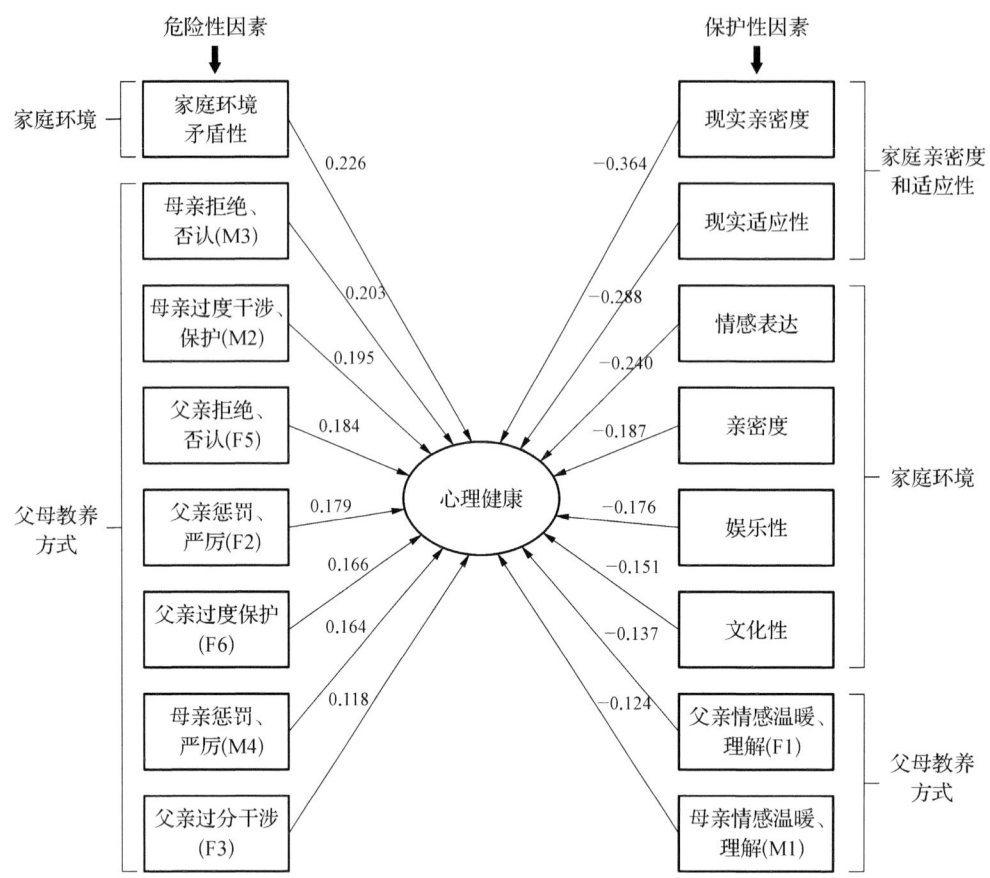

图 4-1-4　各家庭因素与心理健康的相关情况图

庭环境对人格特质的影响研究中,国外学者川原和久(2000)发现,一个拥有和谐氛围的家庭会对孩子健康人格的塑造产生积极影响[①]。国内学者武丽平(2015)也发现,家庭环境中的矛盾和冲突会对高中生形成积极人格特质产生直接的消极效应[②]。家庭环境矛盾与青少年心理健康总分存在显著正相关这一研究结果也与我国学者王娇的研究结果一致[③]。由此建议,父母如有不可避免的争吵要尽量避开孩子,给孩子营造一个和谐的家庭氛围。

父母教养方式中母亲拒绝、否认(M3),母亲过度干涉、保护(M2),父亲拒绝、否认(F5),父亲惩罚、严厉(F2),父亲过度保护(F6),母亲惩罚、严厉(M4),父亲过分干涉(F3)均为心理健康危险性因素。如果家庭中父母采用了过度干涉、保护或者过于严厉和施加惩罚等消极的教养方式,就会让孩子在社交中不能清楚的角色定位——要么会定位成任性的小公主、小王子,要么会定位成没有主见、没有思想的人,这会对孩子正常

---

① Nakao K, Takaishi J, Tatsuta K, et al. The influences of family environment on personality traits[J]. Psychiatry and Clinical Neurosciences,2000,54(1):91-95.
② 武丽平,杨楹,张金玲.高中生人格特征与家庭环境的相关性研究[J].精神医学杂志,2015,28(1):27-29.
③ 王姣.高中生家庭环境对心理健康的影响:积极心理品质的中介作用[D].湖南科技大学,2016.

的人际交往产生不利影响,从而阻碍孩子的心理健康发展①。父母采用严厉惩罚,会导致孩子产生逆反、自卑、无能等心理和各种负面情绪,缺乏清晰的时间计划的自控能力,对父母的忠告消极被动接受,对接受和贯彻目标存在抵触心理。家长对子女的思想、观点过分干涉,会导致孩子在很长一段时间内对自己产生怀疑、缺乏底气、缺少自主性和独立性,自我评价消极,不利于健康发展②。以上说明父母对孩子不宜溺爱、过于严厉和施加惩罚。父亲偏爱被试(F4)和母亲偏爱被试(M5)也是心理健康的危险性因素,但这两因素较其他因素而言影响较小。由此建议,在教育过程中,父母应当减少或者拒绝盲目地溺爱、否认、惩罚或过分保护孩子。

（三）保护性因素

保护性因素是对心理健康有积极影响的因素,保护性因素得分越高,心理健康总分越低,保护性因素与心理健康呈负相关。本研究结果表明,家庭亲密度和适应性中现实亲密度和现实适应性为心理健康保护性因素,且与心理健康总分相关显著。

家庭亲密度和适应性与青少年心理健康关系密切,感知到家庭成员之间联系较多的青少年更容易有健康的心理状态。这一研究结果与前人的结论基本一致,国内学者王平平等人(2012)的研究发现,家庭成员之间关系越融洽,亲密度越高,其人际关系处理能力就会越高③。学者孙小玉(2014)也发现,家庭成员之间的亲密度越高,中学生的团队归属感和自我效能感就越高,心理健康水平也就越高④。反之,那些对家庭亲密感知较少的青少年,更容易出现违规、违纪等行为,从而受到惩罚,产生严重的挫败感,以及自卑和敌意⑤。亲密和睦家庭中的青少年,很难和家长进行亲子沟通,这样就会引起冲突,不利于孩子的心理健康⑥。因此,父母间和亲子间的亲密关系都对青少年的心理都有着重要影响,父母应增强家庭的现实亲密度与现实适应性。

家庭环境中情感表达、亲密度、娱乐性和文化性均为心理健康保护性因素。如果家庭中不鼓励成员公开、直接表达情感,缺少语言沟通和情感外露,孩子容易表现出消极的人际关系和较高的独孤倾向⑦。在家庭中,如果孩子与父母之间缺少相互承诺、帮助、支持和情感上的沟通,孩子较少体会到和父母一起娱乐社交的愉悦,较少和父母探讨政治、社会和文化活动,则容易产生心理上的不平衡以及一系列的心理问题,如孤独倾向、自责倾向、身体症状、冲动倾向等。如果家庭成员间相处和谐,父母可以为子女营

---

① 石贵莹,闫坤伦,陈炜.高职学生父母教养方式、时间管理倾向对心理健康的回归分析[J].教育教学论坛,2018(32):75-78.
② 刁岩,宋立娜.家庭教养方式与亲子沟通对流动青少年心理健康的影响[J].考试周刊,2015(42):171-172.
③ 王平平,李佳孝.家庭亲密度对高中生人际信任度的影响[J].宜宾学院学报,2012(4):107-110.
④ 孙小玉.中学生家庭亲密度,学校归属感与学业效能感的关系研究[D].四川师范大学,2014.
⑤ 张敏.淮北市农村初中留守儿童生活质量现状分析[J].中国学校卫生,2008,29(1):12-16.
⑥ 白春玉,张迪,顾国家,杨旭.流动儿童心理健康状况家庭环境影响因素分析[J].中国公共卫生,2013,29(02):288-289.
⑦ 钱磊,孔庆淳,谢晓丹.温州市民工子弟小学生心理健康与家庭环境调查[J].医学与社会,2013,26(03):83-85.

造一个温馨和谐的家庭环境,培养出更加坚韧、自控、积极学习的孩子[①]。良好的家庭环境,有利于孩子形成自律等积极心理品质,而这样的孩子也不易出现心理健康问题。在对青少年的人格特质和家庭环境相关性的研究中,学者武丽平等人(2015)发现,高中生积极人格特质的形成与家庭环境中的亲密度、知识性、娱乐性有着密切相关[②]。家庭环境中独立性、道德宗教观和控制性也是心理健康保护性因素,但这三者较其他因子而言影响较小。由此建议,家庭成员要相互承诺、相互扶持、直接表达感情、聆听和倾诉,培养在政治、社会、文化等方面的兴趣,同时也要注意文化知识的积累和提高,鼓励家人多参与社会交往,多开展一些娱乐活动,营造和谐的家庭氛围。

教养方式中父亲情感温暖、理解(F1)和母亲情感温暖、理解(M1)均为心理健康保护性因素。当子女能从父母的言谈举止中感受到对自己的喜爱、理解、期望和尊重,他们的心理会更健康。当孩子伤心和不顺心时,父母要多鼓励、安慰和支持。父母的情感温暖、理解与孩子的心理健康正相关,这说明父母亲的情感温暖越高,孩子的心理健康水平就越高[③]。孩子在温暖、被理解的环境中成长,获得了充分的关爱,会更具安全感、更自信。采取积极、有效的养育方法,有利于促进孩子的健康成长[④]。给孩子营造一个温暖和谐的家庭氛围,是提高其心理健康水平的重要途径之一[⑤]。由此建议,父母在教养孩子时,更需注意情感温暖,给予孩子更多的关注与关爱,信任孩子,允许孩子的业余爱好,帮助孩子生活得丰富多彩和更有意义。

五、研究结论与主要局限

我们采用元分析的方法对国内近几十年家庭因素与青少年心理健康相关关系的研究进行分析。本研究初始阶段存在很多问题以及考虑不周的地方,对本研究产生了限制。关于家庭环境因素与儿童青少年心理健康水平相关关系的研究相对较多,研究使用的测量家庭环境的量表不一,多种量表增加了异质性。研究对象的年龄跨度较大,还有一些特殊学生,可能会影响到家庭因素与青少年心理健康相关关系的分析。纳入文献中使用家庭亲密度和适应性量表的期刊文献仅为6篇,数据相对较少,可能会影响到家庭亲密度和适应性与青少年心理健康相关关系的结果。

---

① 骆渊,张雪琴.网络成瘾青少年家庭环境分析[J].中国健康心理学杂志,2010(2):243-244.
② 武丽平,杨楹,张金玲.高中生人格特征与家庭环境的相关性研究[J].精神医学杂志,2015,28(1):27-29.
③ 闫坤伦,石贵莹.父母教养方式与学生心理健康状况的关系研究——以高职学生为例[J].现代职业教育,2018,(12):78-80.
④ 胡梦璧.父母教养方式、个人完美主义对大学生强迫症状的影响研究[D].苏州大学,2013.
⑤ 魏俊彪.家庭环境与高中生焦虑,抑郁的关系研究[J].中国学校卫生,2003,24(4):384-385.

第二节　父母教养方式城乡比较的系统评价与元分析

一、问题提出

父母教养方式是指父母在养育和管教孩子的活动中通常使用的方式方法[1]。作为父母各种育儿行为特征的总和,父母教养方式对儿童青少年各领域的发展都会产生广泛而深远的影响[2][3]。积极的教养方式对孩子人格、心理和社会性的健康发展都有着积极的保护作用。父母的温暖和行为控制与孩子的亲和性、严谨性和开放性呈正相关[4]。父母的支持和权威常与儿童的霸凌行为存在显著负相关[5]。父母消极的教养方式常会给孩子带来不良后果。有研究探讨了父母教养方式与网络欺凌的关系,结果发现专制型教养方式是孩子网络暴力的一个风险因素,来自专制家庭的女孩在网络暴力方面得分最高[6]。

儿童的行为障碍和情绪障碍与母亲拒绝式的教养方式与有着密切关系,当母亲低估情感接触的重要性时,幼儿更容易出现行为情绪障碍[7]。国外2013年的一项元分析发现消极的父母教养方式会增加孩子成为欺凌者/受害者的风险,建议针对欺凌行为的干预项目应把重点从学校延伸到家庭,甚至在孩子入学之前就开始[8]。我国学者也发现了类似的结果。父母教养方式是影响学生心理健康的重要因素,情感温暖、理解维度与症状自评量表得分存在显著负相关,而拒绝否认、过度保护、过分干涉等消极教养方式则与症状自评量表得分呈显著正相关[9]。父母的严厉惩罚、拒绝否认和过度保护等

---

[1] Spera C. A review of the relationship among parenting practices, parenting styles, and adolescent school achievement[J]. Educational psychology review, 2005, 17(2): 125-146.

[2] Maccoby E E. The role of parents in the socialization of children: An historical overview[J]. Developmental Psychology, 1992, 28(6):1006-1017.

[3] Maccoby E E. Parenting and its effects on children: On reading and misreading behavior genetics[J]. Annual Review of Psychology, 51: 1-27.

[4] Prinzie P, Stams G J J M, Dcḱovic M, et al. The relations between parents' Big Five personality factors and parenting: A meta-analytic review[J]. Journal of personality and social psychology, 2009, 97(2): 351.

[5] Baldry A C, Farrington D P. Protective factors as moderators of risk factors in adolescence bullying[J]. Social psychology of education, 2005, 8(3): 263-284.

[6] Moreno-Ruiz D, Martinez-Ferrer B, Garcia-Bacete F. Parenting styles, cyberaggression, and cybervictimization among adolescents[J]. Computers in Human Behavior, 2019, 93: 252-259.

[7] Nikolaev E L, Baranova E A, Petunova S A. Mental health problems in young children: the role of mothers' coping and parenting styles and characteristics of family functioning[J]. Procedia-Social and Behavioral Sciences, 2016, 233: 94-99.

[8] Lereya S T, Samara M, Wolke D. Parenting behavior and the risk of becoming a victim and a bully/victim: A meta-analysis study[J]. Child abuse and neglect, 2013, 37(12): 1091-1108.

[9] 李改.大学生的父母教养方式与其心理健康的关系的研究[D].河北大学,2000.

消极教养方式与儿童人格中的神经质和精神质呈显著相关①。元分析的结果也显示，父母教养方式与子女心理健康有着密切关系②。当父母有更多的严厉惩罚、拒绝否认等消极教养方式和更少的情感温暖理解等积极教养方式时，儿童出现攻击性行为的可能性更高③。

因此探寻影响父母教养方式的来源就成为相当重要的一个研究问题。④ 在贝尔斯基的父母过程模型看来，社会背景与父母、孩子的性格特征共同影响到父母的教养方式⑤。在布朗芬布伦纳的生态环境模型中，微系统是个体活动和交往的直接环境；中系统是家庭成员参与其中的两个或多个系统之间的联系或相互作用关系，例如家庭与学校或工作之间的关系；外系统则是个人成长的生态环境，虽未直接参与但是却调节控制着个体的发展，如社会、自然和物理环境中的政治经济因素；这几类系统都对家庭中的亲子互动有着重要影响⑥。受过大学教育的父母会比相对受教育程度低的父母在陪伴孩子上花的时间更多⑦。因此，社会经济地位和家庭外的因素与父母教养方式有着密切关系。

我国在很长的时间里，城乡差别大是一个基本事实⑧。20世纪50年代中期推行的户籍制度进一步强化了城乡分化的社会结构，城乡间呈现出相当大的差异⑨。改革开放四十多年来，我国出台了一系列促进城乡协调发展的政策，从城乡二元到城乡一体取得了显著成效，中国城乡发生了巨大的变化，人们的受教育水平显著提高，城乡差距整体呈缩小趋势⑩。不过，城乡差距过大依然是我国目前面临的结构性问题之一⑪，传统的城乡二元结构仍然存在⑫。我国城乡之间在地理位置、社会条件、经济水平、文化教育、医疗卫生等方面仍然存在着巨大的差异，这可能会对城乡父母的教养方式产生一定

---

① 钱铭怡，夏国华.青少年人格与父母养育方式的相关研究[J].中国心理卫生杂志，1996(02)：58－59＋94＋93－94.

② 张妍，任慧莹.父母教养方式与大学生心理健康关系元分析[J].中国学校卫生，2012,33(04)：423－426.

③ Lei H, Chiu M M, Cui Y, et al. Parenting style and aggression：a meta-analysis of mainland Chinese children and youth[J]. Children and Youth Services Review, 2018, 94：446－455.

④ Klahr A M, Burt S A. Elucidating the etiology of individual differences in parenting：A meta-analysis of behavioral genetic research[J]. Psychological bulletin, 2014, 140(2)：544.

⑤ Belsky J. The determinants of parenting：A process model[J]. Child development, 1984：83－96.

⑥ Bronfenbrenner U. Ecology of the family as a context for human development：Research perspectives[J]. Developmental psychology, 1986, 22(6)：723.

⑦ Vinopal K, Gershenson S. Re-conceptualizing gaps by socioeconomic status in parental time with children[J]. Social Indicators Research, 2017, 133(2)：623－643.

⑧ 徐勇.城乡差别的中国政治[M].北京：社会科学文献出版社，2019.

⑨ 李国梁，麻宝斌，杜平.民众户籍制度功能主观评价的影响因素分析[J].河北师范大学学报(哲学社会科学版)，2018,41(01)：118－128.

⑩ 林万龙，陈蔡春子.中国城乡差距40年(1978—2017)比较：基于人类发展指数的分析[J].河北师范大学学报(哲学社会科学版)，2021,44(03)：120－129.

⑪ 国务院发展研究中心农村部课题组，叶兴庆，徐小青.从城乡二元到城乡一体——我国城乡二元体制的突出矛盾与未来走向[J].管理世界，2014(09)：1－12.

⑫ 麻宝斌，郝瑞琪，杜平.城乡流动与社会公平认知：当前流动人口社会公平认知状况分析[J].理论月刊，2018(06)：150－155.

的影响。大多数农村父母没有高等学历,有时也不确定什么才是对孩子最好的教育,无力支付孩子的课外辅导费用,所以他们通常不会过多干涉孩子的选择,多数孩子都处于比较自由放养的状态。而相比之下,城市父母受教育程度更高,更希望孩子能够拥有父母所看重的东西,出于对孩子的爱,城市父母往往会尽最大努力帮助孩子塑造性格,不断提高其竞争力,甚至会替代孩子做一些重要决定(比如是否参加校外钢琴课),而不太在意孩子真正想要什么。城市父母倾向于给孩子一个人生规划,让他们出人头地,希望他们可以根据自己的规划获得更好的未来。因此,许多城市孩子的成长教育往往屈从于父母的意愿。

但是,由于研究对象、调查工具、样本数量和统计方法的不同,以往关于城乡父母教养方式的研究结果并不一致,尤其是在惩罚严厉、拒绝否认、过度保护等消极教养方式上。例如,许多研究发现城市父亲比农村父亲表现出更多的惩罚严厉[1][2][3][4],而其他研究则得出了相反的结论,发现城市父亲表现出的惩罚严厉显著低于农村父亲[5][6][7][8]。在父母教养方式的一些其他维度上,也存在着诸多不一致的地方。因此,城乡因素对父母教养方式的影响研究还没有得到很好的梳理。造成这些令人困惑的结果的一个可能原因是许多研究样本量太小。当一个特定主题有大量的实证研究基础,但结果不一致时,元分析是一个很好的工具。因此,我们拟采用元分析的方法,比较城乡父母教养方式的差异并探讨测量量表、父母教养方式的报告者、地区和参与者的年龄等因素可能起到的调节作用。

二、研究方法

本研究遵循的是 PRISMA 声明[9]。研究方案在 Inplasy 网站上注册(注册号为202050010),并发表在同行评议的期刊上[10]。

---

[1] 黄玉梅.父母教养方式与城乡青少年学校适应的关系比较[D].山东师范大学,2006.
[2] 史广红.高中生家庭教养方式、人格特质和应对方式的关系研究[D].南京师范大学,2012.
[3] 徐丹华.家庭教养方式对大学生成就动机的影响[D].天津师范大学,2012.
[4] 杨云云,佘翠花,张利萍.儿童青少年父母教养方式的城乡比较[J].山东师范大学学报(人文社会科学版),2005(06):152-155.
[5] 安花花.汉、回、藏初中生父母教养方式、应对方式对人际交往能力的影响[D].西北师范大学,2011.
[6] 李雪钱.父母婚姻状况、父母教养方式对高中生婚恋观的影响研究[D].云南师范大学,2018.
[7] 刘琦.中职生父母教养方式与心理健康的关系研究[D].华中师范大学,2016.
[8] 王莉华.济南市城乡部分初中学生父母养育方式比较[J].中国学校卫生,2002(02):159-160.
[9] Moher D, Liberati A, Tetzlaff J, et al. Preferred Reporting Items for Systematic Reviews and Meta-Analyses: The PRISMA Statement[J]. Revista Espanola de Nutricion Humana y Dietetica, 2014, 18(3): 172-181.
[10] Zhang J, Zhang Y, Xu F. Urban-rural differences in parenting style in China: A protocol for systematic review and meta analysis[J]. Medicine, 2020, 99(23).

（一）检索策略

本研究于 2020 年 5 月 16 日检索了 Web of Knowledge、OVID、PubMed、维普、万方和中国知网数据库。在 PubMed 数据库中用到的检索策略为（China OR Chinese）AND（egna minnen av barn doms uppforstran OR EMBU OR parenting style OR parental rearing OR parenting behavior OR parenting behavior OR parenting pattern OR education style OR My memories of upbringing OR Parental Bonding Instrument OR PBI）AND（urban OR city OR cities）AND（rural OR rural urban differences OR rural populations OR rural area OR countryside）。在其他数据库中的检索策略与此类似，并根据数据库的特点做了适当调整。

（二）文献纳入标准与排除标准

纳入标准：(1) 使用了岳冬梅修订的 EMBU 父母教养方式问卷的实证研究；(2) 报告了城市和农村父母教养方式的平均数、标准差、样本量或其他一些可以在 CMA 3.0 软件中转化为标准化均值差的参数值；(3) 被试是我国大陆地区的健康人群，罪犯和患者等特殊群体的数据则在排除在外；(4) 城镇是指按照行政管理体制设立的城镇地区，农村是农业人口聚居的以从事农业生产为主的地区；(5) 如果一项研究提供了三组数据，则只使用两端的两组数据。

（三）筛选和数据提取

文献筛选过程包括两个阶段。第一阶段，两名研究人员通过阅读标题和摘要独立判断一篇文献是否符合纳入标准。如果有不一致，则将该文献保留到下一阶段。第二阶段，两名研究人员阅读全文，以确定它是否符合纳入标准。如果出现有争议的文献，请另有一位经验丰富的研究者作出判断。对于缺乏必要信息的研究，我们通过电子邮件联系了第一作者或通讯作者，如果一周后没有回复，会再次发邮件提醒，若没有回应，则排除该研究。对于保留的文献，则提取如下一些信息：作者、出版年份、地区、年龄、两组（城镇和农村）的样本含量、平均数、标准差或其他可在 CMA 3.0 中转换为 SMD 的参数。

（四）结局指标

主要结局是中文版父母教养方式评价量表 EMBU 问卷测量得分，EMBU 是瑞典的一种自我报告量表，用来评估被调查者的父母在抚养他们的过程中所使用的教养方式。中文版问卷由岳冬梅等修改，共 66 个题项，其中关于父亲的 6 个分量表有 58 个题项（F1 情感温暖与理解、F2 惩罚、F3 过度干涉、F4 偏爱、F5 拒绝、F6 过度保护），关于母亲的 5 个分量表有 57 个题项（M1 情感上的温暖和理解，M2 过度干涉/过度保护，

M3 拒绝,M4 惩罚,M5 偏爱)。这些回答采用李克特四分制,从 1(从不)到 4(总是)[1]。由于我国在 2011 年之前实施了计划生育政策,这项研究中的大多数受试者都没有兄弟姐妹。F4 和 M5 不适合目前的情况,所以不做进一步的调查。

(五)质量评估风险

参照前人研究中使用的方法学质量标准,经过简单修订后,对纳入文献的质量进行评定[2],由两位研究者独立评估。

(六)统计分析

在 CMA 3.0 软件中选择随机效应模型,使用的选项类别为:Comparison of two groups, continuous, unmatched groups, means, SD and sample size。[3] I^2 用于评估效应大小的异质性[4]。使用 Egger's 检验和漏斗图来估计发表偏倚。主分析之后仅使用通过同行评议的研究进行敏感性分析。

三、研究结果

(一)纳入研究的描述性特征

根据文献纳入标准,最初找到 625 篇非重复文献,有 68 篇研究纳入 meta 分析。各个阶段的文献检索过程见图 4-2-1。大多数纳入文献有着清晰的研究设计,使用了恰当的测量和统计方法。然而,也有部分研究只报告了具有显著差异的信息,而没有报告其他无显著差异的信息。多数研究未明确指明研究对象的选取方法和城乡划分依据。纳入研究的主要特征见表 4-2-1,包括第一作者、发表年份、发表类型、年龄组、城乡组、样本量、地区和父母教养方式指标。

---

[1] 岳冬梅,李鸣杲,金魁和,丁宝坤.父母教养方式:EMBU 的初步修订及其在神经症患者的应用[J].中国心理卫生杂志,1993(03):97-101+143.

[2] Chen M, Sun X, Chen Q, Chan K L. Parental Migration, Children's safety and psychological adjustment in rural China: a meta-analysis[J]. Trauma Violence Abuse, 2020, 21(1), 113-122.

[3] Cortese S, Sun S, Zhang J, et al. Association between attention deficit hyperactivity disorder and asthma: a systematic review and meta-analysis and a Swedish population-based study[J]. The Lancet Psychiatry, 2018, 5(9):717-726.

[4] Higgins J P T, Thompson S G. Quantifying heterogeneity in a meta-analysis[J]. Statistics in medicine, 2002, 21(11):1539-1558.

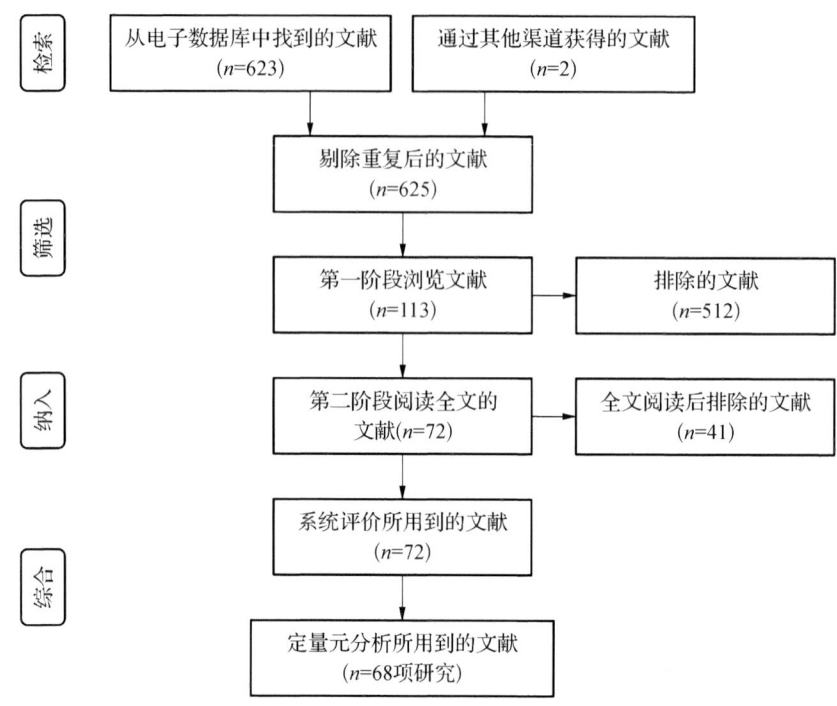

图 4-2-1 文献筛选流程图

表 4-2-1 纳入研究基本特征表

研究者	年份	学段	城市	农村I	类型	地区
张文新	1997	初中生	474	421	期刊	山东
屈凤晨	2001	学生	226	589	期刊	内蒙古
王莉华	2002	初中生	128	108	期刊	山东
陈衍	2003	初中生	520	530	学位	贵州
李建萍	2003	大学生	217	307	学位	河北
李瑞芹	2003	中学生	1 227	710	期刊	山东
汪启荣	2003	初中生	251	154	学位	河北
王志梅	2003	初中生	251	138	期刊	河北
赵冬梅	2003	大学生	177	861	期刊	河北
潘玉进	2005	pupil	88	153	期刊	浙江
邓丽芳	2006	大学生	232	117	期刊	湖北
黄玉梅	2006	初中生	410	545	学位	山东
李士保	2006	初中生	207	245	期刊	山东
李蕊	2007	初中生	330	90	学位	云南

续 表

研究者	年份	学段	城市	农村 I	类型	地区
罗贵明	2007	大学生	173	253	期刊	江西
石彩虹	2007	高中生	186	157	学位	山东
水远珅	2007	学生	43	41	期刊	山东
苏娟	2007	大学生	132	285	学位	江苏
于素维	2007	小学到高中	432	410	期刊	辽宁
张海微	2007	初中生	174	244	期刊	河北
张秋颖	2007	中学生	242	563	学位	内蒙古
郝雁丽	2008	高中生	770	986	期刊	陕西
杜丹	2009	学生	61	71	期刊	天津
冯庆香	2009	高中生	135	295	学位	山东
申蕊娟	2009	大学生	207	321	学位	山西
王琴	2009	中学生	220	279	学位	河北
郑雪梅	2009	初中生	214	256	学位	山东
曹砚芳	2010	初中生	261	324	学位	河北
付云岭	2010	大学生	326	568	学位	河北
韩洁	2010	大学生	30	387	学位	河北
李先宾	2010	中学生	95	195	学位	山东
卢慧	2010	高中生	147	213	学位	山东
马焕芹	2010	中学生	904	256	学位	河北
颜芹哥	2010	大学生	197	369	学位	福建
安花花	2011	初中生	118	36	学位	甘肃
段天宇	2011	大学生	119	229	学位	重庆
范晨霞	2011	大学生	331	572	学位	河北
刘正堂	2011	大学生	357	249	学位	江苏
谢芳	2011	高中生	290	40	学位	吉林
周文静	2011	大学生	235	345	学位	山东
朱志红	2011	大学生	197	98	期刊	广东
霍玉洁	2012	中学生	300	848	学位	湖北,江苏,云南河北,四川,河南
李丽菊	2012	学生	107	119	期刊	云南
罗茂嘉	2012	初中生	155	214	学位	四川

续 表

研究者	年份	学段	城市	农村I	类型	地区
史广红	2012	高中生	143	364	学位	江苏,山东
谢亮亮	2012	大学生	152	428	学位	江西
徐丹华	2012	大学生	145	177	学位	天津
黄婧	2013	大学生	105	333	学位	四川
路静	2013	中学生	383	585	学位	河南
潘劲松	2013	大学生	812	938	期刊	湖南
张艳芳	2013	初中生	538	183	学位	河北
赵燕	2013	大学生	87	271	期刊	江苏
蔡文治	2014	初中生	185	256	期刊	浙江
赖月月	2014	大学生	54	136	期刊	江西
刘杏瑶	2014	初中生	313	386	学位	河北
王小艳	2014	大学生	236	347	学位	河北
陈抒墨	2015	大学生	355	426	学位	四川
李秀丽	2015	初中生	344	462	期刊	山东
唐守兰	2015	初中生	146	238	学位	山东
冯邵珍	2016	大学生	130	121	期刊	河南
刘琦	2016	中学生	183	149	学位	湖北
张磊	2016	初中生	162	145	期刊	河北
邵冰	2017	大学生	96	102	期刊	吉林
杨雨萌	2017	初中生	225	118	学位	河北
赵郝锐	2017	大学生	340	537	学位	江苏,宁夏,山东,安徽,河北,北京
李雪钱	2018	大学生	59	205	学位	云南
王丹	2018	大学生	151	228	期刊	重庆
杨倩	2018	大学生	173	269	期刊	重庆

城市被试共17 534人,农村被试21 703人。涉及我国24个省份,包括东部地区的福建、广东、河北、江苏、辽宁、山东、天津、浙江、北京等8个省、直辖市,中部地区的河南、湖北、湖南、江西、吉林、山西6个省份和西部地区的重庆、甘肃、贵州、内蒙古、山西、四川、云南7个省份。其中,27项研究来自同行评审期刊,41项研究来自毕业论文。

(二) 主要分析和敏感性分析

元分析结果(见表4-2-2)发现城市父亲的测量得分显著高于农村父亲,在情感温暖和理解(F1)上的效应量中等[SMD=0.201,95%CI=(0.139,0.263)],存在真实异质性(I^2=87.330%),在过度干涉(F3)上的效应量较小[SMD=0.170,95%CI=(0.057,0.284)],存在真实异质性(I^2=94.048%)。情感温暖和理解(M1)的效应量中等[SMD=0.251,95%CI=(0.167,0.335)],存在真实异质性(I^2=92.990%);过干扰/过保护(M2)的效应量较小[SMD=0.158,95%CI=(0.103,0.213)],存在真实异质性(I^2=83.695%)。

表 4-2-2 元分析主要结果表

维度	K	N	SMD(95%CI)	P	异质性				Egger's Test	
					Q	df	p	I^2	t	p
F1	62	37 107	0.201(0.139,0.263)	0.000	481.462	61	0.000	87.330	0.398	0.691
F2	60	36 276	0.065(−0.015,0.144)	0.110	741.969	59	0.000	92.048	1.997	0.050
F3	63	37 533	0.170(0.057,0.284)	0.003	1 680.828	62	0.000	96.311	0.025	0.979
F5	61	36 702	0.088(0.010,0.165)	0.026	733.592	60	0.000	91.821	2.130	0.037
F6	62	37 077	−0.013(−0.087,0.061)	0.725	692.602	61	0.000	91.193	0.024	0.980
M1	64	36 966	0.251(0.167,0.335)	0.000	898.665	63	0.000	92.990	0.737	0.463
M2	65	37 392	0.158(0.103,0.213)	0.000	392.511	64	0.000	83.695	0.581	0.563
M3	62	36 580	0.115(0.004,0.227)	0.043	1 546.656	61	0.000	95.056	0.823	0.413
M4	62	36 580	0.047(−0.027,0.122)	0.213	689.749	61	0.000	91.156	0.249	0.803

(三)元回归和亚组分析结果

根据被试年龄将研究分为高中及以下与大学及以上两类进行亚组分析,分组结果见表 4-2-3。在父亲的过度干预(F3 0.032 vs 0.366)、过度保护(F6 −0.101 vs 0.114)和母亲的过度干预、过度保护(M2 0.101 vs 0.238)、惩罚(M4 −0.020 vs 0.150)方面,大学生的城乡差异远大于中学生。在高中学生组中,城市父亲的过度干预与农村父亲无显著差异,效应值为 0.032,95%的置信区间为(−0.075,0.138)。在大学生组中,城市父亲的过度干预显著高于农村父亲,效应值为 0.366,95%的置信区间为(0.142,0.589)。

此外,我们以教养方式得分作为结果,以发表年份、地区、年龄组和质量评估清单上的等级作为自变量进行元回归。只有年龄对 F3、F6、M2 和 M4 的合并效果量有显著影响。再次验证了亚组分析的结果。

四、讨论分析

城市父亲在情感温暖和理解(F1)、过度干涉(F3)方面得分高于农村父亲。城市母亲在情感温暖和理解(M1)和过度保护/过度干涉(M2)方面得分高于农村母亲。儿童

表 4-2-3 元分析亚组分析结果表

分析类型	文献数	人数	标准化均值差(95%CI)	P	异质性 Q	异质性 df	异质性 p	I^2	Egger's 检验发表偏倚 t	Egger's 检验发表偏倚 p
F1(≤高中以下)	36	22 578	0.173(0.087,0.258)	0.000	322.818	35	0.000	89.158	0.011	0.991
F1(>大学及以上)	26	14 529	0.242(0.156,0.328)	0.000	142.178	25	0.000	82.416	1.100	0.282
F2(≤高中以下)	35	22 126	0.041(−0.068,0.150)	0.464	495.846	34	0.000	93.143	1.386	0.174
F2(>大学及以上)	25	14 150	0.098(−0.017,0.213)	0.096	241.340	24	0.000	90.056	1.604	0.122
F3(≤高中以下)	36	22 578	0.032(−0.075,0.138)	0.562	505.602	35	0.000	93.078	1.116	0.271
F3(>大学及以上)	27	14 955	0.366(0.142,0.589)	0.001	1 048.050	26	0.000	97.519	0.417	0.679
F5(≤高中以下)	35	22 126	0.087(−0.030,0.205)	0.145	585.393	34	0.000	94.192	1.706	0.097
F5(>大学及以上)	26	14 576	0.088(0.001,0.175)	0.047	146.692	25	0.000	82.958	1.215	0.236
F6(≤高中以下)	36	22578	−0.101(−0.208,0.007)	0.068	520.233	35	0.000	93.272	0.224	0.823
F6(>大学及以上)	26	14 499	0.114(0.055,0.174)	0.000	65.788	25	0.000	61.199	2.038	0.052
M1(≤高中以下)	38	22 982	0.250(0.151,0.348)	0.000	456.013	37	0.000	91.886	0.940	0.353
M1(>大学及以上)	26	13 984	0.250(0.097,0.403)	0.001	439.569	25	0.000	94.313	0.026	0.979
M2(≤高中以下)	38	22 982	0.101(0.040,0.163)	0.001	174.627	37	0.000	78.812	0.785	0.437
M2(>大学及以上)	27	14 410	0.238(0.147,0.330)	0.000	166.762	26	0.000	84.409	0.589	0.560
M3(≤高中以下)	37	22 898	0.117(−0.015,0.249)	0.082	803.165	36	0.000	95.518	2.862	0.007
M3(>大学及以上)	25	13 682	0.115(−0.078,0.308)	0.243	661.583	24	0.000	96.372	2.207	0.037
M4(≤高中以下)	37	22 898	−0.020(−0.109,0.069)	0.656	362.279	36	0.000	90.063	0.056	0.955
M4(>大学及以上)	25	13 682	0.150(0.030,0.270)	0.014	255.079	24	0.000	90.591	1.054	0.302

F1 父亲情感温暖与理解,F2 父亲惩罚,F3 父亲过度干涉,F5 父亲拒绝,F6 父亲过度保护 M1 母亲情感温暖和理解,M2 母亲过度干涉/过度保护,M3 母亲拒绝,M4 母亲惩罚

年龄对父亲过度干预(F3)、过度保护(F6)、母亲过度惩罚(M4)、过度干预/过度保护(M2)的城乡差异有调节作用。元回归和亚组分析结果表明,大学生群体的城乡差异大于中学生群体,城市大学生家长在这些维度上得分较高。

在情感温暖和理解方面,城市父母更善于通过言语和行为表达对孩子的爱和赞美。他们比农村父母更尊重和信任自己的孩子,愿意花更多的时间和孩子在一起,努力为孩子提供更好的条件,让孩子变得更好。经济、社会和文化资本的差异不仅影响到城乡父母为子女提供资源的多寡,还会影响城乡父母的教育观念、教育方法和参与教育的程度,正如有学者指出,我国城乡父母在教育方面参与程度不同,许多农村家长对孩子自由散养,而城市家长则会全程深度参与子女教育[①]。一方面,城市学校越来越重视家校协同,对家长参与提出了更高的要求与希望;另一方面,部分农村家长依然认为教育是学校的事情,加之自己忙于生计和受教育程度受限,于是便产生了这样的差异。在孩子的人均投入方面,城乡父母的差距依然明显。根据国家统计局2021年的数据,城镇居民人均可支配年收入为 47 412 元,农村居民人均可支配收入为 18 931 元,城镇居民人均教育文化娱乐支出为 3 322 元,农村居民人均教育文化娱乐支出为 1 646 元[②]。在受教育程度方面,城乡之间也存在较大差异。一项在湖南和江苏开展的研究发现,农村地区父母中,拥有初中学历的比例最大,只有7%拥有大学及以上学历[③]。而以往研究发现,父母受教育程度越低,他们所采取的温暖理解的教养方式就越少[④]。

与此同时,城市父母对孩子更为关注,也更多投入与干预孩子的教育。城市父母为了帮孩子争取更好的教育和发展空间,他们基于自身较好的受教育程度和开阔的视野,对孩子应该做什么和不应该做什么有严格的限制,比如穿衣、交友、时间计划等。此外,城市环境相对复杂,潜在的风险因素很多,城市父母倾向于更多介入孩子的活动,给他们更多的保护。城市父母尽最大努力帮助他们的孩子,有时甚至越俎代庖,帮孩子做重要的决定。他们虽然知道孩子真正想要的是什么,但却坚持认为自己的设计才是对孩子最负责任的安排。此前的研究表明,父母的过度保护往往会模糊父母和孩子之间的界限,这在一定程度上与儿童问题行为的增加有关[⑤]。相比之下,由于受到自身文化水平和经济资源的限制,农村父母对孩子的干预和保护相对较少,短期内提供的帮助可能有限,但是从长远来看,这在一定程度上有利于增强孩子的

---

① 余秀兰.关注质量与结果:我国教育公平的新追求[J].南京师大学报(社会科学版),2019(01):29-38.
② 国家统计局.中华人民共和国 2021 年国民经济和社会发展统计公报[EB/OL].http://www.stats.gov.cn/xxgk/sjfb/zxfb2020/202202/t20220228_1827971.html.2022.02.28.
③ 周国清,张吉雅,陈培瑶,王文娟,张丽平.农村学龄前儿童图书阅读情况调查与思考——基于湖南省中东部农村地区的调查研究[J].中南林业科技大学学报(社会科学版),2013,7(06):175-179.
④ Vinopal K, Gershenson S. Re-conceptualizing gaps by socioeconomic status in parental time with children[J]. Social Indicators Research,2017,133(2):623-643.
⑤ Khafi T Y, Borelli J L, Yates T M. Prospective associations between maternal self-sacrifice/overprotection and child adjustment: Mediation by insensitive parenting[J]. Journal of Child and Family Studies, 2019, 28(1): 202-217.

独立性。

孩子的年龄所起到的调节效应比较明显。在大学生群体中，父亲的过分干涉（F3）、过度保护（F6），母亲的过度干涉保护（M2）、惩罚严厉（M4）方面的城乡差异远大于中学生。与农村父母相比，城市父母对高等教育更了解，对刚进入大学学习的孩子有着更好的建议，这有助于孩子尽快适应大学生活。然而，这种比较优势使得城市父母很容易把自己的想法强加给上大学的孩子，容易对孩子造成很大的压力甚至引起其抵制。根据埃里克森的人格发展理论，青春期是对自己独特身份探索和寻求的时期，而大学生的主要变化是与他人亲密关系的增长的增加①。父母过度的干预可能对孩子的个性发展有害。城市父母应该减少过度干预，以满足孩子的发展需求。

与其他稳定因素相比，父母教养方式更容易通过训练得到调整和改善②。有研究发现，针对家长进行相关培训，可以有效改变父母的教养行为，改善他们与子女的关系。网络给家长学习提供了新的形式，不论是他人引导还是自发学习的线上和线下培训都会对家长的家庭教养方式产生积极影响。因此基于本研究的发现——城市和农村地区的父母教养方式存在差异，应根据城乡父母的不同特点开展针对不同侧重点的线上线下相结合的培训③。

对于城市父母来说，他们应该更多地了解如过度保护、干预等消极养育方式的危险，以及如何减少消极养育行为。对于农村父母来说，则应更多地指导他们如何给孩子提供温暖和理解。

总之，与农村父母相比，城市父母表现出更多的积极养育方式和更多的消极养育方式。不过，本研究仍有许多不足之处。首先，与城市和农村背景相关的其他特征没有得到控制。其次，本研究将大学生纳入研究范围，这在一定程度上可能会影响样本的代表性，因为城乡大学生的比例存在一定的差异。

第三节　中学生自杀意念影响因素的系统评价与元分析

一、问题提出

自杀已成为世界性的公共卫生问题。我国作为世界上自杀人数排名第二的国

---

① Murphy, Lois B. Three Theories of Child Development: The Contributions of Erik H. Erikson, Jean Piaget, and Robert R. Sears, and Their Applications[J]. Social Service Review, 1966, 40(4):454-455.
② 金灿灿,兰岚.犯罪青少年与普通青少年的父母教养方式差异的元分析[J].中国特殊教育,2014(02):90-96.
③ Gray G R, Totsika V, Lindsay G. Sustained effectiveness of evidence-based parenting programs after the research trial ends[J]. Frontiers in psychology, 2018, 9:2035.

家①,自杀是我国全人群第二大伤害死因②。而对处于15～34岁年龄段的人群来说,自杀是死亡的首要原因,在所有原因中占比19%。对于自杀相关问题,我们应当要正面看待。自杀于全社会而言都是一种复杂且严肃的现象,邱雯婷的研究表示,近二十年来自杀逐渐低龄化,这无疑是个应当引起我们重视的趋势③。青少年自杀是一种会对其身心健康产生巨大影响的危险行为,它不仅会对家庭留下深深的遗憾和不可弥补的伤害,更会对学校和社会带来巨大损失。进一步研究证明,在自杀死亡者中,约有80%的人在行动前以各种形式表露过自杀意念④。

自杀意念是指个体产生了一种关于自杀行为的动机,但没有采取明确行动来实现这一目的的偶然经历,是影响自杀的重要因素与预兆⑤。近年来,公众人物自杀的事件频发,"乔任梁自杀事件""韩国歌手崔雪莉自杀事件"在社会舆情中引起了广泛讨论。一方面大众对于年轻生命的逝世感到痛心与惋惜,另一方面对于自杀背后的原因猜测众多。除了成人自杀事件的发生,中学生自杀的新闻也不在少数。前有溧阳中学高二男生自杀坠楼,后有广东河源紫金县中学生跳楼自杀,在被国家、社会保护的校园中,自杀意念多强才会选择放弃自己的生命。而青少年处于情绪脆弱、易受挫折的时期,同时又面临着学业压力、人际交往、适应压力等各种问题,其心理压力是不可小觑的,很多人也因此产生了自杀意念,希望能借此逃避生活中的种种困难。因此,我们需要对自杀意念的影响因素进行探究,只有弄清楚哪些因素在影响自杀意念,才能够更有针对性地预防中学生自杀意念的发生。

美国国立精神卫生研究于1970年将自杀划分为三种类型,分别是:(1) 自杀已遂或成功自杀(Committed suicide,Completed suicide),是指因自我故意伤害行为而最终导致个体死亡的情形;(2) 自杀企图或自杀未遂(Suicide attempt),是指虽然个体发生自我故意伤害的行为,但其行为结果最终未引起个体死亡;(3) 自杀意念(Suicide idea),指个体通过直接或间接的形式表达自己终止生命的意愿⑥。

自杀意念具有隐蔽性、广泛性、偶发性和个体差异性四个特点。自杀意念不易暴露,它往往是无意识流露出来的,个体本人也常常未能察觉。这是一个潜在的危险因素,可以通过《SIOSS自杀意念自评量表》检测出个体是否有自杀意念。自杀意念处于自杀过程三阶段中的第一阶段,当自杀意念形成后则会进入矛盾冲突阶段,个体求生的本能会使自杀意念动摇,陷入犹豫矛盾之中。当突破犹豫后,就会向实施自杀行为发展。

青少年时期是完成儿童向成人转折这一过程的重要阶段,青少年的生理和心理在这一阶段也都发生了很大变化。生理特征上表现出的成熟使青少年在心理上感觉自己

---

① World Health Organization.预防自杀:一项全球要务[R].世界卫生组织系列报告,2014.
② 王黎君,刘韫宁,刘世炜,等.1990年与2010年中国人群伤害疾病负担分析[J].中华预防医学杂志,2015,49(4):321-326.
③ 邱雯婷,冯维.我国近20年来青少年自杀研究述评与展望[J].现代预防医学,2009,36(11):2093-2095.
④ 张志群,郭兰婷.中学生自杀意念的相关因素研究[J].中国心理卫生杂志,2003(12):852-855.
⑤ Nordström P,Samuelsson M,Asberg M.Survival analysis of suicide risk after atte-mpted suicide[J].Acta psychiatrica Scandinavica,1995,91(5):336-340.
⑥ 崔树伟.自杀危险因素及预防研究的现状与趋势[J].中国公共卫生,2003(01):109-111.

是成年人,渴望真正转变自己的社会角色,拥有成年人的某些权利。但受限于实际的心理发展水平,很多期望都无法实现,挫败感也由此产生。心理和生理发展的不平衡导致了青少年时期的个体经常面临一些心理危机,产生心理或行为上的问题。但是,社会群众对自杀意念通常是错误的认识。自杀意念的强度是一个动态变化的过程,会受多种因素影响。一些真正有自杀风险的人在自杀前也是会有犹豫、矛盾心理的,因此在面对已经萌生出自杀意念的对象时,外界的反应会影响自杀行为的真正实施。可见,科学干预自杀意念是值得探究与学习的。

青春期的中学生对周围人际关系比较敏感,容易产生情绪波动,进而产生自杀等各种极端的行为问题[1]。陈雄的研究表明,就中学生而言,他们对自杀行为所持的态度会影响到其自杀的发生率[2]。自杀意念与自杀态度呈显著负相关,这说明当个体对自杀持否定、排斥的态度时,自杀意念就难以出现,自杀行为也就难以发生[3]。因此,引导中学生对自杀持有正确的态度有助于降低自杀行为发生的可能性。龚海清的研究发现家庭因素也会影响中学生的自杀行为,父母离世、分居及离异等事件可能导致中学生缺乏家庭关爱和温暖,使中学生自杀行为的风险增加[4]。父母关系和谐的家庭,青少年的自杀意愿水平较低;而父母关系恶劣的家庭,青少年的自杀意愿更加强烈。和谐的家庭关系有利于家庭成员的心理健康,有助于青少年适应社会[5]。

汪耿夫发现有被欺凌经历的中学生出现自杀相关心理行为的风险会更高,较容易产生心理问题,如焦虑和抑郁、自杀等[6]。袁芳的研究表明遭受校园暴力是自杀产生的一个影响因素[7]。当中学生遭遇他人威胁或暴力行为时,由于内心恐慌不去寻求老师、家长的帮助,导致内心绝望、恐慌,产生自杀意愿。可见,对于青少年自杀的预防工作,我们需要从多方面去考虑。

性别、独生、城乡、单亲、吸烟、饮酒、学习压力、网络沉溺、抑郁是青少年自杀意念的常见影响因素。喻彦等人的研究显示,青少年生活事件的应激程度对其自杀意念的产生和程度均有较大影响[8]。随着个体生活事件的总应激量的增加,抑郁程度和自杀意念也会有所增加。自杀意念与应对方式也有关。应对方式是个体在现实环境中面临挫折和压力时的一种调节行为。冉媛的研究结果表明自杀意念受应对方式影响,许多因

---

[1] 张志群,郭兰婷,刘志中.青春期自杀及其相关因素[J].华西医学,2001(02):255-256.
[2] 陈雄,汪俊华.毕节市中学生自杀行为态度及影响因素分析[J].中国初级卫生保健,2018,32(02):53-56.
[3] 张媛,胡小兵,程欣,李思雨,宫火良.高中生自杀态度的特征及其与自杀意念[J].中国健康心理学杂志,2013,21(02):258-260.
[4] 龚清海,童思维,李寿俊,袁霞,李辉,应焱燕,程志华,张涛.宁波市中学生自杀行为的流行现状及其危险因素分析[J].现代实用医学,2014,26(07):879-881.
[5] 赵建彬,陶建蓉,李丹雯.父母冲突对青少年自杀意愿的影响[J].赣南师范大学学报,2020,41(04):106-111.
[6] 汪耿夫,方玉,江流,周贵阳,袁姗姗,王秀秀,苏普玉.安徽省中学生网络欺凌与自杀相关心理行为的关联研究[J].卫生研究,2015,44(06):896-903.
[7] 袁芳,岑焕新,元国平,李辉,龚清海.中学生自杀相关行为及其影响因素研究[J].预防医学,2019,31(03):225-230+235.
[8] 喻彦,彭宁宁.上海市高中生自杀态度及自杀意念水平研究[J].中国学校卫生,2012,33(01):38-40.

素都会加大自杀意念产生的风险,包括消极的应对方式、问题解决能力、悲观等[①]。李秀玲等人的研究发现不良心理体验是导致抑郁、焦虑等心理问题的危险因素,抑郁与焦虑都被认为和自杀意念有密切的联系[②]。抑郁对自杀意念有直接影响,这提示我们在进行中学生自杀危机干预计划的时候,要特别关注个体的抑郁情绪。

自杀意念也与社会支持有关。社会支持是指人们从他人那里获得的一般或特定的支持行为,它能提高个人的社会适应能力,避免环境中的负面影响[③]。具有多种社会支持来源的人在遇到问题时能很好地解决,从而减轻自身身心上的压力。因此,相较于低社会支持的个体,社会支持高的个体出现自杀意念的可能性更小。此外,过度使用网络、感到孤独或者是受到排挤和欺侮都会影响中学生自杀意念的产生[④]。

因此,本研究希望能通过对青少年自杀意念相关影响因素的研究,得出一个可参考的研究结果,提出更有针对性的建议,帮助学校等更加科学有效地改善、提高青少年心理健康。

二、研究方法

(一) 文献检索策略

2021年3月10日,本研究通过制定的检索方案在中国知网、维普数据库和万方数据库进行相关文献的检索,没有日期、语言或文献类型方面的限制。相关文献检索方案如下:(1) 中学生 or 高中生 or 青少年;(2) 自杀意念 or 自杀意图;(3) 影响因素 or 相关关系 or 因素。此外,根据已有文献的参考资料展开搜寻,以找到尽可能多与本研究相关的文献。

(二) 文献纳入与排除标准

纳入标准:(1) 研究对象符合"中学生"标准,包括初中生和高中生;(2) 涉及自杀意念相关影响因素;(3) 纳入文献中包含的自杀意念影响因素大致相同。

文献排除标准如下:(1) 非实证研究(包括评论、综述、定性论文);(2) 研究对象不是国内中学生;(3) 不涉及自杀意念及其影响因素的;(4) 相关数据值不完整;(5) 重复发表的文献。

(三) 文献的筛选与数据的提取

首先,对根据关键词检索出的文献进行初步筛选,排除非相关资料及重复文献。然

---

① 冉媛,李光友,李佩珍.青少年自杀意念及其影响因素[J].中国校医,2014,28(09):715-718.
② 李秀玲,蒲睿,汪俊华,罗鹏,张江萍.贵州省中学生自杀意念流行现况及影响因素[J].中国学校卫生,2019,40(01):23-25+30.
③ 张冬冬,刘金同,史高岩,杨楹,张燕.济南市两所初中学校学生自杀意念现状及相关因素研究[J].中国儿童保健杂志,2010,18(12):957-959.
④ 夏莹,杨子云,戴汉斌.影响中国中学生自杀意念危险因素 Meta 分析[J].中国健康心理学杂志,2017,25(02):178-181.

后,对前一阶段保留的文献进行全文阅读,判断是否满足纳入标准。再对纳入文献进行有关数据的整理和提取,包含以下信息:(1)第一作者;(2)发表出处;(3)文章发表年限;(4)使用工具;(5)纳入文献研究样本量;(6)表示自杀意念与抑郁关系的 OR 值及 $95\%CI$ 值或者可进行换算的原始数据值。

三、研究结果

(一)纳入文献基本情况

在初检去除重复文献后共检索到715篇,含其他资源补充2篇。其中有16篇为外文文献,其余全部为中文文献。根据文献的纳入标准,筛选得到193篇文献。再根据文献排除标准,去除以台湾地区中学生为研究对象的文献后,最后共有14篇文献纳入本文的系统分析,且均为中文文献。具体的文献筛选过程可见图4-3-1。按中国地理位置进行划分,涉及南部地区的文献有10篇,涉及北部地区的文献有3篇,有1篇文献未注明具体的地理区域。纳入文献中对自杀意念的调查工具大部分是自编问卷,纳入文献都设计了类似问题对自杀意念进行判定,如"在过去12个月里,你曾认真想过自杀吗?"(见表4-3-1)

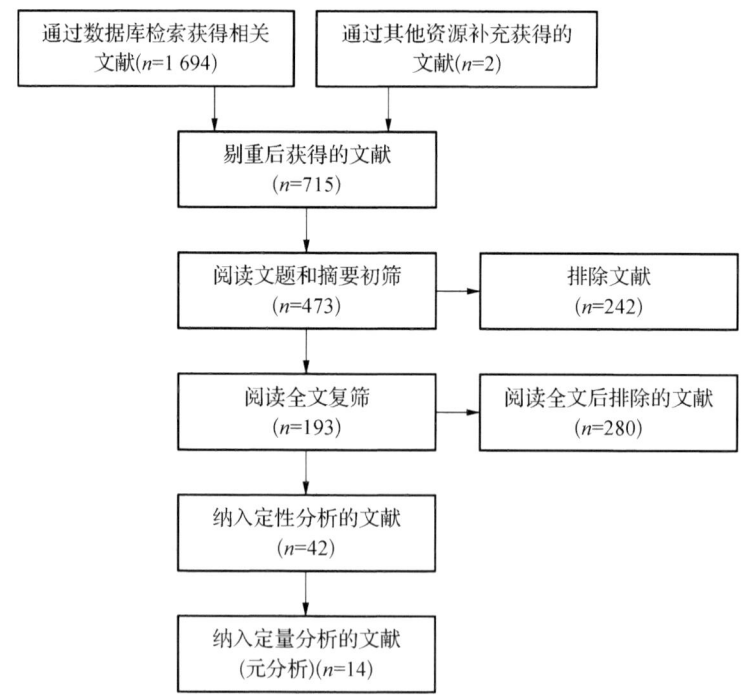

图4-3-1 文献筛选流程图

表 4-3-1 纳入文献基本特征表

序号	作者	年份	纳入样本总量	调查地点	所属区域	自杀意念工具
1	常向东	2015	609	上海市	南	SIOSS
2	常向东	2014	2 205	上海市	南	SIOSS
3	陈薇	2006	7 527	广州市	南	广州市青少年健康危害行为表
4	邓飞	2018	3 229	河南省	北	自编问卷
5	李秀玲	2019	4 903	贵州省	南	自编问卷
6	刘荣凯	2007	1 933	天津市	北	自编问卷
7	苏玲	2010	10 235	福建省	南	自编问卷
8	王萍	2007	3 400	广西壮族自治区	南	青少年健康危险行为调查问卷
9	文小桐	2019	884	南昌市	南	自编问卷
10	谢红涛	2013	933	上海市	南	自编问卷
11	严虎	2012	2 216	长沙市	南	自编问卷
12	张敏	2007	1 294	/	/	自编问卷
13	张志群	2003	1 393	成都市	南	自编问卷
14	石晓燕	2010	2 178	北京市	北	中国青少年健康相关行为调查问卷

注：纳入研究只标注第一作者；SIOSS 为《自杀意念自评量表》。

（二）数据分析主要结果

利用 CMA 3.0 统计软件进行数据分析。最后共整理出 9 种影响因素，结合表 4-3-1 序号对每种因素具体纳入的参考文献进行整理，具体见表 4-3-2。

表 4-3-2 各因素纳入文献表

影响因素	纳入文献数量	具体参考文献编号
性别	14	1,2,3,4,5,6,7,8,9,10,11,12,13,14
独生	7	1,2,6,7,10,11,13
城乡	3	1,2,11
单亲	5	1,2,4,7,11
吸烟	6	3,6,8,9,13,14
饮酒	8	3,6,8,9,10,12,13,14
学习压力因子	5	6,7,8,11,14
网络沉溺	5	5,8,9,10,12
抑郁	3	6,7,14

采用科克伦 Q 检验的方法，对整理的各影响因素进行元分析处理。将纳入的影响因素划分整理成三类，分别为人口学特征：性别、独生、城乡、单亲；行为方式：吸烟、饮酒、网络沉溺；心理健康：学习压力因子、抑郁。

由表 4-3-3 可见,从人口学角度看,女生[$OR=0.668,95\%CI=(0.633,0.705)$]、非独生子女[$OR=0.823,95\%CI=(0.760,0.890)$]、单亲家庭[$OR=1.467,95\%CI=(1.297,1.659)$]是自杀意念的危险因素,性别差异森林图可见图 4-3-2。上述危险因素存在真实的异质性。而城乡的置信区间包含 1 且 $P=0.154>0.05$,所以自杀意念在城乡区别上不存在差异。

表 4-3-3 人口学特征的元分析结果表

分析类别	主体数量	OR(95%CI)	P	异质性				Egger's test 发表偏倚	
				Q	df	p	I^2	t	p
性别	14	0.668(0.633~0.705)	0.000	97.315	13	0.000	86.641	0.891	0.391
独生	7	0.823(0.760~0.890)	0.000	19.542	6	0.003	69.296	0.641	0.550
城乡	3	0.895(0.769~1.042)	0.154	1.539	2	0.463	0.000	0.283	0.825
单亲	5	1.467(1.297~1.659)	0.000	9.116	4	0.058	56.122	0.520	0.640

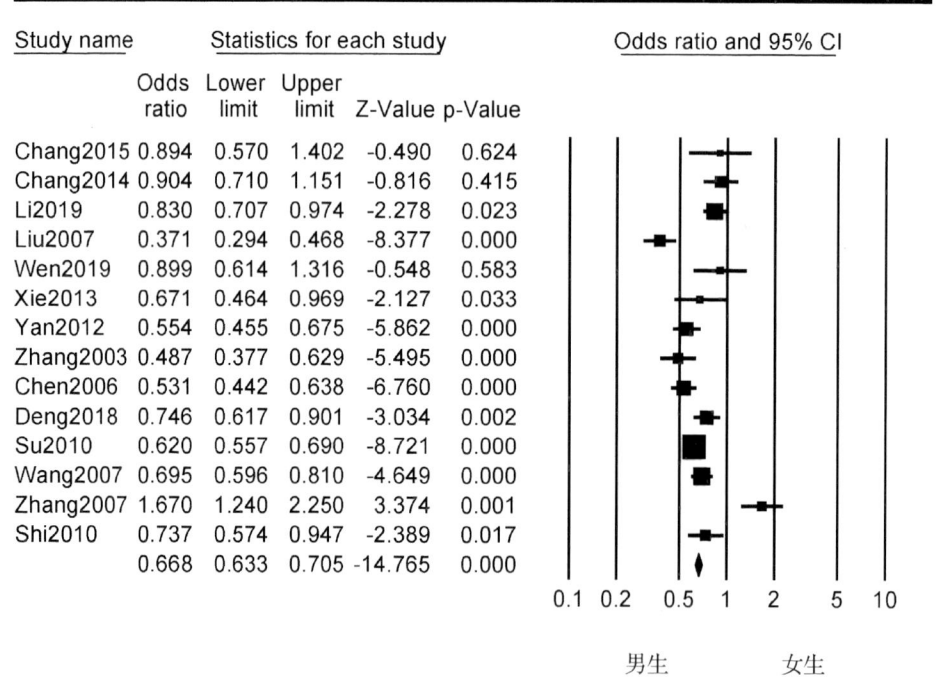

图 4-3-2 性别差异对自杀意念影响的森林图

由表 4-3-4 可见,从行为方式角度看,吸烟($OR=1.963,95\%CI=1.786\sim2.157$)、饮酒($OR=1.677,95\%CI=1.582\sim1.779$)和网络沉溺($OR=1.451,95\%CI=1.364\sim1.543$)都是中学生自杀意念的影响因素。网络沉溺对自杀意念影响的森林图

可见图 4-3-3,上述危险因素存在真实的异质性。

表 4-3-4　行为方式因素的元分析结果表

Type of analysis	N Subjects	OR(95%CI)	P	Heterogeneity				Egger's Test publication Bias	
				Q	df	p	I^2	t	p
吸烟	6	1.963(1.786~2.157)	0.000	19.901	5	0.001	74.875	0.904	0.417
饮酒	8	1.677(1.582~1.779)	0.000	64.965	7	0.000	89.225	1.272	0.250
网络成瘾	5	1.451(1.364~1.543)	0.000	156.441	4	0.000	97.443	1.668	0.194

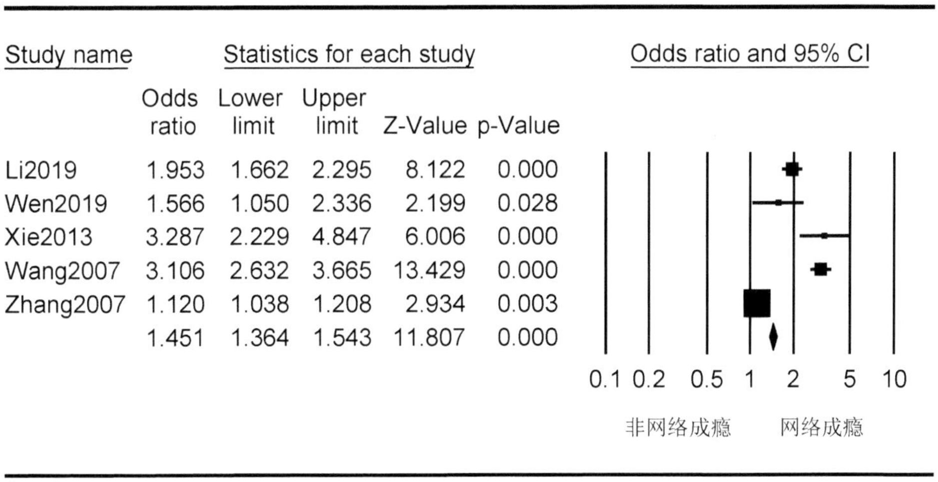

Study name	Statistics for each study					Odds ratio and 95% CI
	Odds ratio	Lower limit	Upper limit	Z-Value	p-Value	
Li2019	1.953	1.662	2.295	8.122	0.000	
Wen2019	1.566	1.050	2.336	2.199	0.028	
Xie2013	3.287	2.229	4.847	6.006	0.000	
Wang2007	3.106	2.632	3.665	13.429	0.000	
Zhang2007	1.120	1.038	1.208	2.934	0.003	
	1.451	1.364	1.543	11.807	0.000	

非网络成瘾　网络成瘾

图 4-3-3　网络成瘾对自杀意念影响的森林图

由表 4-3-5 可见,从心理健康因素看,学习压力大[$OR=1.211,95\%CI=(1.184, 1.240)$]和抑郁[$OR=3.924,95\%CI=(3.541,4.348)$]都是影响中学生自杀意念的危险因素。学习压力对自杀意念影响的森林图可见图 4-3-4,上述危险因素存在真实的异质性。由于抑郁因素的纳入文献数量有限,其结果还有待进一步研究证明。

表 4-3-5　心理健康因素的元分析结果表

分析类型	数量	OR(95%CI)	P	异质性				Egger's 检验发表偏倚	
				Q	df	p	I^2	t	p
学习压力因子	5	1.211(1.184~1.240)	0.000	911.396	4	0.000	99.561	5.120	0.014
抑郁	3	3.924(3.541~4.348)	0.000	3.495	2	0.174	42.770	7.271	0.087

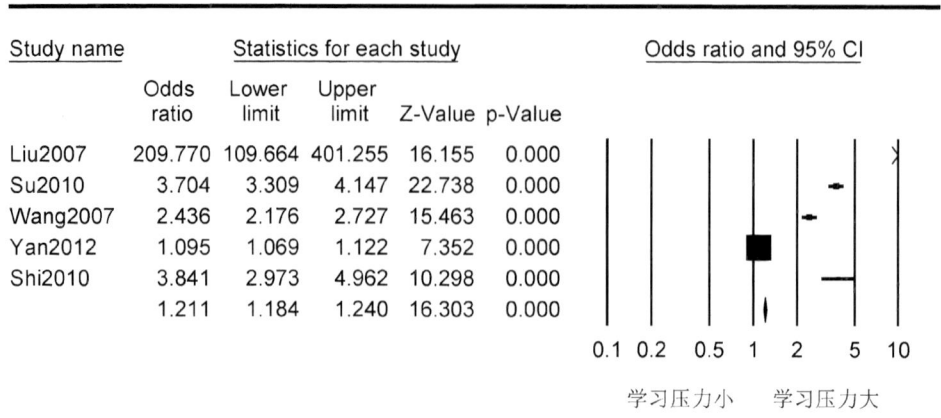

图 4-3-4 学习压力对自杀意念影响的森林图

四、讨论分析

(一)性别与自杀意念

本研究同张金霞(2004)、余力(2018)等人的研究结果一致[1][2],女中学生出现自杀意念的可能性高于男中学生。这可能是因为女孩会比男孩更早地进入青春期,容易最先遇到在青春期产生的各种心理性和生理性问题。青春期的女生通常会有一种矛盾心理,她们期望被理解,但是又不愿同他人倾诉。青春期的女生还伴有情感丰富、情绪不稳定的特点。相较于男生,女生表现得更加内敛,对外界也更加敏感。

因此,鉴于女生复杂的心理状态,教师和家长应该更关注女生的心理情况,了解女生在青春期的性格特点,据此开展交流开导工作,从而实现对自杀意念的有效干预。老师和家长作为外部力量进行帮助时,首先要意识到为什么对方常常不愿意吐露心声。只有在对方信任的前提下,她才会愿意同你分享现阶段的困扰。在对青春期的孩子进行关爱疏导时,要注重方式方法,尤其涉及一些消极低沉的问题时,更要考虑到对方脆弱的自尊心。学校老师应对女生易在青春期阶段萌生的情感问题给予关注,帮助女生正确看待同异性之间的情感关系。

(二)独生与自杀意念

研究结果[$OR=0.823, 95\%CI=(0.760, 0.890)$]表明,非独生子女,即二胎或多胎

---

[1] 张金霞,高茗,马尔健,吴英,陶芳标,王敏.2003年合肥市青少年危害健康相关行为监测结果[J].疾病控制杂志,2004(02):138-140.
[2] 余力,姜玉,喻彦,夏庆华,朱琦,周鹏.上海市长宁区三所高中学生自杀意念及其相关因素[J].上海预防医学,2018,30(01):47-51.

家庭的孩子出现自杀意念的可能性要高于独生子女。关彩萍在关于高中生自我意识与父母教养关系的研究中提出,学生性格和心理特征的形成与发展受不同家庭教养方式的影响[1]。二胎或多胎家庭所需承担的经济压力更大,这可能导致父母在工作上花费更多时间,与孩子的关系会有一定疏离。此外,在多子女家庭的日常生活教育中,很难保证绝对的公正公平,这可能使孩子在心理上感到委屈,长此以往,容易造成孩子的心理压力。

这启示我们,作为家长,应该思考自己对孩子的期望是否合理,主动增加同孩子的交流沟通,及时让孩子纾解内心的委屈或者不公正的感受。在日常教育中,应当避免过多说教,学会倾听并且鼓励孩子发表自己内心的真实想法,同时也要引导孩子们在日常生活中友爱和善地相处。

(三)城乡与自杀意念

本文的数据表明自杀意念在城乡区别上没有差异,这同张嫚的研究结果不同[2],但和严虎、姜林辉的研究结果一致[3][4]。这可能是由于纳入研究的数量不足导致的。因此,我们在数据的解释上需要慎重。

城乡区别上不存在显著差异,这可能是因为随着我国经济的迅速发展,农村地区的各个方面都得到了改善,城乡差距在逐渐缩小,包括农村孩子的受教育条件和地区的基础设施等。在教育方面,国家始终支持"乡村教师计划",为农村地区输送师资。随着网络的普及和自媒体的发展,大家处于一个知识共享的时代,农村地区的孩子接触外界的渠道增多,学生的心理健康也得到了许多关注。除此之外,农村出现留守儿童的现象要高于城市,留守儿童由于缺乏父母的陪伴,其心理健康水平往往会受到影响。但随着网络和视讯工具的发展,留守儿童与父母联系的方式变得更加便捷了,联络感情的机会也变多了。城乡儿童之间的差异也由此得到改善。

(四)单亲家庭与自杀意念

郭振东提出自杀意念与家庭构成是否完整有关,单亲家庭中的中学生自杀意念概率更高[5]。本文的研究结果也证明了这一点,同张志群、梁军林的研究结果也一致[6][7]。单亲家庭的孩子,由于父母离异,同其中一方的亲密关系也会有所淡薄,所体验到的父

---

[1] 关彩萍,张虹,吴谷红,张建生,王芳芳.父母教养方式与高中生自我意识的关系[J].中国学校卫生,2002(01):13-14.

[2] 张嫚.江苏省中学生自杀意念发生情况及其影响因素[J].中国学校卫生,2007(02):131-132.

[3] 严虎,陈晋东.长沙市城乡中学生自杀行为及影响因素分析[J].中国公共卫生,2013,29(02):163-166.

[4] 姜林辉,罗秋婷.东莞市中职生自杀意念的调查与研究[J].广东职业技术教育与研究,2019(06):15-17.

[5] 郭振东,张凤,迪丽努尔·买买提.阿勒泰地区哈萨克族初中生自杀行为及影响因素分析[J].中国学校卫生,2017,38(05):751-754.

[6] 张志群,郭兰婷.中学生自杀观念的研究[J].中华精神科杂志,2003(02):47.

[7] 梁军林,孙录,赵静波,刘珍妮,全东民,李刚.中学生自杀意念发生率及其影响因素分析[J].临床精神医学杂志,2000(03):144-146.

母关爱也是有所缺失的,这可能会给孩子的成长带来负面影响。

单亲家长应调整好自己的心态,在对另一方的态度上不应夹杂过多的私人情绪,避免影响孩子的情绪、情感。此外,作为家长应该尽可能地抽出时间与孩子进行交流,让孩子充分感受到自己对他的爱。单亲父母也应关注培养孩子的兴趣爱好,以此帮助孩子树立自信心,摆脱孤独感等负面心理,帮助孩子形成健全的人格。

(五) 行为方式与自杀意念

1. 吸烟

对烟草的依赖是公认的自杀高危因素,有10%~25%的自杀死亡者有烟草滥用和依赖酒精的行为[①]。本文对吸烟的界定是指过去一个月内曾吸过烟,高中生在该年龄段吸烟的行为可能是由于感受到了多方面的压力,而吸烟对他们来说可能是一种放松的方式。虽然,吸烟在当下可能在一定程度上缓解了紧张烦闷的情绪,但根本问题还没有得到解决。长时间积郁的情绪最后可能会导致自杀意念的产生。学校方面应积极科普吸烟的危害性,让学生知道吸烟对身心健康的影响。由于该年龄段的学生有很强的模仿性,学校应注意对教师吸烟的管理问题,打造无烟校园环境。作为家长,发现孩子的吸烟行为,应避免不分青红皂白的打骂行为。可以与孩子进行谈心,询问是否遇到了困难或者烦心事,帮助孩子纾解最近遇到的问题。同时也可以通过科普吸烟对身体的危害,对孩子进行引导。

2. 饮酒

本文的研究结果表明饮酒是自杀意念的一个影响因素。这可能是因为青春期的学生正处于一个多愁善感的年纪[②],在酒精的作用下,问题可能会被放大,使他们的想法往极端发展。过早接触酒精对学生的身心发展都有负面影响。学校和家长应该帮助学生培养健康的生活习惯,家长在生活中应避免不克制的饮酒行为以及在孩子面前大肆宣扬酒的好处,学校可以开展有关健康生活的讲座,对大量饮酒带来的身体健康问题进行介绍,让学生认识到饮酒行为的危害。

3. 网络沉溺

随着社会发展,网络在生活中的使用越来越普遍,但网络平台上呈现的内容质量参差不一。中学生对内容的筛选能力还有所欠缺,很容易接触到一些负面消极的内容,影响自己的身心发展。在范娟、曾俊等人对过度使用网络的调查中发现,中学生受到网络

---

① 袁碧涛,杨建明,周丽,黄广文.深圳市青少年自杀意念及其影响因素分析[J].中国学校卫生,2006(08):722-723.

② 黄发源,陶芳标.中学生饮酒行为与危害健康行为相互影响的研究[J].安徽预防医学杂志,2000(01):11-13.

的影响,抑郁、孤独、焦虑和情绪不稳定的现象增多[1][2]。这种负面的心理问题容易导致青少年产生自杀意念。家校应合作解决问题,老师可通过孩子在学校的课堂表现或者作业情况判断孩子最近的专注情况,以此提醒家长留心关注孩子近期的在家学习状况。家长要注意观察孩子是否花费过多时间在手机、电脑的娱乐上,发现后,要及时制止。

4. 学习压力

随着年龄的增长,中学生学习任务的难度越来越大,身上的担子越来越重,心理压力也逐渐增大。学习压力对中学生自杀意念有较大的影响[3]。这可能是因为在小升初、初升高的环境下,中学生在学习难度的适应性上存在困难。在中国的文化背景下,出于一种"望子成龙,望女成凤"的心理,父母对子女的心理期待值通常是很高的。青春期的男女生往往有着高自尊,出于孝顺和自己的自尊心,通常会选择默默接受来自父母的期待,但不会直接袒露内心所受到的压力。因此,当他们在学习上受挫或者达不到预期的目标时,极易出现不良的情绪又难以疏解。学校应改变应试教育的模式,不应对学生施加过大的压力。而家长对孩子的期望要合理,对孩子的学习结果要有客观的认识,避免成绩一切论。家长要给孩子培养一些兴趣爱好,但要注意坚持少而精的原则,避免急功近利的心态,不应给孩子报过多过杂的辅导班。

5. 抑郁

抑郁和自杀意念存在显著关联。抑郁组的自杀意念发生率高于非抑郁组,这与曾玉云(2005)的研究一致[4]。但由于抑郁因素的纳入研究数量较少,因此在结果的解释上我们需要谨慎。出现抑郁组自杀意念发生率更高情况可能是因为,个体抑郁通常会表现出缺乏希望、对事物失去兴趣、心境上的低落等负面情绪,在这种状态下,个体容易出现自我认知偏差。在解释同周围事物的联系或互动时,往往带有一种消极思维,并且会进行过度的内部归因。长此以往,消极的思考方式强化了个体的负面情绪,形成恶性循环,使自己陷入悲伤、沮丧的状态里。当个体的负面情绪积累到一定程度时,就会产生自杀意念,希望能通过自杀来摆脱当前这种低沉的情绪状态。心理学认为抑郁等不良情绪不仅是生活事件应激的后果,而且也是自杀行为的一个强有力的预测因子[5]。因此,我们可以从预防和疏导抑郁情绪的角度来对自杀意念进行干预。除了对自杀意念本身的关注,还可以围绕抑郁情绪的干预展开一定活动。所以学校可以对青少年的

---

[1] 范娟,杜亚松,王立伟,江文庆.上海市中学生网络过度使用者心理特征的调查[J].上海精神医学,2007(02):71-74.

[2] 曾俊,旷兴萍,王运富,崔太秀.万州中学生网络成瘾现状的调查[J].临床精神医学杂志,2008(04):244-246.

[3] 陶芳标,张洪波,曾广玉,许韶君,郑迎军,夏俊瑞.青少年自杀行为及其影响因素的研究[J].中国公共卫生,1999(03):69-70.

[4] 曾玉云,魏煌忠,王虎.青少年自杀意念与抑郁的关系探讨[J].中国农村卫生事业管理,2005(08):70-71.

[5] 郑全庆,李燕琴,路平,王懿,李学成.中学生不良健康行为及其相关因素分析[J].西安医科大学学报,2001(06):568-571+574.

抑郁情绪和特质进行排查疏导，及时发现问题对象，从而降低他们产生自杀意念的概率。学校心理活动的开展在维护学生心理健康的问题上充当着必要的角色。王舟的研究表明，以学校为基础的普遍性干预和针对性干预对降低中学生的自杀风险水平是有一定效果的[①]。一方面，心理教师可以定期组织相关量表的测量，以此来确认学生在当前阶段的心理状态是否健康，对表现出一定抑郁程度的同学有所关注。但我们也要注意避免过度反应，因为自杀意念只是一种先兆，距离真正的自杀还有一定距离。过度的关注可能会导致学生刻意隐藏身上的一些自杀意念的信号。另一方面，学校应该鼓励开展一些面向师生与家长的心理健康教育课程，帮助大家学会辨别和正确看待相关的心理问题，同时也教授学生如何寻求帮助以及如何减缓抑郁带来的一些消极影响。

五、研究结论与研究局限

本研究运用元分析方法，以自杀意念为研究主题从中国知网、维普数据库和万方数据库中检索了自 1987 年至 2021 年的相关研究，收集了有关自杀意念影响因素的实证研究。然后利用 CMA V3.0 统计软件及 EXCEL 对数据资料进行了统计学分析，按照各种文献的纳入和排除标准，最后筛选分析了 14 篇研究。结果表明，女生 $[OR = 0.668, 95\%CI = (0.633, 0.705)]$、非独生 $[OR = 0.823, 95\%CI = (0.760, 0.890)]$、单亲家庭 $[OR = 1.467, 95\%CI = (1.297, 1.659)]$、吸烟 $[OR = 1.963, 95\%CI = (1.786, 2.157)]$、饮酒 $[OR = 1.677, 95\%CI = (1.582, 1.779)]$、学习压力 $[OR = 1.211, 95\%CI = (1.184, 1.240)]$、网络沉溺 $[OR = 1.451, 95\%CI = (1.364, 1.543)]$ 和抑郁 $[OR = 3.924, 95\%CI = (3.541, 4.348)]$ 是自杀意念的危险因素。自杀意念在城乡区别上没有差异。在众多影响因素中，抑郁是自杀意念的最显著影响因素。基于此，我们应针对这些主要影响因素进行综合、长期、有效的干预，对青少年给予多方面的支持，避免他们任由负面情绪发展，最终采取自杀这一极端方式结束自己美好的生命。在中学生自杀意念的干预问题上，家校合作的方式可以更有效地帮助中学生，使中学生在身心上感受到确切的关爱。

本研究的局限性主要有以下几方面：(1) 纳入文献的数量相对较少，此外，关于自杀意念的判定受调查工具因素的影响较大。大部分文献中使用的工具为自编问题，对自杀意念的评判有效度较低。(2) 在数据整理过程中，某些因素的相关文献纳入数量较少，可能会对研究结果有影响。(3) 纳入文献的地理区域分布不够均衡，南北区域在数量上的差异较大。这提示我们，未来在纳入文献时要考虑南北地区数量差异，也应该考虑东西地区的差异。此外，我们应尽可能多地收集相关文献，以便数据整理的丰富性和完善性。

---

① 王舟,卞茜,王瑞文,舒京平,孔亚萍,杨禄禄,周洁,陈珊,冯榴君,梁秋月.初中生自杀风险的普遍性及针对性干预的效果[J].中国心理卫生杂志,2020,34(02):117-122.

第四节 应对方式与青少年自我概念相关的系统评价与元分析

随着社会的发展,越来越多的人关注到青少年健康发展的问题。在遭遇困难挫折时,个体所采取的认知行为方式,常被称为应对方式。这是人们在面对应激源时采取的一系列应对策略和方法,是个体习惯性的解决问题的方式。自我概念就是个体对自己的形象、认知、情感和意志等方面全面而稳定的认知与评价。它是个体在社会交往的过程中,将自我感知和他人评价进行整合而得出的系统的对自我的认知和评价。学者对于自我概念与应对方式两者关系都有较多的研究,但由于不同的研究方法等因素,研究结果也有一定的偏差,通过对已有的研究结果进行元分析,可以对结果进行整合,让结果更清晰,能更好地运用到实践中,能在一定程度指导青少年的健康发展。应对方式与青少年的自我概念有着密切关系。

一、问题提出

个体的自我概念与应对方式有着密切的关系。自我概念既影响个体对应激源的认知评价,又影响个体所采取的应对方式。玛丽·安·斯维亚特克发现,拥有积极自我概念的学生更倾向于采用指向问题解决的应对方式[1]。国内学者的实证研究也有类似发现。王振宏发现在遭遇困难和挫折时,自我概念积极的个体采用问题解决和寻求帮助等积极应对方式的比例也更高[2]。张涛基于242名中学生的调查发现,使用积极应对方式的个体的自我概念水平更高[3]。万德智对480名大学生的调查研究发现,自我概念高的大学生较少回避问题,他们更倾向于直面问题和解决问题。反之,自我概念较低的大学生,则可能更多地采用自责、幻想、退避等不成熟的应对方式[4]。

不过具体到不同类型应对方式与自我概念的关系方面,已有研究间在相关程度甚至相关方向上均存在着诸多不一致的地方。例如求助策略这一应对方式与自我满意的关系方面,李丹基于对302名大学生的调查发现两者呈显著的负相关[5],傅佳佳以265名中学生为被试的调查却发现两者呈显著的正相关[6],而郑开梅、何国刚等学者却发现

---

[1] Mary Ann Swiatek. Social coping among gifted high school students and its relationship to self-concept[J]. Journal of Youth and Adolescence, 2001, 30(1): 19-39.
[2] 王振宏.初中生自我概念、应对方式及其关系的研究[J].心理发展与教育,2001,27(3):22-26.
[3] 张涛,李祚山.中学生自我概念、应对方式特点及其关系研究[J].重庆师范大学学报,2006,23(1):85-89.
[4] 万德智.大学生自我概念发展特点及其与应对方式的相关性研究[D].山东大学,2007.
[5] 李丹.民办高校贫困生的自我概念及应对方式[J].中国健康心理学杂志,2013,21(07):1108-1110.
[6] 傅佳佳.中学生自我概念发展与应对方式的相关研究[J].中小学心理健康教育,2011(08):8-11.

两者间不存在相关[①②]。又如在幻想策略这一应对方式与自我满意的关系方面,王玮、马燕等学者的研究发现两者存在显著的负相关[③④],但是康丹等人的研究却发现两者存在显著的负相关[⑤]。

综上,虽然层层国内外的很多文献中都对青少年的心理健康与自我概念之间的关系做了相关研究,得出了许多具有指导意义的结论,但是这些研究受到样本量的影响,且得到的结论并不完全一致。

二、研究方法

(一) 文献收集

本研究使用中国知网、万方数据库、维普期刊网等数据库,对国内有关青少年应对方式和自我概念相关研究进行了检索。以"青少年","自我概念"和"应对方式"三个关键词进行检索,共搜索文献32篇。

选取标准为:(1)在期刊总库中查找到的文献主要探讨青少年自我概念与应对方式的相关关系。(2)文献中使用的研究工具为田纳西的自我概念量表和肖计划的应付方式问卷。(3)样本大小明确,数据完整,文章中有明确的自我概念各因子与应对方式各维度的皮尔逊积差相关系数 r 值。(4)对文献进行全文阅读后,去除对两者相关关系进行综述的文献、重复发表的文献、没有明确样本大小以及数据不完整的文献后,一共筛选到6篇文献。遭受虐待的儿童等特殊群体不在纳入范围内。

(二) 变量编码

对收集到的文献进行特征编码(见表4-4-1),包括作者信息、发表年份、发表期刊、发表地区以及样本量等。

表4-4-1 10篇自我概念与应对方式相关研究表

作者/年份	发表期刊	地区	样本量
王玮,2007	硕士学位论文	河北	652
万德智,2007	硕士学位论文	山东	445
郑开梅,2008	中国健康心理学杂志	天津	566
李丹,2013	中国健康心理学杂志	河北	302

---

① 郑开梅,郝志红,侯慧,周萌萌,赵丹.高职高专学生自我概念与应对方式的相关性研究[J].中国健康心理学杂志,2008,16(8):877-878.
② 何国刚.美术专业大学生人格特征、自我概念与应对方式的相关研究[D].西南大学,2008.
③ 王玮.自我概念、应对方式、焦虑对大学毕业生职业生涯决策困难的影响研究[D].河北师范大学,2007.
④ 马燕.大学新生内隐、外显自我概念及其与应对方式的关系[D].华东师范大学,2011.
⑤ 康丹,朱念琼.护理本科生自我概念与应付方式的相关研究[J].护理学杂志,2007(17):46-48.

续　表

作者/年份	发表期刊	地区	样本量
康丹,2007	护理学杂志	湖南	239
何国刚,2008	硕士学位论文	贵州	200
刘兴华,2011	中国健康心理学杂志	北京	150
于海明,2011	硕士学位论文	山东	626
傅佳佳,2011	中小学心理健康教育	福建	265
马燕,2011	硕士学位论文	河南	125

注：作者只列第一作者。

（三）效果量计算

本研究采用的方法是相关系数的元分析，即用皮尔逊积差相关系数 r 作为效果量的计量值。将相关系数和样本量录入 CMA3.0 软件，使用随机效应模型对数据进行处理。

三、研究结果

（一）自我概念与幻想相关研究的元分析

幻想这一应对方式与自我概念的 10 个维度均有显著相关性，其中与自我批评呈显著正相关，与自我行动、生理自我、心理自我、道德自我、自我满意和自我总分的效果量的绝对值大于 0.2，具有中等程度的负相关；与家庭自我、社会自我、自我认同的效果量的绝对值小于 0.2，具有较低的负相关性。

表 4-4-2　自我概念与幻想相关研究的元分析表

自我概念	文献数	样本数	效果量	95%CI	异质性 Q
道德自我	8	3 118	−0.21	(−0.25,−0.18)	28.19
家庭自我	8	3 118	−0.15	(−0.18,−0.11)	82.65
社会自我	8	3 118	−0.18	(−0.21,−0.15)	72.64
生理自我	8	3 118	−0.25	(−0.29,−0.22)	18.65
心理自我	7	2 853	−0.28	(−0.32,−0.25)	17.74
自我满意	9	3 420	−0.21	(−0.25,−0.18)	26.62
自我批评	9	3 420	0.22	(0.18,0.25)	68.54
自我认同	9	3 420	−0.17	(−0.20,−0.13)	61.79
自我行动	9	3 420	−0.26	(−0.29,−0.23)	23.62
自我总分	8	3 118	−0.25	(−0.28,−0.21)	19.86

（二）自我概念与解决问题相关研究的元分析

解决问题这种自我概念与应对方式的 10 个维度均有显著相关，除自我批评以外，与其他 9 个维度的效果量的绝对值均大于 0.2，可见具有较强的正相关，而与自我批评这个维度呈显著负相关。

表 4-4-3　自我概念与解决问题相关研究的元分析表

自我概念	文献数	样本数	效果量	95%CI	异质性 Q
道德自我	8	3 118	0.30	(0.26,0.33)	11.98
家庭自我	8	3 118	0.32	(0.29,0.35)	24.24
社会自我	8	3 118	0.41	(0.38,0.44)	24.68
生理自我	8	3 118	0.30	(0.27,0.33)	8.52
心理自我	7	2 853	0.42	(0.39,0.45)	36.55
自我满意	9	3 420	0.35	(0.32,0.38)	25.77
自我批评	9	3 420	−0.09	(−0.12,−0.06)	53.57
自我认同	9	3 420	0.28	(0.25,0.31)	90.52
自我行动	9	3 420	0.42	(0.39,0.44)	31.70
自我总分	8	3 118	0.40	(0.37,0.43)	27.75

（三）自我概念与求助相关研究的元分析

从表 4-4-4 可以看出，求助这一应对方式与自我概念中的自我批评呈微弱的负相关，与自我认同、生理自我、道德自我、心理自我、家庭自我的效果量的绝对值小于 0.2，正相关性略低；而与自我满意、自我行动、社会自我以及自我总分的效果量的绝对值则大于 0.2，可见具有中等的正相关性。

表 4-4-4　自我概念与求助相关研究的元分析表

自我概念	文献数	样本数	效果量	95%CI	异质性 Q
道德自我	8	3 118	0.19	(0.15,0.22)	1.96
家庭自我	8	3 118	0.18	(0.15,0.22)	15.30
社会自我	8	3 118	0.26	(0.22,0.29)	27.80
生理自我	8	3 118	0.17	(0.14,0.20)	13.58
心理自我	7	2 853	0.18	(0.15,0.22)	7.54
自我满意	9	3 420	0.23	(0.20,0.26)	6.41
自我批评	9	3 420	−0.05	(−0.08,−0.02)	51.74

续　表

自我概念	文献数	样本数	效果量	95%CI	异质性Q
自我认同	9	3 420	0.16	(0.13,0.20)	24.90
自我行动	9	3 420	0.23	(0.20,0.26)	24.42
自我总分	8	3 118	0.24	(0.20,0.27)	10.27

（四）自我概念与退避相关研究的元分析

从表4-4-5可以看出，退避这种不成熟的应对方式与自我概念的10个维度均有显著相关性，其中与自我批评呈显著正相关，与自我认同的效果量的绝对值小于0.2，呈较低的负相关，而与其他维度的效果量的绝对值则大于0.2，呈较强负相关。

表4-4-5　自我概念与退避相关研究的元分析表

自我概念	文献数	样本数	效果量	95%CI	异质性Q
道德自我	8	3 118	−0.20	(−0.23,−0.16)	55.63
家庭自我	8	3 118	−0.20	(−0.23,−0.17)	47.38
社会自我	8	3 118	−0.21	(−0.24,−0.17)	21.23
生理自我	8	3 118	−0.24	(−0.28,−0.21)	25.99
心理自我	7	2 853	−0.24	(−0.28,−0.21)	66.99
自我满意	9	3 420	−0.23	(−0.26,−0.20)	26.21
自我批评	9	3 420	0.12	(0.09,0.15)	36.33
自我认同	9	3 420	−0.17	(−0.21,−0.14)	44.41
自我行动	9	3 420	−0.28	(−0.31,−0.25)	52.27
自我总分	8	3 118	−0.26	(−0.29,−0.23)	22.84

（五）自我概念与自责相关研究的元分析

从表4-4-6可以看出，自责这种不成熟的应对方式与自我概念的10个维度均有显著相关性，与除自我批评以外的9个维度效果量的绝对值均大于0.2，呈较强负相关；而与自我概念中自我批评这个维度呈显著正相关。

表4-4-6　自我概念与自责相关研究的元分析表

自我概念	文献数	样本数	效果量	95%CI	异质性Q
道德自我	8	3 118	−0.27	(−0.30,−0.23)	43.84
家庭自我	8	3 118	−0.30	(−0.33,−0.27)	40.40
社会自我	8	3 118	−0.28	(−0.32,−0.25)	85.39

续　表

自我概念	文献数	样本数	效果量	95%CI	异质性Q
生理自我	8	3 118	−0.25	(−0.29,−0.22)	198.48
心理自我	7	2 853	−0.39	(−0.42,−0.36)	56.02
自我满意	9	3 420	−0.36	(−0.39,−0.33)	46.13
自我批评	9	3 420	0.12	(0.08,0.15)	64.50
自我认同	9	3 420	−0.27	(−0.30,−0.24)	99.71
自我行动	9	3 420	−0.36	(−0.39,−0.33)	58.71
自我总分	8	3 118	−0.37	(−0.40,−0.34)	37.96

（六）自我概念与合理化相关研究的元分析

从表4-4-7可以发现，合理化的应对方式与自我行动、生理自我、心理自我和自我总分这些维度都存在显著负相关，与自我批评呈显著正相关。同时，合理化应对方式与道德自我、家庭自我、社会自我、自我满意和自我认同这四个维度的效果量低于0.2，具有较弱的负相关。

表4-4-7　自我概念与合理化相关研究的元分析表

自我概念	文献数	样本数	效果量	95%CI	异质性Q
道德自我	8	3 118	−0.17	(−0.21,−0.14)	87.64
家庭自我	8	3 118	−0.19	(−0.22,−0.15)	56.18
社会自我	8	3 118	−0.17	(−0.20,−0.14)	42.11
生理自我	8	3 118	−0.20	(−0.23,−0.17)	57.46
心理自我	7	2 853	−0.22	(−0.26,−0.19)	12.60
自我满意	9	3 420	−0.18	(−0.21,−0.15)	56.06
自我批评	9	3 420	0.11	(0.08,0.14)	34.03
自我认同	9	3 420	−0.15	(−0.18,−0.12)	95.76
自我行动	9	3 420	−0.21	(−0.25,−0.18)	69.83
自我总分	8	3 118	−0.21	(−0.25,−0.18)	62.71

四、讨论分析

（一）自我概念与幻想相关研究的讨论分析

研究结果显示，幻想这种应对方式与除自我批评以外的9个维度呈显著负相关，可见自我概念较低的人越易使用幻想这种应对方式。这与张涛等人的研究结果一致。这类人在应付困难与挫折时,倾向于使用幻想这种方式,他们常常希望自己已经解决了面临的困难,常幻想自己有过人的克服困难的本领。对于已经发生的不好的事情,他们容易向引起问题的对象发脾气,然后再祈祷上天的保佑,想"如果这不是真的就好了"。当他们遇到烦恼时,常爱幻想一些不真实的情境来减轻压力,消除烦恼。

(二) 自我概念与解决问题相关研究的讨论分析

研究结果显示,解决问题这种应对方式与除自我批评以外的维度呈显著正相关,可见自我概念越高的人越多使用解决问题这种成熟型应对方式。这与王振宏等人的研究结果一致。这类人在遇到困难与挫折时,能理智地应付困境,努力寻找解决问题的办法。在遇到难题时,他们对自己充满自信,相信自己解决问题的能力,并且能够很好地学习并吸取他人的经验,制订出解决难题的计划努力去应付困难。他们常常能看到坏事中好的一面,并且付诸行动使情况向好的一面转化。在遇到冲突与不快时,他们习惯于用幽默或玩笑的方式来缓解。

(三) 自我概念与求助相关研究的讨论分析

研究结果显示,求助这种应对方式与除自我批评以外的维度呈显著正相关,可见自我概念越高的人越多使用求助这种成熟型应对方式。该研究结果与谈文娟的研究结果相同[①]。这类人在遇到困难时会请求别人的帮助,与别人一起讨论解决问题的方法,向有经验的人求教。在遇到烦恼时,他们并不会把不愉快埋在心里,不会压抑自己心中的愤怒与不满,而是会向他人诉说心中的烦恼,寻求他人的理解和同情,以此来减轻烦恼。

(四) 自我概念与退避相关研究的讨论分析

研究结果显示,退避这种应对方式与除自我批评以外的维度呈显著负相关,可见自我概念越低的人越倾向于使用退避这种不成熟的应对方式。该结论与郑开梅等人的研究结果一致。这类人常常感叹生活不易,面对生活中的困难习惯选择逃避,任其发展。他们会借烟、酒以及睡觉等逃避的方法来对待问题,因为他们认为自己解决问题的能力有限。他们不愿过多思考影响自己情绪的问题,更多地以无所谓的态度来掩饰自己内心的感受。

(五) 自我概念与自责相关研究的讨论分析

研究结果显示,自责这种应对方式与除自我批评以外的维度呈显著负相关,可见自我概念越低的人越倾向于使用自责这种不成熟的应对方式。该结论与何国刚等人的研究结果一致。这类人在遇到困难与挫折时,常常自暴自弃,自卑自怜。面对难以解决的

---

① 谈文娟.大学生自我概念与自信水平、应对方式的相关研究[J].江苏教育学院学报(社会科学版),2009,25(2):39-41.

问题,他们常常怪自己没出息,觉得自己很无能。在遭遇一些不好的事情时,他们会觉得都是自己的运气不好,常常压抑自己心中的愤怒与不满。

(六)自我概念与合理化相关研究的讨论分析

研究结果显示,合理化这种应对方式与自我认同、自我满意、自我行动、生理自我以及心理自我呈显著负相关,与自我批评呈显著正相关,而与道德自我、家庭自我、社会自我以及自我总分没有显著相关性。该结论与李丹、洪恬等人的结论相一致。可见采用合理化的方式来应对的个体,有时表现的应对行为较成熟,而有时表现的应对行为又有所欠缺。这类人能够认识到挫折是对自己的一种考验,面对烦恼也能平心静气地淡化它。但同时这类人倾向于外归因,与人发生冲突时认为是他人性格问题,遭遇失败时也认为多是外因所致,并不认为自身有所问题。

五、结论与建议

基于前述研究过程和结果,本研究结论有以下:

(1)成熟的应对方式(解决问题和求助)与除自我批评以外的自我概念维度成正相关,其中解决问题与自我批评成负相关,求助与自我批评不存在显著相关。(2)不成熟的应对方式(自责、幻想和退避)与除自我批评以外的自我概念维度成负相关,与自我批评成正相关。(3)混合型应对即合理化与自我认同、自我满意、自我行动、生理自我和心理自我成负相关,与自我批评成正相关,而与道德自我、家庭自我、社会自我以及自我总分不存在显著相关。(4)总体上,青少年自我概念与应对方式存在显著相关,自我概念对应对方式有直接性影响。高自我概念的青少年越倾向于采用成熟的应对方式(解决问题和求助),而自我概念较低的青少年则较多采用自责、幻想、退避这类不成熟的应对方式。

在青少年成长过程中,学校应该加强心理健康教育,积极引导青少年正确认识和评价自己,帮助学生更好地形成积极客观的自我概念,使学生面对压力、挫折时能更多地采取积极的应对方式。

第一,建议班级设立心理委员,关注学生心理健康问题。由于一对多的教学模式以及学生与教师之间的距离感,有时教师可能对学生的关注不够,不能随时掌握学生动态。设立心理委员的职务,让其在日常生活与接触中了解其他同学的心理状况,能够及时采取有效的措施,帮助其改善心理状况,培养健全人格。

第二,学校要注重对学生的引导,帮助其正确认识自己。学校应该大力引进专业人才,开展团体心理辅导或心理咨询活动,增加开设心理学的相关课程或讲座,帮助学生更好地认识自我、相信自我、接受自我,引导学生形成更为积极的自我概念。

第五节 孤独症青少年的睡眠状况:基于主客观指标的元分析

睡眠问题在孤独症患者中较为常见,并且可能会加重孤独症的相关症状。然而,目前尚缺乏孤独症青少年主观和客观睡眠指标变化的综合证据。因此,本研究对孤独症青少年的主观和客观睡眠指标进行了系统评价和元分析。

一、问题提出

睡眠障碍是孤独症患者的常见问题。虽然睡眠障碍尚未被纳入孤独症的诊断标准,却有不少研究报告睡眠障碍是孤独症患者的共病并且对患者的认知能力和日间正常功能造成困扰[1]。

为了更好地分析睡眠障碍与孤独症的关系,埃洛德等人基于实证研究进行了元分析[2]。不过该元分析所纳入的研究仅限于使用多导睡眠监测仪等对睡眠障碍进行的客观测量。虽然这样的客观测量相对严格,但当事人或家长对睡眠障碍的主观报告,却具有更好的生态效度,也更便于对睡眠障碍的过程监测。此外,埃洛德等人的元分析发表于2015年,在此之后该领域又新发表了一些实证研究。因此,基于客观指标和主观指标以及研究时效性,对孤独症青少年患者和正常青少年的睡眠障碍进行系统评价和元分析是很有必要的。

二、研究方法

本研究遵循了系统综述PRISMA声明,方案已在PROSPERO平台注册,注册号为CRD42018100016。

(一)文献收集

本研究主要检索了PubMed、OVID、ERIC、Web of Science四大数据库。此外也进行了手工检索。

纳入标准包括:(1)比较孤独症青少年与正常青少年主观睡眠指标或客观睡眠指标的对照研究;(2)孤独症的诊断符合美国精神疾病诊断与统计手册(DSM-3、DSM-4和DSM-5)或国际疾病诊断与分类(ICD-9、ICD-10)标准或经过临床诊断

---

[1] Elrod M G , Nylund C M, Susi A L, et al. Prevalence of Diagnosed Sleep Disorders and Related Diagnostic and Surgical Procedures in Children with Autism Spectrum Disorders[J]. Journal of Developmental and Behavioral Pediatrics,2016(37):377-384.

[2] Elrod M G , Hood B S. Sleep differences among children with autism spectrum disorders and typically developing peers: a meta-analysis[J].Journal of Developmental and Behavioral Pediatrics,2015(36):166-177.

确定。仅使用问卷调查的研究不在此列；(3) 提供了主观睡眠指标或客观睡眠指标。主观睡眠指标包括睡前阻力、入睡延迟、睡眠持续时间、睡眠效率、睡眠障碍、日间功能障碍和睡眠恢复性（即醒来后感觉休息良好）等。客观睡眠指标包括多导睡眠监测仪的指标和活动图指标。多导睡眠监测仪的指标为总体睡眠时间、入睡潜伏期、每个睡眠阶段时间、快速眼动潜伏期、睡眠效率和睡后觉醒时间。活动图指标包括入睡潜伏期、真实睡眠、假设睡眠时间、实际清醒时间和睡眠效率。

（二）数据提取

提取数据包括：(1) 发表年份、国别等发表信息；(2) 临床研究或基于人群的研究；(3) 被试人数、平均年龄、性别分布、社会经济地位、孤独症的诊断标准和用药状态；(4) 各项指标的平均值和标准差。

（三）偏差评估风险

本研究使用纽卡斯尔—渥太华量表对每项研究进行评估。该量表主要包括 8 个条目 3 大块内容。8 个条目为：孤独症的定义与诊断是否恰当、孤独症的代表性、对照组的选择、对照组的定义、孤独症与对照组的可比性、暴露的确定、两组的调查方法是否相同、无应答率。3 大块为人群选择、可比性和结果评价。

（四）统计分析

本研究使用 CMA3.0 中的随机效应模型计算每个睡眠指标标准化均值差（SMD）。各研究之间的异质性程度用科克伦 Q 和 I^2 进行判别。发表偏倚使用 Egger 测试和漏斗图判别。

三、研究结果

本研究从 6 484 篇非重复的文献中筛选出 47 项数据（来自 48 篇参考文献）纳入元分析（见图 4-5-1）。表 4-5-1 显示了纳入元分析的研究的主要特征。所有研究均为横断面研究，纽卡斯尔—渥太华量表的平均质量得分为 5.9/9。主观睡眠指标来自 37 项研究，客观睡眠指标来自 15 项研究（1 项研究同时使用了多导睡眠监测仪和体动记录仪，8 项研究只使用了多导睡眠监测仪，6 项研究只使用了体动记录仪）。报告主观睡眠指标的研究人数最少为 75 人，最多为 5 430 人。报告客观睡眠指标的研究人数最少为 144 人，最多为 312 人。有两项研究报告了两个不同小组的睡眠数据，我们将他们视为两个独立样本纳入整体的元分析之中。

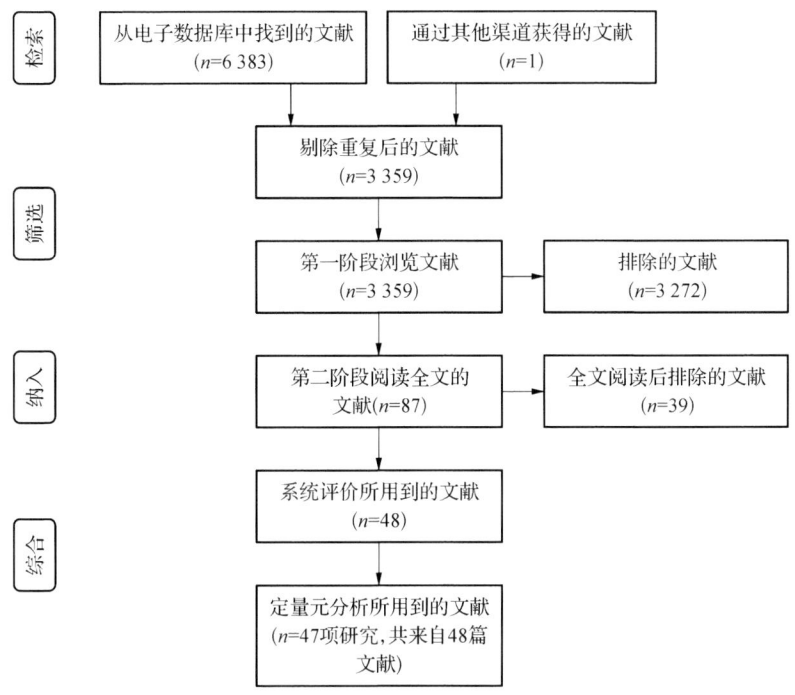

图 4-5-1 文献筛选流程图

表 4-5-1 纳入研究基本特征表

作者/年份	国家/地区	孤独症诊断	孤独症	对照组	睡眠指标
Aathira,2017	印度	DSM-IV	71	65	主观指标
Al-Farsi,2018	阿曼	DSM-V-TR	122	90	主观指标
Allik,2006	瑞典	ICD-10	32	32	体动记录仪/主观指标
Baker,2013	澳大利亚	临床诊断	27	27	体动记录仪/主观指标
Bruni,2007	意大利	ICD-10 DSM-IV	18	12	多导睡眠监测仪
Chou,2012	中国	DSM-IV	110	110	主观指标
Cotton,2006	澳大利亚	临床诊断	37	55	主观指标
Cotton,2010	澳大利亚	临床诊断	34	33	主观指标
Couturier,2005	加拿大	DSM-IV	23	23	主观指标
Elia,1991	意大利	DSM-III-R	4	5	多导睡眠监测仪
Elia,2000	意大利	DSM-IV	17	5	多导睡眠监测仪
Giannotti,2008	意大利	DSM-IV-TR	104	162	主观指标
Giannotti,2011	意大利	DSM-IV-TR	40	12	多导睡眠监测仪
Guler,2016	土耳其	DSM-5	60	60	主观指标

续 表

作者/年份	国家/地区	孤独症诊断	孤独症	对照组	睡眠指标
Han,2017	中国	DSM-5	212	334	主观指标
Harder,2016	美国	临床诊断	21	23	多导睡眠监测仪
Henderson,2011	美国	临床诊断	58	57	主观指标
Hirata,2016	日本	DSM-5	193	965	主观指标
Hodge,2014	美国	DSM-IV-TR	108	108	主观指标
Hoffman,2006	美国	DSM-IV-TR	106	168	主观指标
Inamuna,1984（<4岁）	日本	ICD-9	11	16	主观指标
Inamuna,1984（≥4岁）	日本	ICD-9	19	17	主观指标
Kelmanson,2018	俄罗斯	DSM-5	18	54	主观指标
Kheirouri,2016	伊朗	DSM-IV-TR	35	31	主观指标
Lambert,2016	加拿大	DSM-IV	11	13	多导睡眠监测仪/主观指标
Levin,2016	以色列	DSM-IV	34	31	主观指标
Li,20123-5	中国	DSM-IV	49	49	主观指标
Li,20126-12	中国	DSM-IV	35	42	主观指标
Lopez_Wagner,2008	美国	DSM-IV	106	168	主观指标
Malow,2009	美国	临床诊断	93	64	主观指标
Maski,2015	美国	临床诊断	22	20	多导睡眠监测仪/体动记录仪/主观指标
Matsuoka,2014	日本	DSM-IV-TR	31	372	主观指标
May,2015	澳大利亚	DSM-IV-TR	46	38	主观指标
Miano,2007	意大利	DSM-IV	16	18	多导睡眠监测仪
Mutluer,2016	土耳其	DSM-5	64	53	主观指标
Paavonen,2008	芬兰	DSM-IV ICD-10	52	61	主观指标
Pace,2016	法国	DSM-5	19	19	体动记录仪
Park,2012	韩国	DSM-IV-R	166	111	主观指标
Patzold,1998	澳大利亚	DSM-III DSM-III-R	38	36	主观指标
Phung,2017	美国	临床诊断	19	10	体动记录仪/主观指标
Richdale,1995	澳大利亚	DSM-III DSM-III-R	12	35	主观指标

续 表

作者/年份	国家/地区	孤独症诊断	孤独症	对照组	睡眠指标
Souders,2009	美国	DSM-IV-TR	59	40	体动记录仪/主观指标
Tessier,2015	加拿大	DSM-IV-TR	13	13	多导睡眠监测仪
Tzischinsky,2018	以色列	DSM-5	69	62	主观指标
van der Heijden,2018	荷兰	DSM-IV	68	243	主观指标
Yang,2018	中国	DSM-IV	169	172	主观指标

（一）主观睡眠指标的变化情况

研究结果显示,在以下维度青少年孤独症患者显著高于对照组:睡前阻力[$SMD=1.00,95\%CI=(0.67,1.33)$]、入睡延迟[$SMD=0.98,95\%CI=(0.66,1.29)$]、睡眠焦虑[$SMD=0.96,95\%CI=(0.61,1.32)$]、夜间醒来[$SMD=0.72,95\%CI=(0.44,1.01)$]、异态睡眠[$SMD=0.88,95\%CI=(0.60,1.15)$]、睡眠呼吸障碍[$SMD=0.48,95\%CI=(0.28,0.67)$]、白天嗜睡[$SMD=0.34,95\%CI=(0.16,0.52)$]、入睡潜伏期（分钟）[$SMD=0.81,95\%CI=(0.59,1.02)$]、睡眠恢复性[$SMD=0.81,95\%CI=(0.59,1.02)$]和一般睡眠问题[$SMD=0.93,95\%CI=(0.67,1.20)$]。青少年孤独症患者的睡眠时间也更短[$SMD=-0.88,95\%CI=(-1.18,-0.57)$]。相比之下,孤独症青少年在睡眠质量、睡眠效率和睡眠时间（分钟）方面与对照组没有显著差异。除了睡眠效率和入睡潜伏期外,几乎所有的主观睡眠指标都具有统计学意义的异质性（$I^2=81\%\sim95\%$）。在 14 个主观睡眠指标中有 5 个存在发表偏倚:睡眠时间（$t=2.019,p=0.040$）、睡眠焦虑（$t=2.69,p=014$）、异态睡眠（$t=3.30,p=0.003$）、白天嗜睡（$t=2.26,p=0.032$）和一般睡眠问题（$t=2.31,p=0.028$）（见表 4-5-2）。

（二）客观睡眠指标的变化情况

孤独症青少年在使用多导睡眠监测仪测量睡眠模式的几个客观指标上与对照组有显著差异。具体而言,孤独症青少年总体睡眠时间较少[$SMD=-0.90,95\%CI=(-1.51,-0.30)$],入睡潜伏期较长[$SMD=0.53,95\%CI=(0.21,0.86)$],第一阶段睡眠时间长[$SMD=0.48,95\%CI=(0.06,0.90)$],快速眼动睡眠时间短[$SMD=-0.88,95\%CI=(-1.56\sim-0.21)$],睡眠效率较低[$SMD=-1.20,95\%CI=(-1.98,-0.41)$],睡后觉醒时间长[$SMD=0.49,95\%CI=(0.11,0.87)$]。然而,在快速眼动潜伏期这一指标上,孤独症青少年组和对照组之间没有显著差异。在体动记录仪的几个指标上,两组之间仅在入睡潜伏期方面存在显著差异。孤独症青少年的入睡潜伏期明显长于对照组[$SMD=0.80,95\%CI=(0.55,1.05)$]。除了多导睡眠监测仪的入睡潜伏期和睡后觉醒时间指标,几乎所有的客观睡眠指标都存在异质性（$I^2=55\%\sim85\%$）。在 Egger's 检验和漏斗图中没有发现发表偏倚。保留无共病、无药物服用的孤独症被试做敏感性分析,结果与主分析的结果基本一致（见表 4-5-3）。

表 4-5-2 主观睡眠指标结果一览表

睡眠指标	文献数	样本量	SMD (95% CI)	Z	P	异质性 Q	异质性 p	I^2	Egger's 检验 t	Egger's 检验 p
睡前阻力	21	3 589	1.00 (0.67, 1.33)	5.98	<0.001	362.85	<0.001	94	2.00	0.059
入睡延迟	22	3 636	0.98 (0.66, 1.29)	6.03	<0.001	362.72	<0.001	94	2.09	0.049
睡眠时间	22	3 376	−0.88 (−1.18, −0.57)	−5.69	<0.001	304.14	<0.001	93	2.19	0.040
睡眠焦虑	20	3 312	0.96 (0.61, 1.32)	5.30	<0.001	375.97	<0.001	95	2.69	0.014
夜间醒来	20	3 312	0.74 (0.44, 1.05)	4.81	<0.001	274.60	<0.001	93	1.26	0.222
异态睡眠	22	4 747	0.88 (0.60, 1.15)	6.24	<0.001	330.97	<0.001	94	3.30	0.003
睡眠呼吸障碍	24	4 129	0.48 (0.28, 0.67)	4.80	<0.001	181.14	<0.001	87	1.06	0.299
白天嗜睡	28	5 430	0.34 (0.16, 0.52)	3.62	<0.001	226.25	0.001	88	2.26	0.032
一般睡眠问题	27	5 291	0.93 (0.67, 1.20)	6.97	<0.001	409.23	<0.001	94	2.31	0.028
睡眠质量	3	155	0.24 (−1.05, 1.52)	0.36	0.72	27.38	<0.001	93	0.41	0.752
睡眠效率	2	75	−0.28 (−1.08, 0.51)	0.68	0.49	2.63	0.11	62		
入睡潜伏期(分钟)	6	787	0.81 (0.59, 1.02)	7.33	<0.001	7.82	0.17	36	0.94	0.198
睡眠时间(分钟)	6	766	−0.32 (−0.74, 0.11)	1.47	0.14	31.78	<0.001	84	0.08	0.939
睡眠恢复性	2	91	0.13 (−0.96, 1.23)	0.24	0.81	5.23	0.02	81		

表 4-5-3 客观睡眠指标结果一览表

睡眠指标	文献数	样本量	SMD (95% CI)	Z	P	异质性 Q	异质性 p	异质性 I^2	Egger's 检验 t	Egger's 检验 p
多导睡眠监测仪										
总体睡眠时间	8	247	−0.90 (−1.51, −0.30)	−2.93	0.004	29.76	<0.0001	76	0.35	0.734
入睡潜伏期	7	211	0.53 (0.21, 0.86)	3.26	0.001	7.06	0.32	15	0.24	0.818
阶段 1 睡眠	8	247	0.4 (0.06, 0.90)	2.25	0.02	15.67	0.03	55	0.37	0.723
阶段 2 睡眠	8	247	0.12 (−0.50, 0.73)	0.37	0.71	33.06	<0.0001	79	1.15	0.292
慢波睡眠	8	247	−0.15 (−0.83, 0.53)	0.43	0.66	41.08	<0.001	83	0.56	0.596
快速眼动潜伏期	7	211	−0.03 (−0.48, 0.42)	0.13	0.90	13.79	0.03	56	0.42	0.689
快速眼动睡眠	9	273	−0.88 (−1.56, −0.21)	2.56	0.01	46.07	<0.001	83	1.47	0.182
睡眠效率	7	238	−1.20 (−1.98, −0.41)	2.99	0.003	40.31	<0.001	85	1.76	0.138
睡后觉醒时间	7	211	0.49 (0.11, 0.87)	2.53	0.01	9.67	0.14	38	0.75	0.485
体动记录仪										
入睡潜伏期	5	276	0.80 (0.55, 1.05)	6.23	<0.001	2.49	0.65	0.00	0.36	0.745
真实睡眠	6	301	−0.04 (−0.38, 0.30)	0.24	0.81	9.65	0.09	48	1.74	0.156
睡眠时间	2	144	−0.14 (−0.47, 0.20)	0.80	0.42	0.05	0.83	0.00		
觉醒时间	4	237	0.12 (−0.14, 0.38)	0.92	0.36	2.03	0.57	0.00	0.45	0.697
睡眠效率	6	312	−0.16 (−0.54, 0.22)	0.82	0.41	13.20	0.02	62	0.91	0.416

四、讨论分析

本研究是第一项同时使用主观指标和客观指标探讨孤独症患者睡眠障碍问题的元分析。本研究发现,与正常发育的青少年相比,孤独症青少年呈现出更多的睡眠障碍,在主观指标和客观指标上均有所体现。

本研究结果与以往元分析的结果是一致的。与正常发育的青少年相比,孤独症青少年的总体睡眠时间更短,入睡潜伏期更长,睡眠效率更低。不过需注意的是,使用体动记录仪得到的生理指标与多导睡眠监测仪并不完全一致。体动记录仪结果显示,孤独症青少年只有在入睡潜伏期上与正常发育的青少年存在显著差异。

值得注意的是,尽管之前埃洛德等人进行的元分析将多导睡眠监测仪和体动记录仪的睡眠结果合并[1],调节分析显示,睡眠评估方法对睡眠效率存在显著影响。具体来说,孤独症青少年组和对照组在活动图睡眠效率方面没有差异,这与我们的研究结果较为一致。我们的工作再次支持了埃洛德的元分析结果,并将结果扩展到孤独症青少年的主观睡眠指标上。孤独症青少年存在相当多的睡眠问题。这些青少年遭受着更多的睡前阻力、睡眠焦虑、睡眠呼吸障碍和睡眠异常以及更长的入睡潜伏期和更多的白天嗜睡问题。然而,总体睡眠时间的一致性较差,这与测量估计有关,如睡眠问卷得分或以分钟为单位进行的估计。尽管得分高于一般睡眠问题,孤独症青少年的主观睡眠质量(共3篇文献)和主观睡眠效率(共2篇文献)与其他青少年并不存在显著差异。鉴于这些结果所依赖的研究数量较少,对这一结果的解释需要谨慎。

基于主观测量的结果通常与通过客观指标得到的结果不一致。例如,依据父母的主观报告结果,孤独症青少年组和对照组在睡眠时间方面没有显著差异。但是基于多导睡眠监测仪测量的结果,孤独症青少年的总体睡眠时间明显低于正常青少年,这反映了主观和客观测量之间的不匹配。实际上,早期比较孤独症儿童和其他神经发育障碍儿童的研究已经报道了主观和客观睡眠测量之间的差异[2][3]。客观测量通常反映的是被试一两个晚上的睡眠情况,而主观测量反映了父母所了解的被试较长时间内的睡眠情况。考虑到主观和客观睡眠测量各自的优点和局限性,我们建议将它们被视为相互补充的信息。

即使在睡眠客观指标的研究中,一些明显相似的指标之间也存在一些不一致之处。值得注意的是,用多导睡眠监测仪测量时,孤独症青少年与其他青少年的睡眠效

---

[1] Elrod M G, Hood B S. Sleep differences among children with autism spectrum disorders and typically developing peers: a meta-analysis[J]. Journal of Developmental and Behavioral Pediatrics, 2015(36): 166-177.

[2] Choi J, Yoon I Y, Kim H W, et al. Differences between objective and subjective sleep measures in children with attention deficit hyperactivity disorder[J]. Journal of Clinical Sleep Medicine, 2010(6): 589-595.

[3] Cortese S, Faraone S V, Konofal E, et al. Sleep in children with attention-deficit/hyperactivity disorder: meta-analysis of subjective and objective studies[J]. Journal of the American Academy of Child & Adolescent Psychiatry, 2009(48): 894-908.

率存在显著差异,但通过体动记录仪评估时却未发现差异。多导睡眠监测仪(通常在实验室中实施)和体动记录仪(在家庭环境中)的生态效度在一定程度上有助于解释这些差异。

本研究结果可能受到共病和药物的影响。例如,在纳入的研究中,至少有19%(7/37)的研究报告了癫痫和注意力缺陷或多动障碍等共病因素,有35%(13/37)的研究提到了兴奋剂、褪黑素等药物摄入。事实上,精神疾病共病对睡眠的影响已经在研究中得到了一致的报道。药物对睡眠模式的影响也被很好地记录下来[①②]。因此,本研究的元分析结果可能受到参与者的共病或药物摄入因素的影响。此外,因为没有足够的研究来分析细分和活动指标,我们基于仅包括无共病和未用药的研究的敏感性分析结果,只适用于使用多导睡眠监测仪的研究结果。

除了共病和药物的可能影响外,孤独症青少年出现睡眠障碍的原因是比较复杂的。如功能失调的睡前行为,可能会扰乱睡眠,特别是入睡潜伏期的延长。也有越来越多的证据表明,内分泌和遗传等生物因素会影响孤独症青少年的昼夜节律和睡眠模式。由于遗传和表观遗传异常导致了褪黑素合成和降解的关键酶的变化,血液中褪黑素水平的变化导致了孤独症患者的睡眠问题,同样,一些研究发现,控制机体昼夜节律钟的基因可能受损,从而影响了孤独症青少年预测和调整包括睡眠模式在内的环境适应能力[③④]。

本系统评价的结果有如下优势:第一,进行了提前注册,减少了报告偏差的风险。第二,对常用的几个数据库进行全面和系统的检索,以确保筛选研究的数量和质量。第三,使用纽卡斯尔—渥太华量表对文献质量进行了评定。本研究还存在一些不足:第一,大多数被纳入的研究是异质性的。虽然可以使用随机效应模型进行数据合并,但是合并效应值不能适当地总结来自所有数据集的结果。第二,虽然我们努力进行全面的搜索,但仍存在一定的发表偏倚,这提示今后该领域的研究结果报告需要更透明。

五、结论与建议

主观指标和客观指标都显示青少年孤独症患者容易出现更多的睡眠困难。这可能为孤独症的早期发现和治疗提供了新途径。建议临床医生在初次评估和随访期间更多

---

① Kryger M, Roth T, Dement W C. Principles and Practice of Sleep Medicine[M]. Amsterdam: Elsevier Inc, 2017.
② Chokroverty S. Sleep Disorders Medicine. Basic Science, Technical Considerations and Clinical Aspects[M]. Amsterdam: Elsevier Inc, 2009.
③ Tordjman S, Anderson G M, Pichard N, et al. Nocturnal excretion of 6-sulphatoxymelatonin in children and adolescents with autistic disorder[J]. Biological Psychiatry, 2005(57): 134–138.
④ Pagan C, Goubran-Botros H, Delorme R, et al. Disruption of melatonin synthesis is associated with impaired 14-3-3 and miR-451 levels in patients with autism spectrum disorders[J]. Scientific Reports, 2017(7): 2096.

关注孤独症青少年的睡眠变化情况,如可以使用 Owens 儿童睡眠习惯问卷等问卷来筛查睡眠问题[1][2]。

在共病因素和药物的影响方面,尽管元分析并未发现共病因素和药物对客观睡眠指标的影响,未来研究还需进一步关注那些不存在共病且未服用药物的被试。

---

[1] Bruni O, Ottaviano S, Guidetti V, et al. The Sleep Disturbance Scale for Children (SDSC). Construction and validation of an instrument to evaluate sleep disturbances in childhood and adolescence[J]. Journal of Sleep Research,1996(5):251

[2] Owens J A, Spirito A, McGuinn M. The Children's Sleep Habits Questionnaire (CSHQ): psychometric properties of a survey instrument for school-aged children[J]. Sleep,2000(23):1-9.

第五章　青少年心理健康干预的循证研究

第一节　青少年焦虑干预效果的系统评价与元分析

焦虑是青少年常见的心理健康问题。学界在青少年焦虑的心理干预方面已有了大量研究,但是焦虑的心理干预是否有效,何种干预方法更为有效,这些问题均需要进一步总结。为了探究心理干预对青少年焦虑的影响,找出最有效降低青少年焦虑的心理干预手段,本研究于2022年2月26日检索了中国知网、万方、维普等数据库,对国内以青少年为被试、采取实验组对照组研究设计,以焦虑得分为结果变量的实证研究进行元分析,效果量为实验组控制组后测焦虑分数标准化均属差 SMD,采用的软件为 CMA 3.0。结果:(1) 共纳入57篇符合标准的文献,涉及5 191名青少年,其中实验组2 639人,对照组2 552人。实验组的主要干预方法包括认知行为疗法、正念、沙盘游戏、音乐疗法和催眠;对照组均为未接受任何形式的干预。焦虑总体干预效果的效果量是$-1.594(-1.872,-1.316)$,但是存在较大的发表偏倚。(2) 在不同结局指标方面,对考试焦虑、社交焦虑、自评焦虑的干预效果是有效的,对特质焦虑和状态焦虑的干预效果不明显。(3) 在干预方法方面,认知行为疗法、正念、沙盘游戏、音乐治疗是有效的,效果量值依次是-1.487、-1.820、-1.111、-1.191,催眠和其他方法干预效果不明显。总体而言,青少年焦虑的心理干预是有效的,对社交焦虑和考试焦虑这两个结局指标的改善效果更好,认知行为疗法和正念的干预效果更大。但是这一结果的解释需要谨慎,因为存在较大异质性和偏倚,这一领域将来还需要更多高质量的研究。

一、问题提出

焦虑是青少年心理健康的突出问题,其检出率呈现出上升趋势。焦虑通常是一种与现实刺激有关的情绪反应,通常含有着急、忧虑、挂念、紧张不安等成分。西方国家青少年焦虑检出率为15%～20%，我国不同地区青少年焦虑检出率为1.77%～31.9%[1]。2010年全国青少年健康人格工程课题组的调查数据显示，我国青少年至少有3 000万人受情绪问题和行为问题困扰，青少年焦虑情绪发生率在1992—2005年间增加了8%。

考试焦虑和社交焦虑是青少年的常见焦虑类型。考试焦虑是考试者在考试测验或其他需要评价的情境下产生的一种以紧张为主要表现的情绪情态，是偏向消极的一种情绪反应[2]。社交焦虑又称交往焦虑，指对人际处境有强烈担忧或恐惧的情绪反应和回避行为[3]。

青少年焦虑抑郁情绪的治疗主要是药物治疗和心理干预。考虑到药物治疗的不良反应和副作用，很多研究者提倡以心理干预为主的综合治疗方法。目前根据青少年焦虑情绪的特点及其影响因素，心理干预手段主要有认知行为治疗、正念训练治疗、催眠疗法、箱庭疗法（沙盘游戏疗法）以及音乐疗法等。

认知行为治疗可以有效改善青少年的焦虑抑郁情绪，这已被很多研究证实。黄爱华通过健康教育、认知重建、系统脱敏、内外暴露以及社交技能训练五部分结合的团体心理辅导对某高职院校大专班学生进行干预，有效降低了学生的社交焦虑[4]；安琪利用合理情绪疗法对太原的学生进行会谈咨询[5]，有效降低了学生的考试焦虑。付迎春以游戏形式开展团体辅导，有效降低了学生的考试焦虑，这说明认知行为疗法为理论基础的团体辅导可以有效地降低学生的焦虑[6]。

正念训练对青少年的焦虑有着一定的缓解作用。熊梦娇采用正念缓解焦虑、社交回避及苦恼的个案设计对某校中专生进行了为期六周的正念聚焦咨询，得出结论持续六周的正念训练可以有效降低中专生的特质焦虑，减少社交回避行为和社交苦恼感受且更容易被青少年接受和应用[7]。梁红丽运用正念瑜伽联合心理干预的方法，通过实验组对照组研究对比，有效缓解了青少年的焦虑情绪[8]。

催眠疗法是指运用科学的生理放松、心理诱导与暗示等方法使人进入意识活动相对抑制的催眠状态（潜意识状态）后，对人的心理与生理状况加以科学调控的医疗技术[9]。催眠暗示是催眠治疗的一个核心内容，研究发现暗示的内容越具体，催眠后的效

---

[1] 韩晓鹏,耿峰,刘波.青少年焦虑情绪与家庭环境及心理弹性之间的关联研究[J].临床和实验医学杂志,2021,20(24):2652-2655.
[2] 段添翼.初三学生考试焦虑干预研究[D].北京师范大学,2016.
[3] 张蕊.初中生交往焦虑的干预研究[D].陕西师范大学,2015.
[4] 黄爱华,李磊,唐英.认知行为疗法对高职护生社交焦虑的团体干预研究[J].医药前沿,2014(4):73-74.
[5] 安琪.理性情绪疗法改善高中生考试焦虑的个案研究[D].山西大学,2015.
[6] 付迎春,王晓朵,符争辉,季建林.心理干预对中学生考试焦虑疗效的初步研究[J].上海精神医学,2008(03):159-161.
[7] 熊梦娇.正念专注力训练对青少年特质焦虑、社交回避及苦恼的影响[D].江西:江西师范大学硕士毕业论文,2016:25.
[8] 梁红丽,朱秀娣,张筱诗,黄生万,许素芃,林辛霞,李燕红.正念瑜伽联合心理干预在住院期间青少年情绪障碍中的应用[J].齐鲁护理杂志,2021,27(23):69-72
[9] 蒋平.催眠疗法应遵循的五大哲学观[J].医学与哲学,1998(01):46-48.

果越好①。单珊对考研焦虑的学生进行了历时四个月的催眠干预,被试在焦虑问卷上的得分显著降低,这意味着团体催眠可以明显降低学生考试焦虑,是一种减少学生考研焦虑的一种有效方法②。

还有学者探讨了沙盘游戏疗法对青少年焦虑的干预效果。在保证给来访者提供"自由而受保护"的空间的同时,沙盘咨询师以母亲般的关怀来包容和接纳来访者,这种对来访者积极关注的治疗氛围有利于社交焦虑的学生在咨询中放下内心的担忧与恐惧,从而大胆地表现自我、开放自我③。而且沙盘游戏疗法操作简单,适用于如今国内专业心理健康教师较为缺乏的情况④。

用音乐来缓解学生的焦虑是一个探索性课题,目前国内对于该课题的研究并不多见,甚至可以说还比较薄弱⑤。孙福兵给音乐疗法进行了详细的分类:按被试是否参与音乐演奏分为主动音乐疗法和被动音乐疗法;按被试人数分为集体音乐疗法和个别音乐疗法;按是否以音乐治疗为主分为主导音乐疗法和辅助音乐疗法;按被试有无音乐治疗师指导分为自发音乐疗法和自觉音乐疗法⑥。李雪芹的研究表明音乐疗法可有效缓解焦虑⑦,但其研究局限性在于被试样本小,且来自同一学校,结果不具有普遍性。因此,音乐疗法对青少年焦虑的干预研究有很好的前景。

基于上述已有研究,关于青少年焦虑效果影响的研究还不是特别充分,对之进行探讨有助于为青少年焦虑情绪研究增加理论贡献及实践指导。本研究拟对青少年较为普遍的考试焦虑,社交焦虑等焦虑类型进行研究,力争探究不同的心理干预方式对青少年焦虑的影响,以期更有效地解决青少年焦虑问题。

二、研究方法

(一)文献检索策略

2022年2月28日本研究在中国知网、万方和维普等数据库进行检索。中文检索词包括"焦虑""过度警觉""紧张""社交焦虑"等。

(二)文献纳入与排除标准

根据文章选取的标准,初步检查文献的题目、摘要,去除纯综述类文献、重复发表

---

① 周爱保,姜艳斐,袁彦,安花花,常晓春,张润娥.团体催眠对高三学生考试焦虑的改善作用[J].中国心理卫生杂志,2012,26(5):363-367.
② 单珊,潘明,李凯悦.催眠疗法介入团体辅导以缓解大学生考研焦虑的对比研究[J].科学中国人,2017(18):37.
③ 来顺杰,李灵.沙盘游戏治疗缓解中学生社交焦虑的个案探究[J].社会心理科学,2016,1(1):61-63.
④ 沈丽.团体沙盘游戏对高职学生焦虑的干预影响探讨[J].产业与科技论坛,2021,20(21):78-79.
⑤ 刘春艳,周秀芳.接受式音乐疗法对缓解中学生考试焦虑的作用[J].教育探索,2009(4):119-120.
⑥ 孙福兵.学校心理辅导中音乐疗法的应用[J].职业技术教育,2008(32):89-89.
⑦ 李雪芹,许秀芬,王华荣.团体音乐治疗对青少年社交焦虑的干预研究[J].遵义师范学院学报,2016,18(5):134-136.

的文献,再删除没有明确数据以及研究对象不在筛选范围内等不符合标准的文献,最后总共有57篇文献符合标准并录入本元分析研究中。对文献检索结束以后进行筛选,提取出有用的信息,文献纳入的标准为:(1)采用了考试焦虑量表如Sarason考试焦虑量表(TAS)、考试焦虑诊断量表(TAT)或其他焦虑量表,如交往焦虑量表(IAS)或社交回避与苦恼量表(SADm)等;(2)提供了被试人数、平均数、标准差或其他可以转化为SMD的参数,如t,p等;(3)严格使用实验组—对照组前后测实验法的数据;(4)文献语言为中文。

(三)变量编码

提取作者、发表年代、被试区域、被试年龄、实验组干预措施、对照组干预措施、干预持续时间、焦虑测评工具、样本大小、焦虑分数等信息并录入表格中,在收集的文献中,心理干预手段对焦虑影响的研究之间相关关系都是用标准化均数差SMD来表示的。使用CMA 3.0中的随机效应模型,并用I^2评估和测量异质性,使用Egger检验发表偏倚。

三、研究结果

(一)纳入研究的基本特征

各个阶段文献筛选数量见图5-1-1。本研究共找到3584篇文献,最终符合纳入标准的文献57篇。文章的时间跨度为2002年到2021年,其中实验组被试共2655人,对照组被试共2570人。文章内若有相关子研究的,将子研究算作单独的研

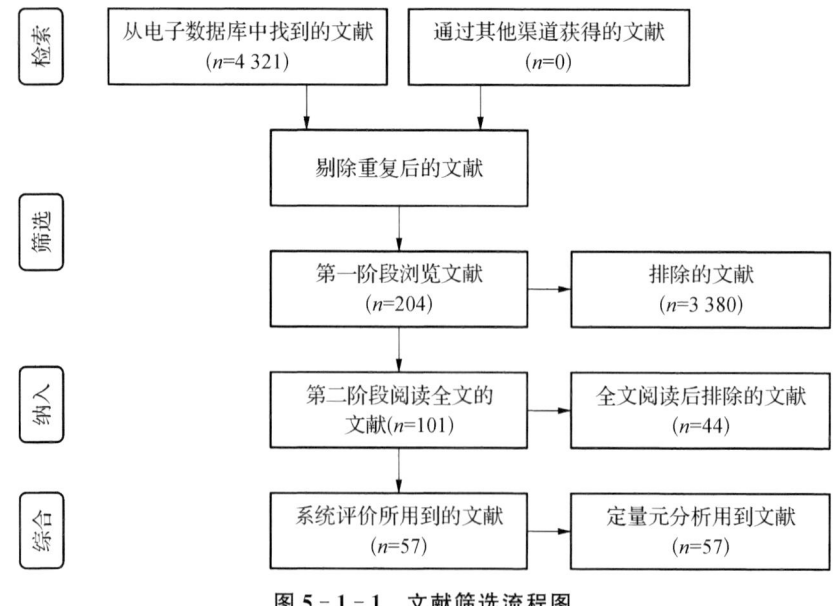

图5-1-1 文献筛选流程图

究。最后有关考试焦虑的研究有 38 项、社交焦虑的研究 14 项、焦虑自评的研究 5 项、状态焦虑的研究和特质焦虑的研究各 2 项。其中期刊论文 21 篇,学位论文 36 篇。实验组的主要干预方法及研究数具体为认知行为疗法 39 项、正念干预 8 项、沙盘游戏 3 项、音乐疗法 3 项、催眠 2 项和其他方法 2 项。

(二)焦虑分数的元分析

在焦虑分数指标上,实验组与对照组的标准化均数差为 −1.594,95% 置信区间为 (−1.872, −1.316),其中不包含 0,实验组得分显著低于对照组,意味着不同种类的干预手段有效降低了实验组被试的焦虑情绪(见表 5-1-1 和图 5-1-2)。

表 5-1-1 焦虑分数的元分析结果表

研究数	被试数	SMD(95%CI)	P	异质性				Egger's 检验	
				Q	df	p	I^2	t	p
57	2655/2570	−1.594 (−1.872, −1.316)	0.000	979.98	56	0.000	94.28	4.10	0.000

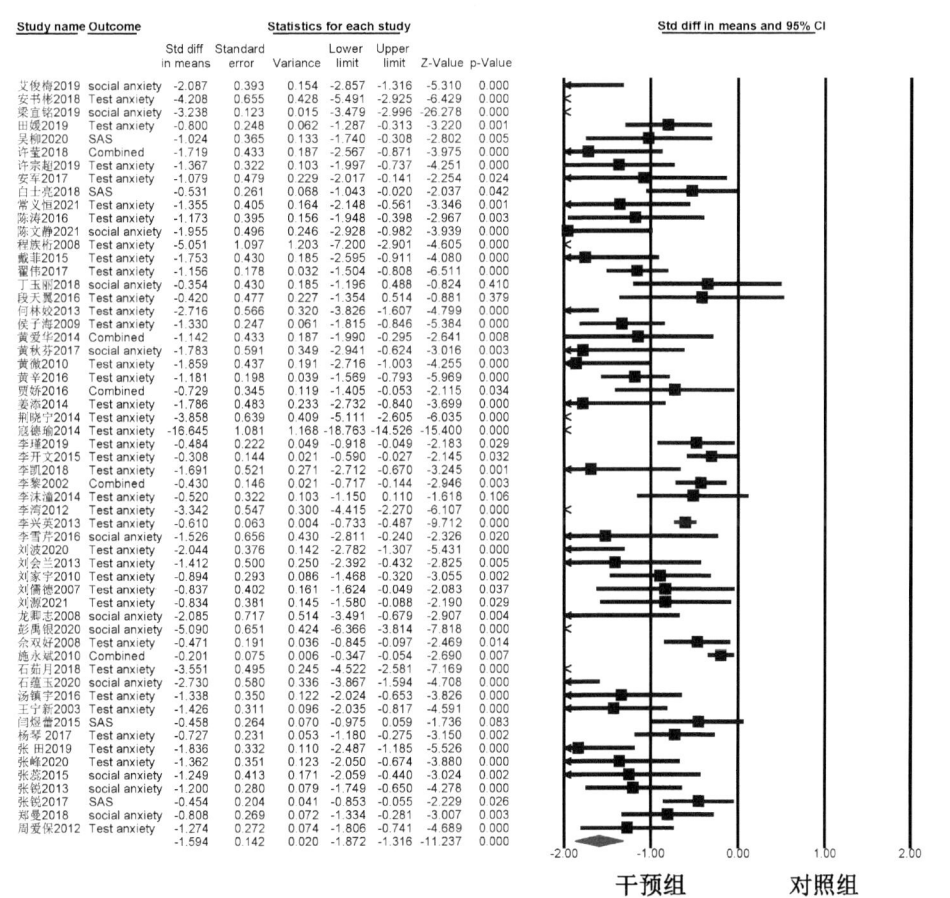

图 5-1-2 干预组与对照组焦虑得分比较的元分析森林图

图 5-1-3 为干预组与对照组焦虑得分比较的漏斗图。研究大部分都在漏斗内部且聚集对称,可以认为纳入的有关于青少年焦虑的 57 个研究无偏倚。但其两边存在点落在漏斗图外面,则提示存在异质性。

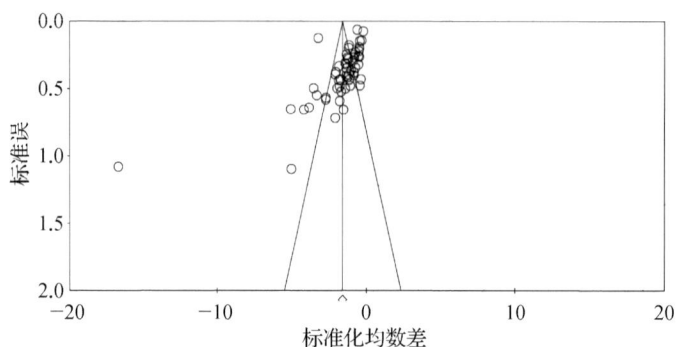

图 5-1-3　干预组与对照组焦虑得分比较的元分析漏斗图

1. 不同类型焦虑的干预效果

在考试焦虑指标上,实验组与对照组前后测的标准化均数差为 -1.626,95% 置信区间为 $(-1.928, -1.324)$,其中不包含 0,显著性高,这意味着在心理干预下考试焦虑能够得到很好的缓解。在社交焦虑指标上,实验组与对照组前后测的标准化均数差为 -1.805,95% 置信区间为 $(-2.564, -1.047)$,其中不包含 0,显著性高,这意味着在心理干预下社交焦虑能够得到很好的缓解。在焦虑自评指标上,实验组与对照组前后测的标准化均数差为 -0.420,95% 置信区间为 $(-0.674, -0.165)$,其中不包含 0,显著性高,这意味着在心理干预下焦虑自评分数降低,焦虑情绪得到改善。其中考试焦虑和社交焦虑的 SMD 值为 -1.626 和 -1.805,这意味着在同等干预措施下,考试焦虑和社交焦虑得到的改善效果最好(见图 5-1-2 和图 5-1-4)。

表 5-1-2　不同类型焦虑的干预效果表

指标	研究数	被试数	SMD(95%CI)	P	异质性				Egger's 检验	
					Q	df	p	I^2	t	p
考试焦虑	38	1 601/1 577	$-1.626(-1.928,-1.324)$	0.000	452.112	37	0.00	91.816	5.651	0.000
社交焦虑	14	591/572	$-1.805(-2.564,-1.047)$	0.000	274.568	13	0.00	95.265	0.438	0.668 90
焦虑自评	5	499/478	$-0.420(-0.674,-0.165)$	0.001	7.963	4	0.09	49.770	5.895	0.009
特质焦虑	2	392/368	$-0.383(-0.838,0.072)$	0.072	2.117	1	0.146	52.767		
状态焦虑	2	392/368	$-0.338(-0.806,0.131)$	0.158	2.220	1	0.136	54.950		

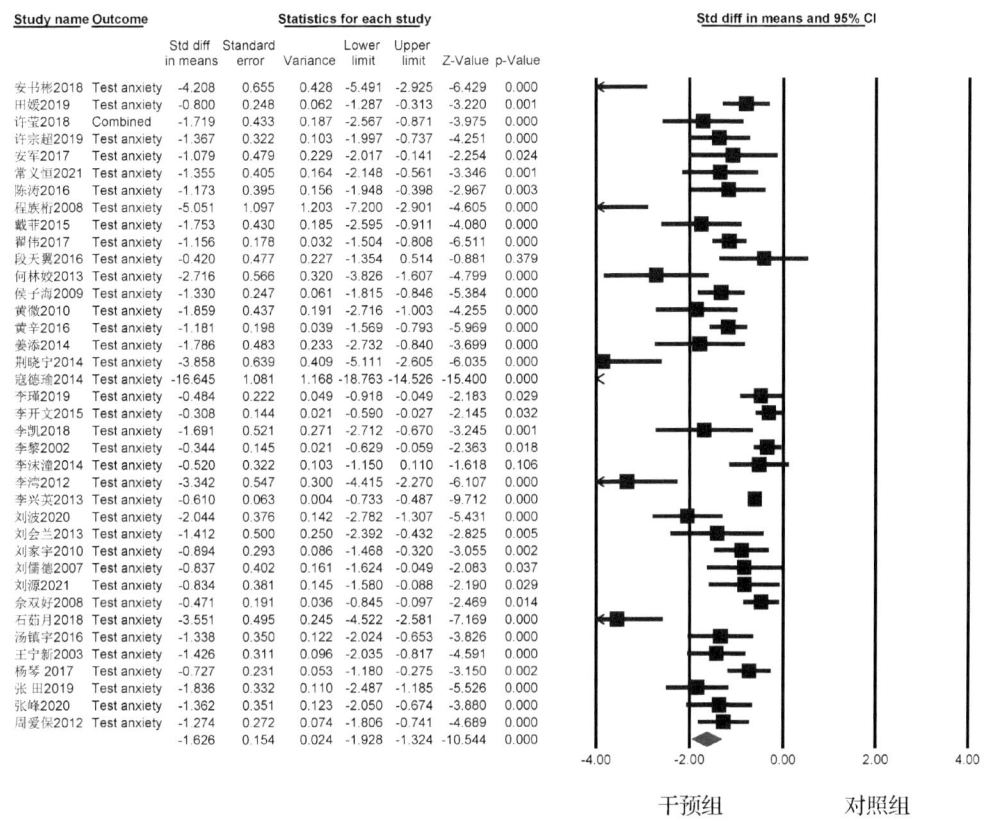

图 5-1-4 考试焦虑干预效果的元分析结果图

2. 不同干预措施的效果比较

在正念训练辅导下,实验组对照组后测的标准化均数差为-1.820,95%置信区间为(-2.783,-0.858),其中不包含 0,显著性高,这意味着正念训练辅导可以有效降低青少年焦虑,促进其心理健康发展。在沙盘游戏下,实验组对照组后测的标准化均数差为-1.111,95%置信区间为(-1.353,-0.869),其中不包含 0,这显著性高,意味着沙盘游戏可以有效降低青少年焦虑,促进其心理健康发展。在音乐疗法下,实验组对照组后测的标准化均数差为-1.191,95%置信区间为(-2.079,-0.303),其中不包含 0,显著性高,这意味着音乐疗法可以有效降低青少年焦虑,促进其心理健康发展。在认知行为团体辅导下,实验组对照组后测的标准化均数差为-1.487,95%置信区间为(-1.769,-1.205),其中不包含 0,显著性高,这意味着认知行为团体辅导可以有效降低青少年焦虑,促进了其心理健康发展。其中认知行为团体辅导和正念训练辅导的 SMD 值分别为-1.487 和-1.820,可以认为认知行为团体辅导的干预效果更好。催眠与其他类型的干预措施 SMD 值为-3.013 和-2.469。但其 95%CI 内包含 0,没有显著性(见表 5-1-3)。

表 5-1-3 不同干预措施的效果比较表

干预方法	研究数	被试数	SMD(95%CI)	P	异质性 Q	df	p	I^2	Egger's检验 t	p
正念	8	452/431	−1.820(−2.783,−0.858)	0.000	145.553	7	0.000	95.191	1.824	0.117
沙盘游戏	3	153/151	−1.111(−1.353,−0.869)	0.000	1.418	2	0.492	0.000	3.858	0.161
音乐疗法	3	38/38	−1.191(−2.079,−0.303)	0.009	5.518	2	0.063	63.756	1.505	0.373
认知行为疗法	39	1 900/1 861	−1.487(−1.769,−1.205)	0.000	493.136	38	0.000	92.294	5.926	0.000
催眠	2	39/39	−3.013(−6.703,0.677)	0.109	11.174	1	0.001	91.051		
其他	2	43//37	−2.469(−5.099,0.161)	0.066	12.764	1	0.000	92.166		

四、讨论分析

（一）对焦虑分数元分析结果的讨论

通过研究可以发现，上述心理干预措施可以有效缓解学生的焦虑情绪。本次元分析研究所采用的文献存在较大的异质性。漏斗图的两边皆存在点落在漏斗图外面，由此也可以判断存在异质性的存在。Egger结果也支持研究见存在较多的偏倚。

此次纳入的研究为实验组对照组后测实验设计，均为非随机对照研究。依据英国布里斯托大学社会医学部制定的非随机干预研究评价工具 ROBINS-I 来看，本次元分析纳入的研究，在干预前、干预中和干预后均存在一定程度的偏倚[1]。例如李开文的研究实验组 110 人，对照组 102 人，但是在研究结束时获取的数据实验组为 101 人，对照组为 95 人[2]；吴柳实验前两组共 36 名被试，后期干预组被试流失 2 名，导致最后只获得 34 名被试数据[3]。此领域需要更多高质量、少偏倚的实验组对照组研究。

（二）对不同焦虑类型结果的讨论

考试焦虑和社交焦虑是青少年最为常见的焦虑类型[4][5]，在相同干预措施下，考试焦虑和社交焦虑的干预效果也最好。阳艳等人的研究表明，在同一种干预措施下，考试

---

[1] 王浩,唐晓宇,王和平,吴昊森,周奇,王子君,肖淑君,刘练,王东珂,杨楠,王琪,王小琴.ROBINS-I:评估非随机干预性研究偏倚风险的新工具[J].中国循证心血管医学杂志,2018,10(07):789-793.
[2] 李开文,刘鹏,施法.有氧运动对中学生考试焦虑的干预[J].文山学院学报,2015,28(06):83-85.
[3] 吴柳.中职生正念、心理韧性、焦虑情绪的关系及其正念的干预研究[D].贵州师范大学,2020.
[4] 朱仲敏.青少年焦虑现状及应对措施[J].江苏教育,2021(93):27-30.
[5] 侯文静.状态焦虑和特质焦虑对体育高考生考试成绩的影响研究[D].广西师范大学,2015.

焦虑得到缓解的程度最强[1],而郑群的研究表明在同一种干预措施下,三种焦虑类型中交际焦虑(即社交焦虑)得到缓解的程度最为显著[2]。考试焦虑和社交焦虑的干预方案的针对性更强,所以更容易得到改善。本研究检索到的相关状态焦虑和特质焦虑的研究较少,有可能是因为状态焦虑是一种暂时的情绪状态,容易受到情境影响,有即时性[3],而特质焦虑是一种较为稳定的人格特质,具有跨情境、跨时间的相对稳定性[4],所以状态焦虑和特质焦虑都不易被外在干预改变。

（三）对不同类型干预措施效果的讨论

各种干预手段使用效果从大到小依次为:认知行为团体辅导、正念训练辅导、沙盘游戏与音乐疗法、催眠和其他类型干预措施。

认知行为团体辅导和正念训练辅导的效果最好。已经有大量研究表明,以认知疗法、行为疗法为理论基础的干预措施对降低不同类型的焦虑具有较好的干预效果。认知行为团体辅导首先和青少年探讨引发焦虑的原因,然后运用合理情绪疗法,使青少年学会与不合理信念辩论,用合理信念取代不合理信念,最后通过行为训练,承认焦虑的客观性和一定的合理性,引导青少年学会顺其自然。这种从行为到认知全方位的应对训练有助于缓解青少年的焦虑。

正念疗法并不是一种心理疗法的特称,而是以正念为基础的一系列心理疗法的点称[5]。近年来,正念领域的研究热点是以正念干预方法为基础向抑郁症、癌因性疲乏、生活质量等方面的研究进行演化,即由方法学研究向应用研究拓展。作为一种近年来兴起的心理干预措施,正念干预在降低缓解青少年焦虑情绪方面有显著的效果,值得更深入的研究。

音乐疗法指的是通过欣赏音乐使人的心情得到放松,焦虑得到缓解。有研究结果表明,被试学生在实施音乐艺术欣赏干预后的抑郁焦虑情绪得到普遍明显的改善[6]。音乐是一种特殊的语言,具有生理、治疗、感情、记忆等效应,可调节呼吸、循环、内分泌等系统的生理功能。尽管结论证明了音乐疗法对焦虑的干预是确之有效的,但关注该主题的文献较少,而现有的相关文献关注医院治疗或被试为老年人的较多。在音乐治疗对焦虑的干预效果方面,今后还需更多高质量的研究。

沙盘游戏疗法作为一种心理治疗方法,近年来,在抑郁、焦虑等心理障碍干预中的作用逐渐受到临床重视[7]。国内已有研究探讨了沙盘作品特征在沙盘心理评估中的应

---

[1] 阳艳,向冰.大学生外语课堂焦虑调查及对教学的启示[J].长春理工大学学报,2010,5(05):116-118.
[2] 郑群,徐莹.多模态呈现方式对英语词汇学习焦虑的影响研究[J].西安外国语大学学报,2020,28(02):49-53.
[3] 唐娜.初中生考试焦虑影响因素及对策分析[J].成才,2022(05):51-52.
[4] 田宝,郭德俊.认知训练对不同类型考试焦虑的作用[J].心理发展与教育,2003(01):64-69.
[5] 黄泽坤,陈鸿雁,李莉,邬闻文.国内正念疗法研究现状及趋势的文献计量学及可视化分析[J].湖北医药学院学报,2022,41(01):80-84.
[6] 闫薇.浅谈音乐艺术欣赏对大学生抑郁、焦虑症的心理干预影响[J].黄河之声,2012(17):82-83.
[7] 裴晓媛.艾司西酞普兰联合沙盘游戏治疗抑郁焦虑共病患者临床研究[J].医学理论与实践,2021,34(22):3901-3903.

用,比如有研究发现,有敌对症状、焦虑症状、新环境适应不良问题、强迫症状、抑郁症状等问题的人在初始沙盘作品中都有特征性的表现,这表明沙盘可能具有临床心理评估的功能和价值[①]。沙盘游戏疗法对青少年焦虑的缓解效果也是较好的,而且以游戏方式进行的治疗,可能更容易被青少年所接受。

催眠对大众来说并不陌生,但用催眠疗法来缓解青少年焦虑的相关研究却并不多,笔者所查阅到的研究有限,被试大多是即将面临高考的高三学生和大学生,已有研究证明催眠能很好缓解学生的焦虑[②]。笔者猜想,这方面的研究较少的原因可能有两个,一是受催眠技术的影响,单体治疗比群体治疗的效果可能更好,群体催眠事倍功半。二是受被试年龄的影响,年龄过小的被试可能无法专注,无法配合催眠师,导致催眠效果不好甚至无法进行。所以催眠疗法存在较多的争议,没有足够的证据支持其缓解青少年焦虑的有效性。

关于其他心理干预手段,笔者纳入数据的还有通过悦纳自我降低焦虑和通过自由联想写作降低焦虑,这两种干预手段都有良好的效果。除了治疗师,受试者的心理教育也十分重要。最新研究表明,在治疗过程开始时建立的受试者与治疗师之间稳定的关系非常重要,受试者更多的自我悦纳和宣泄可以增强自我掌控感,减少社会退缩,获得的社会支持有利于改变其不合理的信念,从而促进焦虑的改变。

本研究的不足之处在于现有研究焦虑类型指标与不同类型干预指标文献数量不均衡且干预措施分类不够严谨,可能会降低结果的可信度;未做各年龄段的差异比较与性别的差异比较,与之相关产生的稳定性还有待考证;没有使用合适的工具对纳入研究质量进行评定。

第二节 认知行为疗法对网络成瘾干预效果的系统评价与元分析

一、问题提出

网络已经成为大家生活中不能缺少的一部分了,从计算机到电视和手机,网络像吃饭睡觉一样在人们生活中频繁出现,但是网络的蓬勃发展不仅仅促进了科技进步和生活便捷,也造就了一大批网络成瘾患者。网络成瘾通常指的是,在没有药物的作用下的上网行为冲动失控,表现为由于过度使用互联网而导致个体社会、心理功能明显损伤。网络成瘾是一种行为成瘾,具有突显性、耐受性、戒断反应、冲突性和反复性的特点并有情绪调节。这些患者小至几岁,大至几十岁,网络成瘾会严重影响一个人的工作、

---

① 凌笑笑.沙盘游戏在高校心理健康教育与咨询中的应用[J].大众心理学,2021(11):20-22.
② 党彩萍.减压催眠疗法对高考前状态焦虑的心理干预及分析[J].卫生职业教育,2009,27(1):124-125.

学习、生活,也会危害其身体健康。青少年因网络成瘾产生的一连串问题如无心学习、无心工作、心理与生理异常等现象正在逐渐被重视,并且俨然成为社会热点话题。

近年来,针对网络成瘾的治疗方法层出不穷,有的治疗方法效果甚微,起不到作用;有的治疗方法太过极端,不仅不能够帮助患者戒除网瘾,反而还会对患者造成身心上的不良影响。因此,寻找出一种方便且有效的治疗方法是非常有意义的。认知行为疗法作为比较常见的治疗网络成瘾的方法,社会上对其疗效褒贬不一,一直不能够得到一个相同的结果。本文利用元分析的方法,对关于认知行为疗法(CBT)对网络成瘾疗效的文献进行了分析与总结,深入探讨这一问题,旨在得出一个比较全面的结论,并就如何帮忙网络成瘾者戒除网瘾进行讨论并提出一些合理可行的建议。

前人关于认知行为疗法对青少年网络成瘾疗效的研究大多数只在网络成瘾分数或者其他心理变量上进行研究,而诊断一个人的网络成瘾的状况是否得到改善,单看网络成瘾分数或者其他心理变量两者中的一项是完全不够的,要将这两项分数相结合进行研究与探讨,方能得出相对客观科学的结论。陈素真、赵婧、赵松涛的研究都显示认知行为疗法在降低青少年网络成瘾分数上的效果甚佳,在其他心理变量方面的改善也十分明显[1][2][3]。他们的研究表明了认知行为疗法可以有效矫治青少年网络成瘾行为。

所以,在相同的研究方向上,不同的研究有着许多不一样之处。为了将之前的研究进行归纳统一,得出一个更为科学客观的研究结果,笔者利用了元分析的方法,对认知行为疗法对网络成瘾者在网络成瘾、心理健康、应对方式和自我和谐等方面的变化进行系统评价。

二、研究方法

(一)筛选文献

本研究文献主要是从维普、中国知网、万方数据检索系统三个数据库中检索而来,以"网络成瘾""认知行为疗法"为关键词,对国内有关青少年网络成瘾的文献进行检索,共找到174篇没有重复的文献。

(二)文献纳入的标准

(1)采用了网络成瘾量表(如CIAS或YDQ)或心理健康量表(如SCL-90或SCSS等);(2)提供了人数、相关系数或其他可以转化为SMD的参数,如t,p等;(3)文献语言为中文。对于使用同一数据库发表的多项成果,笔者将它们联系在一起并提取出其

---

[1] 陈素真,吴素英.团体认知行为治疗对青少年网络成瘾患者的效果分析[J].中外医学研究,2018,16(15):2.
[2] 赵婧,王卫平,徐勇.认知行为训练对大学生网络成瘾的干预效果研究[J].中国健康心理学杂志,2010(7):4.
[3] 赵松涛,杨永信,魏秋香,等.团体认知行为治疗青少年网络成瘾综合征的疗效[J].武警医学,2016(4):392-395.

中数据最全的一篇。

根据文章选取的标准,初步检查文献的题目、摘要,去除纯综述类文献、重复发表的文献后,再删除没有明确数据以及研究对象不在筛选范围内等不符合标准的文献,总共有14篇文献符合标准并录入本元分析研究中。

(三) 编码

对所有的文献进行编码,提取第一作者、发表年代、网络成瘾的诊断标准、样本大小、CBT干预、对照组干预措施、结果变量等数据依次录入表格中,在收集的文献中,认知行为疗法对网络成瘾疗效的研究之间相关关系都是用标准化均数差SMD来表示的。使用CMA 3.0中的随机效应模型进行主要的元分析。使用I^2评估和测量异质性,使用Egger检验和漏斗图估计发表偏倚。

三、研究结果

依据数据提取的不同,我们将元分析根据指标的不同分为两类:一类是被试网络成瘾分数的变化情况;一类是其他心理变量的变化情况,主要包括心理健康、积极应对方式、消极应对方式和自我和谐。

(一) 网络成瘾分数的变化情况

表5-2-1中列出了纳入研究的基本特征。共有12项研究符合纳入标准,认知行为疗法组共有460名被试,对照组共475名被试。其中,以中小学生为对象的研究有4项,以大学生为对象的有5项,以大中小学生为对象的有3项。无干预的对照组有6项,常规干预的对照组有6项。使用陈淑惠的网络成瘾量表CIAS的有9项,使用Young网络成瘾诊断问卷(YDQ)的有3项。

表5-2-1 纳入文献的基本特征表

作者/年份	网络成瘾测量工具	被试年龄	对照组措施	CBT人数	对照组人数
曹枫林,2007	CIAS	中小学生	常规干预	26	31
陈素真,2018	CIAS	中小学生	常规干预	52	52
程族桁,2015	YDQ	大学生	无干预	12	11
郭明,2008	CIAS	大中小学生	常规干预	16	16
李赓,200	CIAS	大中小学生	无干预	38	38
马南振,2011	YDQ	大学	无干预	49	49
马瑞晨,2015	CIAS	中小学生	无干预	40	40

续 表

作者/年份	网络成瘾测量工具	被试年龄	对照组措施	CBT人数	对照组人数
明丽娟,2014	CIAS	大学生	无干预	60	60
王颖丽,2011	CIAS	大中小学生	常规干预	36	34
王庆志,2012	YDQ	大学生	常规干预	36	36
赵婧,2010	CIAS	大学生	无干预	32	45
赵松涛,2010	CIAS	中小学生	常规干预	65	65

在网络成瘾指标上，认知行为疗法组与对照组的标准化均数差为1.615，95%置信区间为(1.215,2.014)，其中不包含0，认知行为疗法组得分显著低于对照组，意味着认知行为疗法有效改善了青少年的网络成瘾问题。亚组分析表明，对照组的类型和网络成瘾工具起着重要的调节作用。与对照组为常规干预组的研究相比，对照组为无任何干预的研究取得的效果量更大；在不同类型的测量工具中，使用Young网络成瘾诊断问卷比使用网络成瘾量表得到的效果量更大（见表5-2-2和图5-2-1）。

表5-2-2 CBT与对照组网络成瘾得分比较的元分析结果及不同亚组比较表

分析类型	研究数	被试数	SMD(95%CI)	P	异质性			
					Q	df	p	I^2
所有研究	12	460/475	1.615(1.215,2.014)	0.000	76.034	11	0.000	85.533
对照组类型								
无干预	6	231/243	1.911(1.089,2.733)	0.000	68.134	5	0.000	92.662
常规干预	6	229/232	1.316(1.109,1.524)	0.000	5.209	5	0.391	4.005
网瘾工具								
网络成瘾量表CIAS	9	363/379	1.299(1.083,1.515)	0.000	14.077	8	0.080	43.170
网络成瘾诊断问卷YDQ	3	97/96	2.759(0.850,4.668)	0.005	40.300	2	0.000	95.037

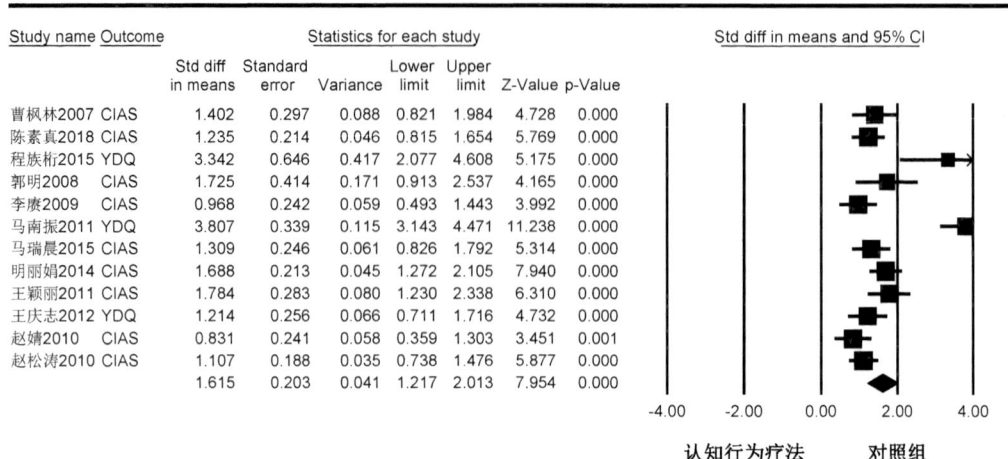

图 5-2-1　CBT 与对照组网络成瘾得分比较的元分析森林图

(二) 其他心理变量的变化情况

表 5-2-3 中列出了符合纳入标准的 7 项研究。认知行为疗法组共有 297 名被试,对照组共 310 名被试。以中小学生为对象的有 2 项,以大学生为对象的有 2 项,以大中小学生为对象的有 3 项。涉及心理健康变化的研究有 5 项,涉及应对方式变化的有 4 项,涉及自我和谐改变的有 2 项。

表 5-2-3　纳入文献基本特征表

作者年份	心理变量测量工具	被试年龄	对照组措施	CBT 人数	对照组人数
陈素真,2018	自我和谐	中小学生	常规干预	52	52
郭明,2008	心理健康	大中小学生	常规干预	16	16
明丽娟,2014	心理健康	大学生	无干预	60	60
宁夔,2016	心理健康,应对方式	大中小学生	无干预	36	38
王颖丽,2011	心理健康,应对方式	大中小学生	常规干预	36	34
赵婧,2010	心理健康,应对方式	大学生	无干预	32	45
赵松涛,2010	自我和谐,应对方式	中小学生	常规干预	65	65

在心理健康指标上,认知行为疗法组与对照组的标准化均数差为 -0.758,95% 置信区间为 (-1.446,-0.069),其中不包含 0,认知行为疗法组得分显著低于对照组,意味着认知行为疗法有效降低了网络成瘾青少年的心理健康得分,改善了其心理健康水平。在积极应对指标上,认知行为疗法组与对照组的标准化均数差为 0.608,95% 置信区间为 (0.156,1.059)。这意味着认知行为疗法有效提升了网络成瘾青少年的积极应对。但是在消极应对和自我和谐两个指标上,95% 置信区间包括了 0,意味着两组不存在显著差异(见表 5-2-4 和图 5-2-2)。

表5-2-4 CBT其他心理变量得分比较的元分析结果表

指标	研究数	被试数	SMD(95%CI)	P	异质性			
					Q	df	p	I^2
心理健康	5	180/193	−0.758(−1.446,−0.069)	0.031	37.896	4	0.000	89.445
积极应对	4	169/182	0.608(0.156,1.059)	0.008	12.382	3	0.006	75.772
消极应对	4	169/182	−0.123(−0.760,0.515)	0.706	25.696	3	0.000	88.325
自我和谐	2	117/117	0.550(−0.159,1.259)	0.128	6.866	1	0.009	85.436

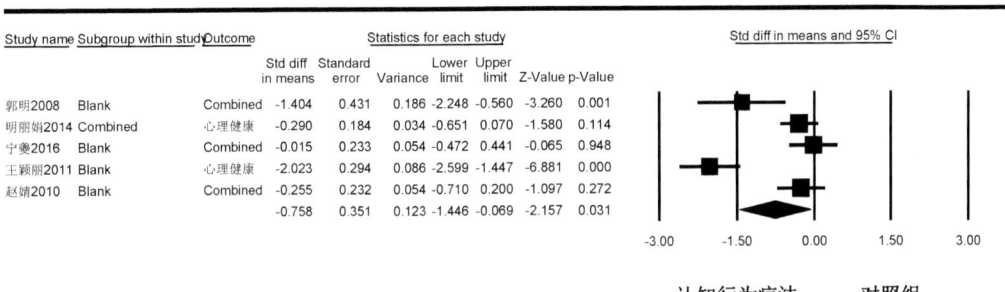

图5-2-2 CBT与对照组心理健康得分比较的元分析森林图

四、讨论分析

基于本研究数据结果，认知行为疗法组青少年在网络成瘾分数、心理健康分数和积极应对方式上的得分，与未采用认知行为疗法的对照组存在显著差异，这与国内学者的研究结果是相一致的。采用认知行为疗法对网络成瘾患者进行干预，可以有效地改善青少年的网络成瘾问题，提高青少年心理健康水平，增加青少年的积极应对方式。

网络成瘾不仅会使个体产生有关网络使用方面的不合理理念，同样也会影响个体对于自我、人际关系等方面的认知。认知行为疗法组的青少年通过讨论上网的优缺点，认识到网络成瘾对自身和家庭的影响；并且学会识别自身的不合理理念，有意识地找出负性想法的相关证据，而后重构信念基础，减少有问题的自动想法，同时学会其他积极的应对策略。

五、研究结论与启示

在网络成瘾治疗中，认知行为疗法是比较普遍且常用的一种治疗方法，但是关于认知行为疗法对网络成瘾的疗效，之前的研究有着许多不一致的地方，本文利用元分析的方法进行研究，结果显示：(1)认知行为疗法有效地降低了青少年网络成瘾患者的网络成瘾得分；(2)认知行为疗法有效地改善了青少年网络成瘾患者心理健康水平。

基于研究的结果,为了缓解青少年的网络成瘾症状,提出了如下建议。

(1) 营造出温馨和谐的家庭环境氛围。根据调查研究可以发现,父母感情不融洽的青少年更容易网络成瘾。家庭是青少年获得心理支持的主要场所,若父母在家经常争吵,家庭就较难满足青少年一些必需的心理需要,就有可能促使青少年去网络上寻求这些心理需求的满足,大大提升了青少年网络成瘾的概率。因此,父母应该努力营造温馨和谐的家庭氛围,多关心青少年的心理健康状况,从家庭这一重要环节上预防青少年的网络成瘾。

(2) 给予网络成瘾青少年更多的陪伴与关注。根据调查研究可以发现,大多数网络成瘾青少年都缺少父母的陪伴关注,有的家长常年在外,平时不在孩子身边;有的父母整天忙于工作,不关心孩子的心理健康状态,只会给予孩子经济上的支持,而这些因素都会导致青少年缺少家庭教育和监管。笔者建议网络成瘾青少年的父母应当合理分配好工作和陪伴青少年生活的时间,给予他们更多的爱与关注,让他们有战胜网络成瘾的决心与信心。

(3) 对已经网络成瘾的青少年保持耐心。根据调查研究可以发现,大多数网络成瘾青少年父母的教育方式都存在着需要改进的地方。许多父母认为只有严厉的管教才能让孩子听自己的话,殊不知这种教育方式十分容易让青少年走向另一个极端,他们会认为父母已经不爱自己了,放弃自己了,家庭已经不需要自己了。有研究显示,表扬是帮助青少年树立正确行为的有效方式,而惩罚不是。有的家长喜欢严厉责骂的教育方式,可能会增加青少年网络成瘾的概率。当家长过多责骂否定孩子,会让他们产生强烈的自卑感,认为自己在生活中一无是处,当在现实生活中寻求不到肯定时,他们就会转到网络世界寻求肯定,到最后发展成为网络成瘾。因此,当青少年网络成瘾后,父母更应当保持耐心,多和孩子沟通,给予他们肯定,让他们知道自己是有价值的,耐心地告诉青少年网络成瘾的危害,从认知上改变青少年对网络成瘾的认识,用科学的方法帮助青少年戒除网瘾。

第三节　生物反馈与哌甲酯对多动症干预效果比较的系统评价与元分析

生物反馈和哌甲酯在多动症患者中的相对疗效和耐受性尚不确定。本研究旨在通过系统评价和元分析来对这一问题进行探讨。我们对 PubMed、OVID、ERIC、Web of Science、Clinial Trials. gov、中国知网、维普和万方数据库进行检索。采用 CMA 3.0 软件中的随机效应模型计算标准化平均数差(SMD)。结果共纳入 18 项随机对照实验,其中生物反馈组多动症 778 例,哌甲酯组多动症 757 例。有 13 项研究为中文,5 项研究为英语。研究刚结束时,哌甲酯组的多动症核心症状和两个神经心理参数(注意缺陷、抑制)的改善效果显著高于生物反馈组。与哌甲酯组相比,生物反馈组的被试亡失人数更少。在随访研究中,哌甲酯的某些结果优于生物反馈,但不同评分者之间的结果并不一致。鉴于纳入研究存在较多偏倚、结果不稳定和不同评分者结论矛盾等诸多问题,今后还需要更多高质量的研究来比较生物反馈和哌甲酯的干预效果。

一、问题提出

多动症,又称注意缺陷多动障碍,是最常见的神经发育障碍之一。据估计,全球学龄儿童的患病率约为5%,成人的患病率约为2.5%[①②]。有研究发现,在美国每年用于多动症的费用在1 430亿美元到2 660亿美元之间[③]。在世界其他国家,由多动症造成的社会成本也相当高[④]。

目前,多动症的治疗方案包括药物疗法和非药物疗法两大类,前者有哌甲酯、托莫西汀、专注达等,后者有行为干预、认知训练等心理疗法[⑤⑥⑦]。一些多动症的临床指南把哌甲酯等精神兴奋类药物推荐为一线治疗用药[⑧⑨⑩]。哌甲酯能够抑制多巴胺和去甲肾上腺素的再摄取,增加前额叶皮质的多巴胺能和去甲肾上腺素能活动,这可能有助于对多动症治疗的有效性。虽然哌甲酯在短期内对多动症的症状非常有效[⑪],但它的耐受性和长期服用可能的副作用引起了人们的普遍担忧[⑫]。例如,最近的一项研究发现,在使用哌

---

① Polanczyk G V, Salum G A, Sugaya L S, et al. Annual research review: a meta-analysis of the worldwide prevalence of mental disorders in children and adolescents[J]. Journal of Child Psychol Psychiatry, 2015, 56: 345-65.

② Simon V, Czobor P, Bálint S, et al. Prevalence and correlates of adult attention-deficit hyperactivity disorder: meta-analysis[J]. Br J Psychiatry, 2009, 194: 204-11.

③ Doshi JA, Hodgkins P, Kahle J, et al. Economic impact of childhood and adult attention-deficit/hyperactivity disorder in the United States[J]. Journal of the American Academy of child& Adolescent Psychiatry, 2012, 51: 990-1002.

④ Hakkaart-van Roijen L, Zwirs B W, Bouwmans C, et al. Societal costs and quality of life of children suffering from attention deficit hyperactivity disorder(ADHD)[J]. Eur Child Adolesc Psychiatry, 2007, 16: 316-26.

⑤ Sonuga-Barke E J S, Brandeis D, Cortese S, et al. Nonpharmacological Interventions for ADHD: systematic review and meta-analyses of randomized controlled trials of dietary and psychological treatments[J]. Am J Psychiatry, 2013, 170: 275-89.

⑥ Cortese S, Rosello-Miranda R. Treatments for children and adolescents with attention deficit hyperactivity disorder: what is the evidence base to date? [J]. Rev Neurol, 2017, 64: S3-S7.

⑦ Richardson M, Moore D A, Gwernan-Jones R, et al. Non-pharmacological interventions for attention-deficit/hyperactivity disorder (ADHD) delivered in school settings: systematic reviews of quantitative and qualitative research[J]. Health Technol Assess, 2015, 19: 1-470.

⑧ Bolea-Alamañac B, Nutt D J, Adamou M, et al. Evidence-based guidelines for the pharmacological management of attention deficit hyperactivity disorder: update on recommendations from the British Association for Psychopharmacology[J]. J Psychopharmacol, 2014, 28: 179-203.

⑨ Kooij SJ, Bejerot S, Blackwell A, et al. European consensus statement on diagnosis and treatment of adult ADHD: The European Network Adult ADHD[J]. BMC Psychiatry, 2010, 10: 67.

⑩ Pliszka S. AACAP Work Group on Quality Issues. Practice parameter for the assessment and treatment of children and adolescents with attention-deficit/hyperactivity disorder[J]. J Am Acad Child Adolesc Psychiatry, 2007, 46: 894-921.

⑪ Cortese S, Adamo N, Del Giovane C, et al. Comparative efficacy and tolerability of medications for attention-deficit hyperactivity disorder in children, adolescents, and adults: a systematic review and network meta-analysis[J]. Lancet Psychiatry, 2018, 5: 727-38.

⑫ Banaschewski T, Buitelaar J, Chui C S, et al. Methylphenidate for ADHD in children and adolescents: throwing the baby out with the bathwater[J]. Evid Based Ment Health, 2016, 19: 97-9.

甲酯治疗多动症期间，精神病事件的发生率为0.2%[1]。虽然两者之间未必就是因果关系，但是依然使人们对长期服用哌甲酯有所顾虑[2]。因此，人们迫切需要探索专门针对多动症的非药物疗法。

其中，生物反馈(NF)已被许多研究小组提出可以作为治疗多动症的有效和安全的选择[3][4]。生物反馈是一个操作性条件反射的过程，旨在通过纠正脑电图(EEG)异常来改善大脑活动的自我调节[5][6]。当应用于多动症时，生物反馈旨在解决该疾病中已报道的脑电图改变(至少在患者的子样本中)，特别是额叶区慢波活动的增加[7]。关于生物反馈治疗多动症疗效的元分析证据目前是混合的。一项早期的元分析汇总了15项研究，并得出结论，标准方案如theta/beta(TBR)、感觉运动节律和慢皮质电位生物反馈已经得到了很好的研究，并已证明了特异性[8]。注意缺陷和冲动的大效果量分别为0.8097和0.6862，多动的中等效果量为0.3962，生物反馈治疗多动症可以被认为是"有效和具体的"。相比之下，最近的一项具有不同纳入标准的元分析在汇集了13个随机对照实验(包括520名多动症患者)后发现，非盲评估者的评分显示生物反馈在减少多动症核心症状方面有显著作用，但可能盲评估者的评分并不支持生物反馈作为多动症核心症状的有效治疗方法[9]。

关于兴奋剂(包括哌甲酯和安非他明)和生物反馈的比较疗效、有效性和耐受性的证据需要进一步研究。最近的一次网状元分析结果表明[10]，兴奋剂在多动症症状和整体功能方面的疗效明显高于生物反馈。然而，这项网状元分析并没有关注兴奋剂(或者更具体地说，没有关注是哌甲酯)和生物反馈对多动症特定指标(即注意缺陷和多动/冲动)的影响。考虑到先前的研究表明，注意缺陷和多动/冲动症状可能对不同的治疗方

---

[1] Moran LV, Ongur D, Hsu J, et al. Psychosis with Methylphenidate or Amphetamine in Patients with ADHD[J]. N Engl J Med, 2019, 380: 1128-38.

[2] Cortese S. Psychosis during Attention Deficit-Hyperactivity Disorder Treatment with Stimulants[J]. N Engl J Med, 2019, 380: 1178-80.

[3] Duric N S, Aßmus J, Elgen I B. Self-reported efficacy of neurofeedback treatment in a clinical randomized controlled study of ADHD children and adolescents[J]. Neuropsychiatr Dis Treat, 2014, 10: 1645-54.

[4] Flisiak-Antonijczuk H, Adamowska S, Chladzinska-Kiejna S, et al. Treatment of ADHD: comparison of EEG-biofeedback and methylphenidate[J]. Archives of Psychiatry and Psychotherapy, 2015, 17: 31-8.

[5] Strehl U. What learning theories can teach us in designing neurofeedback treatments[J]. Front Hum Neurosci, 2014, 8: 894.

[6] Arns M, Heinrich H, Strehl U. Evaluation of neurofeedback in ADHD: the long and winding road[J]. Biol Psychol, 2014, 95: 108-15.

[7] Holtmann M, Sonuga-Barke E, Cortese S, et al. Neurofeedback for ADHD: a review of current evidence[J]. Child Adolesc Psychiatr Clin N Am, 2014, 23: 789-806.

[8] Arns M, Heinrich H, Strehl U. Evaluation of neurofeedback in ADHD: the long and winding road[J]. Biol Psychol, 2014, 95: 108-15.

[9] Cortese S, Ferrin M, Brandeis D, et al. Neurofeedback for Attention-Deficit/Hyperactivity Disorder: meta-analysis of Clinical and Neuropsychological Outcomes From Randomized Controlled Trials[J]. J Am Acad Child Adolesc Psychiatry, 2016, 55: 444-55.

[10] Catalá-López F, Hutton B, Núñez-Beltrán A, et al. The pharmacological and nonpharmacological treatment of attention deficit hyperactivity disorder in children and adolescents: A systematic review with network meta-analyses of randomized trials[J]. PLoS One, 2017, 12: e0180355.

法有不同程度的敏感性[1]。此外,还有网状元分析选择使用二分结果,即在标准化评分量表上显示多动症症状或整体功能改善的患者比例,与连续结果相比,二分数据所利用的信息更不充分[2]。另外,当考虑哌甲酯和生物反馈之间的比较以及多动症的治疗时,一个从临床角度来看高度相关的关键问题就是效果的可持续性。另一项元分析重点关注生物反馈对多动症的持续影响(由这些作者定义为2~12个月的随访),研究发现,与非主动对照治疗相比,生物反馈在治疗后至少6个月内有显著更持久的治疗效果,尽管研究者补充道,需要更多的研究来对生物反馈和主动治疗之间的随访效果进行适当的比较[3]。事实上,这项元分析并不能直接告知生物反馈和哌甲酯的持续效果,因为它纳入的研究中包含了哌甲酯与注意力训练、认知训练、身体活动训练和自我管理等其他积极治疗方法的结合。

最后,另一个值得进一步研究的方面是哌甲酯和生物反馈对神经心理测量如工作记忆或持续注意力的比较效果。因为执行功能障碍,虽然在多动症中并不普遍存在,却影响了相当多的多动症患者的认知和整体功能[4]。因此,关于哌甲酯和生物反馈的疗效和耐受性比较,仍有一些问题需要回答。

我们的研究旨在对比生物反馈和哌甲酯对多动症状的干预情况,结局指标为多动症的核心症状(综合症状,注意缺陷和多动/冲动),数据类型为连续型数据。我们还评估了生物反馈和哌甲酯的耐受性以及对神经心理测量指标的影响。

二、研究方法

在本次元分析系统回顾中,我们遵循了PRISMA建议[5]。本系统综述的研究计划方案已在国际系统综述注册平台上注册并获得了注册号,注册号为(CRD42018090676)。

(一)纳入标准

基于各种版本的精神疾病诊断与统计手册(DSM)或国际疾病分类(ICD)或多动症

---

[1] Arns M, de Ridder S, Strehl U, et al. Efficacy of neurofeedback treatment in ADHD: the effects on inattention, impulsivity and hyperactivity: a meta-analysis[J]. Clin EEG Neurosci, 2009, 40: 180-9.

[2] Altman D G, Royston P. Statistics Notes: The cost of dichotomizing continuous variables[J]. BMJ, 2006, 322(7549):1080.

[3] Van Doren J, Arns M, statistics Notes: Heinrich H, et al. Sustained effects of neurofeedback in ADHD: a systematic review and meta-analysis[J]. Eur Child Adolesc Psychiatry, 2019: 28.

[4] Willcutt EG, Doyle AE, Nigg JT, et al. Validity of the executive function theory of attention-deficit/hyperactivity disorder: a meta-analytic review[J]. Biol Psychiatry, 2005, 57: 1336-46.

[5] Liberati A, Altman DG, Tetzlaff J, et al. The PRISMA statement for reporting systematic reviews and meta-analyses of studies that evaluate healthcare interventions: explanation and elaboration[J]. BMJ, 2009, 339: b2700.

的评分定义筛选出的18岁以下的多动症儿童[1][2]。

（二）干预

我们纳入了比较头对头的生物反馈和哌甲酯的实验。哌甲酯固定剂量和灵活剂量的设计不限。为了避免混杂因素，排除了混合其他干预措施的治疗方案，如生物反馈联合药物的治疗。对于那些有多种方案组进行比较的研究，仅提取哌甲酯和生物反馈两组数据。

（三）结果

主要结果是在研究结束时（第一个可用的时间点）和在随访时（如果可用的话）对多动症核心症状的改善疗效（作为一个连续变量）。重点关注多动症综合症状得分，即注意缺陷＋多动/冲动症状，以及多动症不同指标，即单独报告注意缺陷和多动/冲动。参照以往研究[3]，我们计划对临床医生、家长、教师和患者（自我）评分的措施进行单独的分析。

次要结果是在干预结束时的被试亡失人数和基于神经心理测验的工作记忆测量，例如视觉—空间工作记忆任务[4]、对注意力的测试[5][6]、3233注意耐力实验[7]以及抑制（例如综合视觉和听觉连续表现测试）[8]。

主要分析集中于实验结束时减去基线的变化分数，而次要分析采用的是12个月以上的随访资料，主要参照了范多伦等学者的做法。

（四）研究类型

无论盲法程度如何，均纳入随机对照实验。我们计划纳入平行随机对照实验和病

---

[1] Cortese S. Are concerns about DSM-5 ADHD criteria supported by empirical evidence? [J]. BMJ, 2013, 347: f7072.

[2] De Crescenzo F, Cortese S, Adamo N, et al. Pharmacological and non-pharmacological treatment of adults with ADHD: a meta-review[J]. Evid Based Ment Health, 2017, 20: 4-11.

[3] Sonuga-Barke E J, Brandeis D, Cortese S, et al. Nonpharmacological interventions for ADHD: systematic review and meta-analyses of randomized controlled trials of dietary and psychological treatments[J]. Am J Psychiatry, 2013, 170: 275-89.

[4] Westerberg H, Hirvikoski T, Forssberg H, et al. Visuo-spatial working memory span: a sensitive measure of cognitive deficits in children with ADHD[J]. Child Neuropsychol, 2004, 10: 155-61.

[5] Greenberg L M. An objective measure of methylphenidate response: clinical use of the MCA[J]. Psychopharmacol Bull, 1987, 23: 279-82.

[6] Fuchs T, Birbaumer N, Lutzenberger W, et al. Neurofeedback treatment for attentiondeficit/hyperactivity disorder in children: a comparison with methylphenidate[J]. Appl Psychophysiol Biofeedback, 2003, 28: 1-12.

[7] Oswald W D, Hagen B, Brickenkamp R. Test d2 - Aufmerksamkeits - Belastungs - Test[J]. Zeitschrift für Differentielle und Diagnostische Psychologie, 1997, 18: 87-89.

[8] Moreno-García I, Meneres-Sancho S, Camacho-Vara de Rey C, et al. A Randomized Controlled Trial to Examine the Posttreatment Efficacy of Neurofeedback, Behavior Therapy, and Pharmacology on ADHD Measures[J]. J Atten Disord, 2019, 23.

例交叉随机对照实验,但在本元分析中没有发现交叉研究。

(五)检索策略/语法

电子文献检索由两位研究者独立进行,没有任何语言、日期或文档类型限制。我们检索了 PubMed、OVID、ERIC、Web of Science 以及中国知网、维普和万方数据等中文数据库。我们还检索了 ClinicalTrials.gov、clinicaltrialsregister.eu 和 osf.io 以获取未在同行评审期刊上发表的报告。此外,我们还手工检索了以往相关元分析所纳入的参考文献,以防遗漏可能的相关研究。

(六)数据提取

将通过电子搜索和人工搜索到的文献导入 EndNote。剔除重复文献后,分两个阶段对文献进行筛选。第一,两位研究者独立筛选了所有非重复论文的标题和摘要,并排除了那些与标准无关的论文。第二,下载文章的全文版本,由两位研究者独立评估其资格。来自同一研究的多个报告的数据被联系在一起。从纳入的研究中提取以下数据:

(1) 研究信息:第一作者、研究或发表年份、地点(国家或地区)、是否在医院、诊断标准、资助/发起者;

(2) 参与者的详细信息:数量、性别分布、平均年龄和范围、存在和共病(神经)精神疾病类型、智商得分、每组的样本量和每个阶段的亡失人数;

(3) 干预细节:哌甲酯的平均和最大剂量、生物反馈类型、干预持续时间以及哌甲酯的强制剂量或优化治疗,结果测量时间;

(4) 结果:两组患者在测试前、测试后和随访时(任何报告的时间点)的平均值、标准差或百分比;

(5) 关于生物反馈研究的参与者是否学会了调节反馈的信息。

(七)偏差评估风险

以考克兰协作组织的偏倚风险工具作为参考,两名独立的研究人员评估了在选定的研究中存在的偏倚风险。任何分歧都通过讨论和协商得到解决。必要时(即发表报告的信息不清楚),联系研究的通讯作者以获得进一步信息。每项研究的偏倚风险总体评分是任何标准的最低评分(例如,如果任何领域为高偏倚风险,该研究被认为是高偏倚风险)。

(八)统计分析

采用 CMA 软件对标准化平均数差异(SMD)进行 meta 分析。此外,我们在 CMA 中使用了适当的功能,以合并来自同一批被试的研究结果。使用考克兰 Q 值和 I^2 来评估研究间的异质性,它估计的是由于异质性所引起的变异占总体变异的百分比[①]。SMD>0.4即可被认为具有临床意义[②]。

(九)敏感性分析与发表偏倚

我们进行了以下敏感性分析:(1)排除研究不使用Conners量表的测量结果;(2)排除小样本量实验研究(每组少于30名儿童);(3)排除不是根据标准化DSM/ICD标准的研究诊断;(4)删除非标准生物反馈的研究(标准生物反馈包括TBR,SMR和SCP)。通过漏斗图和Eggers来评估发表偏倚[③]。

三、研究结果

文献的选择过程的详细描述见图5-3-1。共纳入18项符合研究标准的研究,包括生物反馈组778名参与者,哌甲酯组757名参与

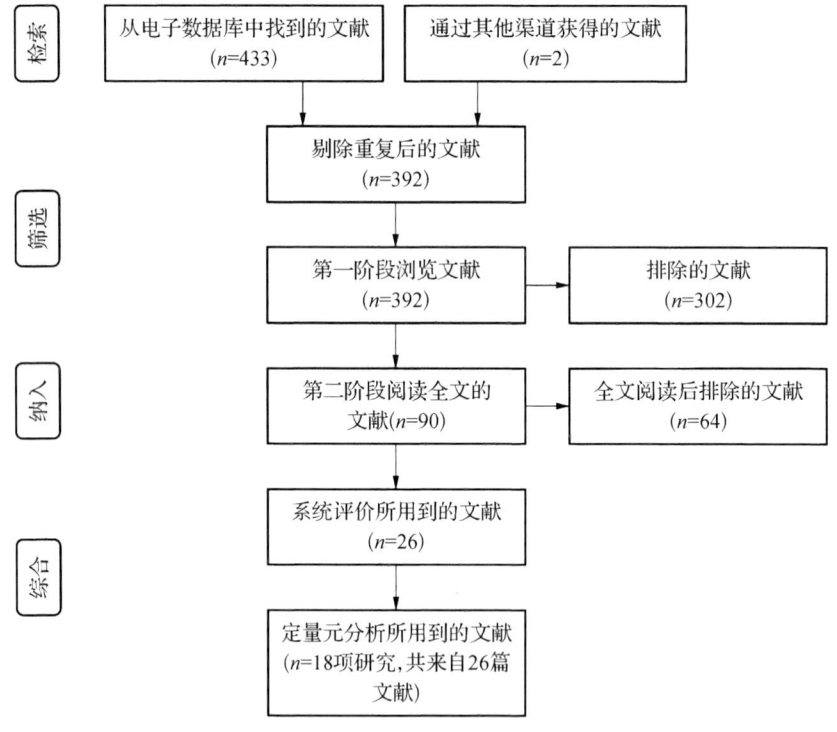

图5-3-1 文献筛选流程图

---

① Borenstein M, Hedges L V, Higgins J P T, et al. Introduction to meta-analysis[M].New Jersey: John Wiley & Sons, Ltd, 2009.

② Citrome L. Quantifying clinical relevance[J]. Innov Clin Neurosci, 2014,11(5-6):26-30.

③ Egger M, Davey Smith G, Schneider M, et al. Bias in meta-analysis detected by a simple, graphical test[J]. BMJ, 1997,315:629-34.

表 5-3-1 纳入研究的基本特征表

作者/年份	生物反馈				哌甲酯				方案	干预时间	随访时间	工具	结局指标	ADHD诊断	国家	评分者
	年龄	N	男性比	流失	年龄	N	男性比	流失								
Chen, 2007	6~13	43	NR	4	6~13	43	NR	11	5 mg/天	3个月	2个月	Conner-parent	HI IA	DSM-IV	中国	父母
Chen, 2009	9.16±2.09	25	80	0	9.38±2.16	30	79.31	1	18~54 mg/天	6周	2个月	IV A-CPT IOWA conners	FRCQ FAQ	DSM-III-R	中国	父母
Chen, 2011	7.6±1.5	45	77.8	NR	7.5±1.7	36	80	NR	10 mg/天, 周一到周五	6个月	3个月	Conner-parent IVA-CPT	HI IA FRCQ FAQ	DSM-IV	中国	父母
Du, 2014	6~14	60	NR	6	6~14	60	NR	0	5 mg/天	3~4个月	6个月	SNAP-IV	Total score	DSM-IV	中国	父母
Duric, 2017	11.4±3.1	42	73	12	10.9±2.4	44	87	13	1 mg/kg/天; 20~60 mg	3个月	6个月	Barkley (teacher)	TS HI IA	ICD-10	挪威	教师/父母
Fan, 2012	6~13	89	NR	NR	6~13	80	NR	NR	5 mg ~ 20 mg/天	3个月	3个月	Conner-parent	HI IA	DSM-IV	中国	父母
Gelade, 2018	9.8±1.9	39	72.7	1	9.0±1.2	36	75.0	5	5~20 mg/天	12周	6个月	SWAN	HI IA	DSM-IV	荷兰	教师/父母
Ji, 2009	8.75±1.66	69	76.8	NR	9.19±1.72	63	76.2	NR	>5 mg/天	3~4个月	无	IVA-CPT	FRCQ FAQ	DSM-IV	中国	不详
Kong, 2007	8.6±1.2	90	75.6	0	8.4±1.4	90	74.4	10	5 mg/天, 适当调整	3个月	6个月	Conner-parent TOVA1	HI IA IQ omissions RT variation	DSM-IV	中国	不详

续 表

作者/年份	生物反馈					哌甲酯					干预时间	随访时间	工具	结局指标	ADHD诊断	国家	评分者
	年龄	N	男性比	流失		年龄	N	男性比	流失	方案						
Li, 2001	8~13	28	NR	2		8~13	29	NR	8	5 mg/天,适当调整	3~4个月	1~3个月	Conner-parent	HI IA	DSM-Ⅲ	中国	父母
Meisel, 2013	9.5±1.8	14	50	2		8.9±1.5	13	54.55	2	1 mg/kg/天	2个月	2个月	ADHD RS-Ⅳ	TS HI IA	DSM-Ⅳ	西班牙	教师/父母
Moreno, 2015	9.21±1.9	19	79	NR		9.21±2.2	19	79	NR	缓释或药物控制释放	20周	无	IVA/CPT	IVA/CPT	ADHD RS-Ⅳ	西班牙	NA
Sudnawa, 2018	8.4±1.6	20	90	1		9.0±1.5	20	90	0	5~20 mg/d	12周	无	VADTRS	HI IA tT	NR	泰国	教师/父母
Tang, 2017	8.64±1.54	43	55.8	NR		8.75±1.51	43	53.4	NR	5 mg/天	3个月	无	Conner-parent	HI IA	ICD-10	中国	父母
Yang, 2016	Child	63	NR	NR		Child	63	NR	NR	5 mg/天	6个月	无	SNAP-Ⅳ	Total score	DSM-Ⅳ	中国	父母
Zhang, 2006	6.5~11.9	21	79.5	1		6.5~11.9	22	79.5	6	5 mg/天	3~4个月	3个月	Conner-parent	HI IA	DSM-Ⅳ	中国	父母
Zhou, 2012	8.4±1.7	38	78.9	0		9.1±1.5	36	77.8	4	18~36 mg/天	6个月	无	IVA-CPT	FRCQ FAQ	DSM-Ⅳ	中国	不详
Zuo, 2009	8.4±2.3	30	NR	NR		8.4±2.3	30	NR	NR	0.1~0.61 mg/kg/天	2个月	3个月	IVA-CPT	FRCQ FAQ	DSM-Ⅲ-R	中国	不详

者。有 13 项研究发表在中文期刊上,而 5 项为英文,其中 2 项来自西班牙,1 项来自挪威,1 项来自泰国,1 项来自荷兰。多动症核心症状由家长评定($n=10$),教师和家长进行评分(4 项研究)。

在所有纳入研究中,根据阿恩斯等人的标准,生物反馈程序均为标准程序。没有研究直接评估在生物反馈训练后是否发生了学习。在所有的研究中,测量数据都是在基线和第一个终点收集的。此外,12 项研究也提供了随访时的结果(在第一个终点后没有治疗的情况下)。6 项研究在干预结束时和 3 项随访报告了神经心理测量的指标。值得注意的是,在所有的偏倚研究中,参与者/人员的分配隐藏和盲法被认为是高风险的,只有两项研究使用了盲法评估者[1][2]。

(一)即时干预效果

基于教师对多动症核心症状的评价,结果见表 5-3-2。在研究结束时,哌甲酯在改善多动症核心症状方面明显比生物反馈更有效,无论是考虑到综合症状还是个别领域[多动症综合症状:$SMD=-0.58, 95\%CI=(-1.06, -0.09), I^2=59.1\%$;多动/冲动:$SMD=-0.47, 95\%CI=(-0.86, -0.09), I^2=37.8\%$;注意缺陷:$SMD=-0.68, 95\%CI=(-1.25, -0.11), I^2=69.9\%$]。

表 5-3-2 教师评定的结果表

时间节点	指标	K	N	SMD	下限	上限	P	异质性				Egger's 检验	
								Q	df	p	I^2	t	p
干预结束	总分	4	228	-0.578	-1.063	-0.092	0.020	7.14	3	0.062	59.126	0.155	0.890
	冲动/多动	4	228	-0.474	-0.860	-0.088	0.016	4.825	3	0.156	37.818	0.311	0.784
	注意缺陷	4	228	-0.677	-1.245	-0.109	0.020	9.951	3	0.019	69.852	0.103	0.927
随访	总分	3	198	-0.192	-0.531	0.148	0.268	0.045	2	0.978	0.000	0.134	0.914
	冲动/多动	3	188	0.105	-0.263	0.473	0.576	2.287	2	0.319	12.565	0.078	0.475
	注意缺陷	3	188	-0.489	-0.833	-0.144	0.005	1.475	2	0.478	0.000	0.149	0.905

基于家长对多动症核心症状的评价,在实验结束后,哌甲酯在降低多动症核心症状的严重程度方面明显比生物反馈更有效[多动症综合症状:$SMD=-0.50, 95\%CI=(-0.81, -0.19), I^2=81.2\%$;多动/冲动性:$SMD=-0.51, 95\%CI=(-0.89, -0.13), I^2=85.7\%$;注意缺陷 $SMD=-0.41, 95\%CI=(-0.73, -0.09), I^2=77.2\%$]。结果在敏感性分析中基本得到了证实。

---

[1] Geladé K, Janssen TWP, Bink M, et al. A 6-month follow-up of an RCT on behavioral and neurocognitive effects of neurofeedback in children with ADHD[J]. Eur Child Adolesc Psychiatry, 2018, 27: 581-93.

[2] Moreno-García I, Delgado-Pardo G, Camacho-Vara de Rey C, et al. Neurofeedback, pharmacological treatment and behavioral therapy in hyperactivity: Multilevel analysis of treatment effects on electroencephalography[J]. Int J Clin Health Psychol, 2015, 15: 217-25.

生物反馈被试亡失率显著低于哌甲酯相关:生物反馈组420名多动症参与者29名退出,哌甲酯组423名多动症参与者60名退出[$OR=0.41, 95\% CI=(0.19, 0.91), I^2=40.5\%$]。

在神经心理测量方面,哌甲酯对注意缺陷的影响明显高于生物反馈[$SMD=-0.96, 95\% CI=(-1.71, -0.21), I^2=92.4\%$]和抑制作用[$SMD=-0.47, 95\% CI=(-0.87, -0.07), I^2=76.5\%$]。结果在敏感性分析中基本得到了证实。

(二)随访效果比较

根据教师的评估,在6个月的随访中,哌甲酯在降低注意缺陷的严重程度方面显著比生物反馈更有效[$SMD=-0.49, 95\% CI=(-0.83, -0.14), I^2=0.0\%$]。哌甲酯和生物反馈在综合症状及多动/冲动性上无差异[综合症状:$SMD=-0.19, 95\% CI=(-0.53, -0.15), I^2=0.0\%$;多动/冲动性:$SMD=0.11, 95\% CI=(-0.26, 0.47), I^2=12.6\%$]。

根据家长对多动症核心症状的评估,在研究终点,生物反馈在降低多动症核心症状的严重程度方面明显高于哌甲酯[多动症综合症状:$SMD=0.83, 95\% CI=(0.42, 1.25), I^2=85.6\%$;多动/冲动性:$SMD=0.69, 95\% CI=(0.40, 0.97), I^2=69.5\%$;注意缺陷:$SMD=0.45, 95\% CI=(0.04, 0.86), I^2=85.1\%$]。结果总体上对敏感性分析都很稳健。然而,在剔除非资助的实验或中文研究后,生物反馈和哌甲酯之间没有出现显著差异。

在神经心理测验结果方面,两种治疗方法之间不存在显著差异,在抑制指标上的效果量为$-0.21[95\% CI=(-2.61, 2.19), I^2=98.3\%]$,在注意缺陷指标上的效果量为$0.38[95\% CI=(-0.79, 1.56), I^2=94.4\%]$。

四、讨论分析

据我们所知,这是第一个比较哌甲酯和生物反馈对多动症患者的核心症状(综合、注意缺陷和多动/冲动)和神经心理测量(注意缺陷和抑制)的影响,以及它们在参与者退出方面的相对可接受性的元分析。

我们的主要分析结果与卡塔拉·洛佩兹等人的分析结果一致并予以扩展,该网状元分析依赖于二分结果(即患者多动症综合症状的改善或比例)。他们发现,兴奋剂(包括哌甲酯和安非他明)在治疗多动症联合症状上优于生物反馈。我们发现,在第一个研究终点,基于教师和家长的报告和多动症综合症状在临床实践中常用的个体维度(即注意缺陷和多动/冲动),哌甲酯显著优于生物反馈。在之前关于多动症非药物治疗的元分析中[1][2],欧洲多动症指南组使用了两种类型的结果:一种是由最接近治疗环境的个

---

[1] Cortese S, Ferrin M, Brandeis D, et al. Cognitive training for attention-deficit/hyperactivity disorder: meta-analysis of clinical and neuropsychological outcomes from randomized controlled trials[J]. J Am Acad Child Adolesc Psychiatry, 2015, 54: 164-74.

[2] Daley D, van der Oord S, Ferrin M, et al. Behavioral interventions in attention-deficit/hyperactivity disorder: a meta-analysis of randomized controlled trials across multiple outcome domains[J]. J Am Acad Child Adolesc Psychiatry, 2014, 53: 835-47.

体评分(通常是非盲法),另一种为"可能是盲法"。由于难以断定评分者"可能是盲法"的程度,我们将教师评分和家长评分分开处理。两种评分的结果是一致的,这再次印证了哌甲酯优于脑电生物反馈的结论。

虽然卡塔拉·洛佩兹等人发现在兴奋剂和生物反馈之间的可接受性方面没有差异,但我们确实发现生物反馈明显更可接受。需要指出的是,另一个最近的网状元分析发现哌甲酯比安非他明的耐受性更好。这可能解释了我们的元分析与卡塔拉·洛佩兹等人(2017)的元分析在可接受性方面的差异。

我们还提供了新的元分析证据,表明哌甲酯在其对注意缺陷和抑制的影响方面优于生物反馈。值得强调的是,这并没有提供哌甲酯通过改善神经心理功能来改善多动症症状的证据。事实上,有人认为这两者代表了两个截然不同的方面注意缺陷多动障碍。

值得注意的是,结果对一系列的敏感性分析是稳健的,但也有两个重要的例外。剔除非资助的实验或中文文献研究后,生物反馈和哌甲酯之间没有出现显著差异。这些敏感性分析中的研究数量很少($n=3$),因此这些结论需要谨慎对待。我们已经注意到,一些中文文献在盲法设计、随机分配等方面可能存在问题[1],事实上,由于对分配隐藏性的担忧,我们对所有纳入的实验进行了较高的偏倚风险评级。这可能导致了安慰剂效应,从而影响中文文献的研究结果。

值得注意的是,哌甲酯和生物反馈在研究终点都有利于多动症症状的改善,但它们的临床作用背后的神经机制可能是不同的。哌甲酯与多巴胺转运体具有高亲和力,对去甲肾上腺素转运体和血清素转运体的亲和力较低,并抑制突触单胺回神经元的运输[2]。有研究发现,临床剂量的哌甲酯对治疗多动症儿童具有显著的区域特异作用,可诱发多巴胺释放,抑制多巴胺于纹状体的再吸收,从而改善多动症相关症状[3]。

而生物反馈效应的作用机制则有所不同。与正常儿童相比,多动症儿童的子样本通常有额-中央 theta 波段活动增加,休息时 theta 功率比增加,尽管 theta 的增加并不是多动症特有的,也不存在于所有多动症患者中。试图纠正这些脑电图异常为多动症患者的生物反馈提供了理论基础[4]。生物反馈是通过使用放置在头部的电极和交互式计算机软件进行的。在操作性学习过程中,儿童被教导如何控制他们的脑电波,而生物反馈有潜力提高患者形成和执行行动计划的能力。一旦学习和训练,脑电波就可以改善到正常的健康范围。然而,由于脑电波在多次简单的训练后不容易重构,所以有一个

---

[1] Purgato M, Cipriani A, Barbui C. Randomized trials published in Chinese or Western Journals: comparative empirical analysis[J]. Journal of Clinical Epidemiology, 2012, (32): 354-361.

[2] Han DD, Gu HH, Hh G. Comparison of the monoamine transporters from human and mouse in their sensitivities to psychostimulant drugs[J]. BMC Pharmacology, 2006, (6): 6.

[3] Rubia K, Halari R, Cubillo A, et al. Methylphenidate normalizes fronto-striatal underactivation during interference inhibition in medication-naïve boys with attention-deficit hyperactivity disorder[J]. Neuropsychopharmacology, 2011, (36): 1575-1586.

[4] Loo SK, Makeig S. Clinical utility of EEG in attention-deficit/hyperactivity disorder: a research update[J]. Neurotherapeutics, 2012, (9): 569-587.

学习过程,因此训练过程更长,通常需要 40 次。生物反馈还有一个缺点,即孩子们应该到了可以玩电子游戏以达到目标并愿意训练的年龄。关于安全性和副作用,生物反馈被归类为最小风险和生物反馈培训中记录的非严重不良事件。

然而,在研究随访中,研究结果好坏参半。神经心理测量结果显示,哌甲酯与生物反馈之间无显著性差异。教师的评价发现,哌甲酯在总分和 HI(多动/冲动性)方面的效果优于生物反馈,而家长的评价则相反,表明生物反馈的效果优于哌甲酯。

我们的研究结果应该考虑到一些局限性。我们在许多比较中发现了显著的异质性。在药物的剂量、反馈的数量上也存在一些差异,这可能会在统计分析中引入一些偏差。我们只选择了经过验证的量表,专门测量相同的三项指标,即注意缺陷、多动和冲动。在未来的实验中,应降低偏倚风险,特别是应实施结果评估的盲法。最后,我们的结果,因为它们是基于汇总数据,在组层面上是正确的,但它们在个体患者层面上不提供信息。事实上,哌甲酯可能是一些患者的最佳选择,而另一些患者可能从生物反馈中获益更多。需要进行个体患者网状元分析来解决这些问题。

五、研究结论

综上所述,由于纳入研究的偏倚风险、主要分析与排除中文研究和非资助研究的敏感性分析之间的差异,以及随访终点的混合结果,我们无法从本研究的结果中得出有临床意义的解释。需要进一步的高质量和更大规模的研究来更正确地评估生物反馈和哌甲酯在多动症患者中的比较疗效和可接受性。

第四节 冥想训练对多动症干预效果的系统评价与元分析

冥想训练是否能明显改善多动症的相关症状,对于儿童多动症和成人多动症的干预效果是否一致,学术界尚无定论。我们拟采用规范的系统评价和元分析,基于随机对照实验,考察冥想训练对儿童/成人多动症核心症状及相关的神经心理功能障碍的改善效果。本研究共纳入 13 项采用随机对照实验的实证研究,其中有 7 项研究的对象是儿童,共涉及 270 名多动症儿童;有 6 项研究的对象是成人,共涉及 339 名多动症成人。13 项研究中有 12 项研究没有采用双盲实验,有 1 项研究采用了双盲实验。与对照组相比,冥想训练在改善注意缺陷、多动/冲动等多动症核心症状方面更为有效。在儿童组中,冥想训练对基于神经心理测验获得的注意缺陷和抑制等指标改善没有显著影响;在成年组中,冥想训练可以显著改善基于神经心理测验获得的工作记忆和抑制指标(所依赖的研究仅有 3 项)。尽管冥想训练对改善多动症核心症状具有统计学意义,但由于真正符合双盲标准的研究较少,不同研究间的异质性较大,今后还需要更多高质量的随机对照研究。在对患有多动症的儿童和成人实施冥想训练之前,需进一步明确冥想训练者的标准。

一、问题提出

注意缺陷多动障碍,又称多动症,是儿童期最常见的一种神经发育障碍,在全世界的发病率约为5%[1]。注意缺陷多动障碍的主要临床表现是明显的注意缺陷、持续时间短暂、活动过多和冲动[2]。大约有65%的患者症状会持续到成年期,世界范围内成人多动症的发病率约为2.5%[3]。

多动症患者的治疗方法通常包括药物疗法和非药物疗法两种方案[4]。随机对照实验发现药物可以显著改善多动症的相关症状,至少短期内的改善效果明显[5]。然而,由于对其可能产生副作用的担忧,以及长期服用耐药性尚不明确,多动症患者需要更为安全、更为有效的非药物疗法[6]。

在过去的几年中,冥想训练作为治疗多动症的一种可选疗法受到了人们越来越多的关注。这些包括正念和瑜伽在内的冥想训练干预措施,旨在提高多动症患者的注意力和情绪调节能力,帮助被试更多地了解自身,理解内在自我,增强内在力量,更好地整合自我。

一项2010年发表的考克兰系统综述和元分析的初衷是以多动症儿童为研究对象开展随机对照实验,对冥想疗法治疗多动症的效果进行评估[7]。然而,经过文献检索后,系统综述中保留的4项研究中仅有1项为定量的元分析提供了数据,这使得他们无法对冥想疗法干预多动症的治疗效果得出任何确切的结论。后来的一项元分析得出冥想是有效的结果,在注意缺陷指标上的效应值是-0.66,在多动/冲动指标上的效应值是-0.53[8]。然而,这项元分析不仅纳入了随机对照实验,也纳入了非随机对照实验,这大大降低了结果的可信度。最近的一项系统评价也纳入了冥想训练干预多动症儿童的

---

[1] Faraone S V, Asherson P, Banaschewski T, et al. Attention-deficit/hyperactivity disorder. Nature Rev. Dis. Primers 15020[J]. 2015.

[2] Polanczyk G, De Lima M S, Horta B L, et al. The worldwide prevalence of ADHD: a systematic review and metaregression analysis[J]. American Journal of psychiatry, 2007, 164(6): 942-948.

[3] Faraone S V, Biederman J, Mick E. The age-dependent decline of attention deficit hyperactivity disorder: a meta-analysis of follow-up studies[J]. Psychological medicine, 2006, 36(2): 159-165.

[4] De Crescenzo F, Cortese S, Adamo N, et al. Pharmacological and non-pharmacological treatment of adults with ADHD: a meta-review[J]. Evidence-based mental health, 2017, 20(1): 4-11.

[5] Faraone S V, Buitelaar J. Comparing the efficacy of stimulants for ADHD in children and adolescents using meta-analysis[J]. European child & adolescent psychiatry, 2010, 19(4): 353-364.

[6] Cortese S, Holtmann M, Banaschewski T, et al. Practitioner review: current best practice in the management of adverse events during treatment with ADHD medications in children and adolescents[J]. Journal of Child Psychology and Psychiatry, 2013, 54(3): 227-246.

[7] Krisanaprakornkit T, Ngamjarus C, Witoonchart C, et al. Meditation therapies for attention-deficit/hyperactivity disorder (ADHD)[J]. Cochrane Database of Systematic Reviews, 2010 (6).CD006507.

[8] Cairncross M, Miller C J. The effectiveness of mindfulness-based therapies for ADHD: A meta-analytic review[J]. Journal of attention disorders, 2020, 24(5): 627-643.

随机对照研究和非随机对照研究①,不过该项研究并没有进行定量的元分析。因此,根据最新的研究进展,基于冥想训练对多动症的干预效果进行系统评价和定量分析是很有必要的。

冥想训练对于多动症的干预是否有效？为了回答这一问题,我们使用随机对照实验进行了系统的回顾和元分析,以多动症核心症状及神经心理测验的相关数据为结局指标,考察冥想训练对儿童和成人多动症的干预效果。鉴于本研究具有探索的性质,并没有提出特定的研究假设。

二、研究方法

我们严格遵循系统评价和元分析 PRISMA 报告规范②,本系统综述的研究计划方案已在国际系统综述注册平台上注册并获得了注册号,注册号为 CRD42018096156。

(一) 研究类型

我们纳入的是随机对照实验,而对双盲程度并无限制,即对于被试和实验者是否知道被试接受何种实验处理,并没有特定限制。平行随机对照设计和病例交叉随机对照设计都符合纳入标准。对于病例交叉随机对照研究,我们仅使用交叉前的数据。在主分析完成之后的敏感性分析中,我们剔除了交叉研究,以消除交叉所带来的潜在影响。

(二) 被试类型

我们的研究被试为多动症患者,不限年龄,无论是儿童、青少年抑或成人都在我们的被试范围内。筛选标准是依据规范的多动症诊断,如各种版本的精神疾病诊断与统计手册(DSM)或国际疾病分类 ICD 或其他符合测量学指标的多动症量表上的得分。对于多动症患者是否患有其他精神共病症并没有特定限制。

(三) 干预组类型

任何基于冥想的干预,包括正念、内观、冥想、禅、瑜伽、调息、气功、灵气、太极、打坐、萨曼莎、慈爱、自我同情等。

(四) 对照组类型

符合要求的控制条件包括没有干预组、等待列表对照组、没有任何结构化心理治疗的心理教育、没有结构化心理治疗的培训、任何其他不被归为结构化心理治疗的活动或

---

① Evans S, Ling M, Hill B, et al. Systematic review of meditation-based interventions for children with ADHD[J]. European Child & Adolescent Psychiatry, 2018, 27(1): 9 – 27.
② Liberati A, Altman D G, Tetzlaff J, et al. The PRISMA statement for reporting systematic reviews and meta-analyses of studies that evaluate health care interventions: explanation and elaboration[J]. Journal of clinical epidemiology, 2009, 62(10): e1 – e34.

常规治疗。有些被试可能服用了一些药物，但是如果用药没有达到规定的剂量，也视为是常规治疗组。

（五）结果

主要结果是使用任何经过验证的多动症量表上对多动症的核心症状（即注意缺陷分数和多动/冲动分数）的综合评分。当注意缺陷和多动/冲动得分被单独报告时，将两个指标合并以获得综合评分；如果只报告注意缺陷或多动/冲动某一个分数，我们使用该分数作为综合评分。在量表分数的评定者方面，我们分为研究者评定、教师评定、家长评定和自我报告。

次要结果包括：(1) 上述量表中所单独提供的注意缺陷分数和多动/冲动分数；(2) 不限类型的神经心理测验中的抑制分数；(3) 不限类型的神经心理测验中的工作记忆分数；(4) 不限类型的神经心理测验中的注意缺陷分数。

（六）检索策略/语法

本研究搜索了以下电子数据库（最后一次检索时间为 2018 年 5 月 5 日）：PubMed、PsycInfo、Embase、Ovid Medline 和 Web of Knowledge 数据库，没有语言、日期、文档类型限制。此外，我们还手工检索了以往相关元分析所纳入的参考文献，以防遗漏可能的相关研究。

（七）筛选和数据提取

文献筛选过程分为两个独立阶段。第一阶段两位研究者独立筛选了所有非重复论文的标题和摘要，并排除了那些不相关的论文，保证最后文献列表一致。两位作者之间的分歧通过协商解决。当没有达成共识时，第三位经验丰富的研究者担任仲裁员。如果存在任何疑问，则该文献都将保留至下一阶段。在第二阶段，对于通过第一阶段筛选的文章需要下载全文，并由两位研究者独立评估是否符合纳入标准。对于有争议的问题，通过两位作者之间的协商沟通得到解决，如有必要，则由第三位资深作者担任仲裁员。如有需要，我们将联系文献的通讯作者，询问研究的具体信息，以确定是否符合纳入标准。

（八）数据提取

两名研究人员独立进行数据提取，不一致的地方均通过两位研究者之间的协商加以解决。所提取的数据主要有如下一些：(1) 出版信息：文献发表的年份和发表的语言类型，被试所在的国家。(2) 被试所处的环境（临床医院或一般调查中的人群）。(3) 研究被试的详细信息：多动症的人数、平均年龄、性别分布、社会经济地位和种族；确定多动症的诊断依据和用药状态。(4) 结果：上述各项结果的平均值和标准差。

(九) 纳入文献的风险评估

两位研究者使用考克兰偏倚风险评估工具(RoB)对纳入的每项研究进行独立评估[1]。RoB领域包括：选择分组过程中的偏倚（随机分配方案的产生、分配方案隐藏）、盲法偏倚（对研究对象和研究人员采用盲法）、结局测量偏倚（对结果评价者采用盲法）、结局数据缺失偏倚（不完整结果数据）、报告偏倚（选择性报告结果）和其他偏倚。任何分歧都通过协商加以解决。使用前人以往研究的标准[2]，将某项研究在所有指标上的最低得分作为该项研究的总体偏倚风险得分（如果任何一项被认为存在高偏倚风险，则该研究被认为是高偏倚风险；如果所有项目都为低风险，则该研究被认为总体低风险）。

(十) 统计分析

采用CMA 3.0软件进行数据分析，操作为"Comparison of two groups, continuous, unmatched groups, pre-data and post data, means, SD, pre-N and post-N, pre-correlation/post-correlation, standardized by post score SD"。值得注意的是，由于CMA需要前测后测相关系数，但是我们所纳入的所有研究均没有报告这一相关。我们比较了相关系数对最终结果的影响，结果发现前测后测相关系数从0到0.9时，我们的结果没有任何变化。因此即使原始论文中没有前测后测相关系数这一信息，依然可以进行元分析。鉴于研究固有的异质性，我们采用了随机效应模型。我们利用CMA的合并功能，将来自同一批被试的多动/冲动分数和注意缺陷分数合并得到综合分数。使用考克兰Q值和I^2来评估研究间的异质性，它估计的是由于异质性所引起的变异占总体变异的百分比[3]。I^2就意味着异质性的变异不是由偶然性因素造成的。我们使用Egger检验和漏斗图来估计发表偏倚[4]。

三、研究结果

各个阶段的文献保留数量具体参见PRISMA流程图（见图5-4-1）。从142项非重复的潜在相关参考文献中，最终找到了13项符合纳入标准的实证研究（来自17个参

---

[1] Higgins J P T, Altman D G, Gøtzsche P C, et al. The Cochrane Collaboration's tool for assessing risk of bias in randomized trials[J]. BMJ, 2011, 343.

[2] Cortese S, Adamo N, Mohr-Jensen C, et al. Comparative efficacy and tolerability of pharmacological interventions for attention-deficit/hyperactivity disorder in children, adolescents and adults: protocol for a systematic review and network meta-analysis[J]. BMJ open, 2017, 7(1): e013967.

[3] Higgins J P T, Thompson S G. Quantifying heterogeneity in a meta-analysis[J]. Statistics in medicine, 2002, 21(11): 1539-1558.

[4] Egger M, Smith G D, Schneider M, et al. Bias in meta-analysis detected by a simple, graphical test[J]. BMJ, 1997, 315(7109): 629-634.

考文献),表5-4-1报告了纳入研究的主要特征。其中7项研究的对象是儿童多动症患者[1][2][3][4][5][6][7],6项研究的对象是成人多动症患者[8][9][10][11][12][13]。2项以儿童多动症患者为对象的研究采用了病例交叉随机对照研究,其他11项研究都属于平行随机对照研究。在冥想干预类型方面,儿童多动症组中有4项使用了正念(其中有2项包含了家庭干预的部分),3项使用了瑜伽。在成人组中,有2项使用了正念,2项使用了基于正念的认知疗法,1项使用了融入了冥想元素的辩证疗法,1项使用了融入了冥想元素的认知行为疗法。

冥想训练的平均持续时间为8周。总体来说,最终纳入的研究中包括了609名多动症患者,其中270名为儿童,339名为成年人。在偏倚风险评估结果方面,儿童组中57%研究的整体风险为"偏倚风险不清楚",43%的研究的整体风险为"高偏倚风险";在成年组中,17%的研究的整体风险为"偏倚风险不清楚",83%的研究的整体风险为"高偏倚风险"。

在敏感性分析中,除了按照研究方案删除了Jensen等人的病例交叉研究(没有交

---

[1] Gershy N, Meehan K B, Omer H, et al. Randomized clinical trial of mindfulness skills augmentation in parent training[C]//Child & Youth Care Forum. Springer US, 2017, 46(6): 783-803.

[2] Kiani B, Hadianfard H, Mitchell J T. The impact of mindfulness meditation training on executive functions and emotion dysregulation in an Iranian sample of female adolescents with elevated attention - deficit/hyperactivity disorder symptoms[J]. Australian Journal of Psychology, 2017, 69(4): 273-282.

[3] Kim S-H, Choi Y-H, Kim K-U. The effect of hatha yoga and physical activity on the attention of children and adolescents with ADHD tendencies[J]. The Journal of the Korea Entertainment Industry Association, 2014, 8: 525-37.

[4] Sidhu P. The efficacy of mindfulness meditation in increasing the attention span in children with ADHD[J]. Dissertation Abstracts International: Section B: The Sciences and Engineering, 2015, 75.

[5] Haffner J, Roos J, Goldstein N, et al. The effectiveness of body-oriented methods of therapy in the treatment of attention-deficit hyperactivity disorder (ADHD): results of a controlled pilot study[J]. Z Kinder Jugendpsychiatr Psychother, 2006, 34: 37-47.

[6] Jensen P S, Kenny D T. The effects of yoga on the attention and behavior of boys with Attention-Deficit/hyperactivity Disorder (ADHD)[J]. J Atten Disord, 2004, 7: 205-16.

[7] Lo HHM, Wong SWL, Wong JYH, et al. The effects of family-based mindfulness intervention on ADHD symptomology in young children and their parents: a randomized control trial[J]. J Atten Disord, 2017.

[8] Janssen L, Kan C C, Carpentier P J, et al. Mindfulness-based cognitive therapy treatment as usual in adults with ADHD: a multicentre, single-blind, randomised controlled trial-ERRATUM[J]. Psychol Med, 2018: 1.

[9] Gu Y, Xu G, Zhu Y A randomized controlled trial of mindfulness-based cognitive therapy for college students With ADHD[J]. J Atten Disord, 2018, 22: 388-99.

[10] Fleming A P, McMahon R J, Moran L R, et al. Pilot randomized controlled trial of dialectical behavior therapy group skills training for ADHD among college students[J]. J Atten Disord, 2015, 19: 260-71.

[11] Hoxhaj E, Sadohara C, Borel P, et al. Mindfulness vs psychoeducation in adult ADHD: a randomized controlled trial[J]. Eur Arch Psychiatry Clin Neurosci, 2018, 268: 321-35.

[12] Mitchell J T, McIntyre E M, English J S, et al. A pilot trial of mindfulness meditation training for adhd in adulthood: impact on core symptoms, executive functioning, and emotion dysregulation[J]. J Atten Disord, 2017, 21: 1105-20.

[13] Pettersson R, Söderström S, Edlund-Söderström K, et al. Internet-based cognitive behavioral therapy for adults with adhd in outpatient psychiatric care[J]. J Atten Disord, 2017, 21: 508-21.

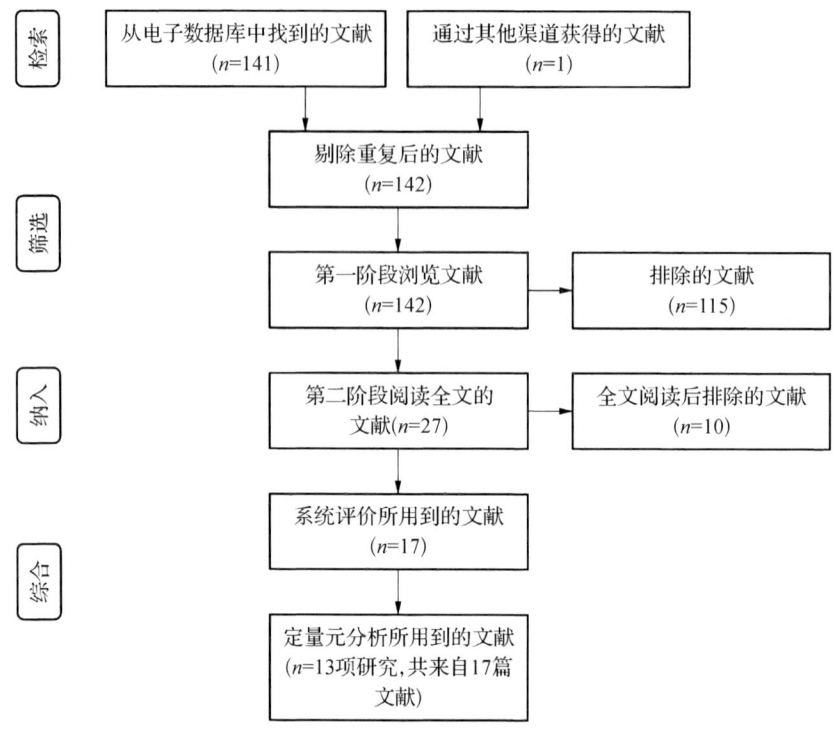

图 5-4-1 文献筛选流程图

又前的数据),我们还删除了 2 项研究以进行事后敏感性分析。删除的这 2 项研究都属于成人组(弗莱明和佩特森),因为这 2 项研究中的干预方案并非纯粹的冥想训练。具体而言,弗莱明等人研究中采用的是针对多动症大学生所专门改进了的辩证行为疗法,里面包含了冥想训练的成分;佩特森等人的研究中的干预包含了行为分析、正念和接受、时间管理、注意广度估计、减少干扰、组织规划、问题解决、行为激发和愤怒控制训练等。此外,我们还剔除了儿童组中格尔西等人的研究,进行了另外一项敏感性分析。这是因为格尔西等人的研究中用到的是儿童行为检查表外化量表,该量表不仅测量了多动症的外显症状,而且也测量了非多动症的外显症状。最后,我们根据对照组的类型进行了事后分析。仅有等待列表对照组的研究适合进行亚组分析,儿童组有 2 项研究,成人组有 4 项研究。而其他类型控制组则不满足亚组分析条件,如只有 1 项研究。

表 5-4-1 纳入研究基本特征表

作者/年份	被试数	冥想类型	对照组类型	盲法	训练时长(周)
儿童组					
Gershy,2017	57	正念与非暴力沟通父母培训	非暴力沟通父母培训	不确定	0
Haffner,2006	20	瑜伽	常规运动训练	不确定	8

续 表

作者/年份	被试数	冥想类型	对照组类型	盲法	训练时长（周）
Jensen,200	14	瑜伽	合作活动	不确定	20
Kim,2017	30	正念冥想训练	等候名单	不确定	8
Kim,(2014	20	瑜伽	等候名单	不确定	4
Lo,2017	100	家庭正念干预	等候名单	不确定	6
Sidhu,2015	29	正念训练	拼图乐高积木堆叠游戏	不确定	4
成人组					
Fleming,2015	33	辩证疗法	自我引导技能	单盲	8
Gu,2018	54	正念认知疗法	等候名单	单盲	6
Hoxhaj,2018	81	正念训练	心理教育	单盲	8
Janssen,2018	120	基于正念的认知疗法	等候名单	单盲	8
Mitchell,2017	2	团体正念训练	等候名单	非盲法	8
Petterson,2017	31	基于网络的认知行为训练	等候名单	单盲	10

（一）儿童组冥想训练效果元分析

就主要结果（多动症的综合症状）而言，冥想训练组的改善效果优于对照组，效果量为中等[Hedge's $g=-0.44,95\%CI=(-0.69,-0.19)$]，不存在明显的异质性（见图5-4-2）。在注意缺陷指标上的效果量比多动/冲动指标上的效果量更大，前者的效果量为-0.52，后者的效果量为-0.40。敏感性分析结果稳健，这意味着冥想训练对多动症核心症状的改善效果是稳定的。与对多动症核心症状的改善效果相比，基于

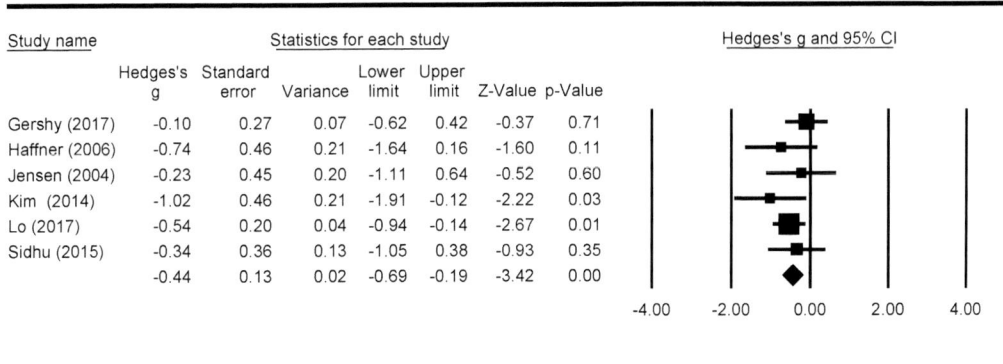

图5-4-2 儿童组冥想训练效果元分析图

神经心理测验的指标则没有明显的改善。抑制指标的效果量为：Hedge's g＝－0.35，95%CI＝(－0.91,0.21)，I^2 为 61.85%；基于神经心理测验的注意缺陷指标的效果量为：Hedge's g＝－0.35，95%CI＝(－0.86,0.17)，I^2 为 59.26%。

（二）成人组

在多动症的综合症状方面，冥想训练组的改善效果明显高于对照组，效果量为 －0.66，有着明显的异质性(I^2＝81.81%)(见图 5-4-3)。但是在剔除了 2 项非纯粹冥想训练的研究之后，敏感性分析结果发现效果量变得不显著。对注意缺陷和多动/冲动指标分布进行分析，结果发现注意缺陷指标上的效果量显著[Hedge's g＝－0.81,95%CI＝(－1.55,－0.08)]，但是在多动/冲动指标上却不显著[Hedge's g＝－0.70,95%CI＝(－1.48,0.09)]，I^2 分别为 88.31%和 88.65%。

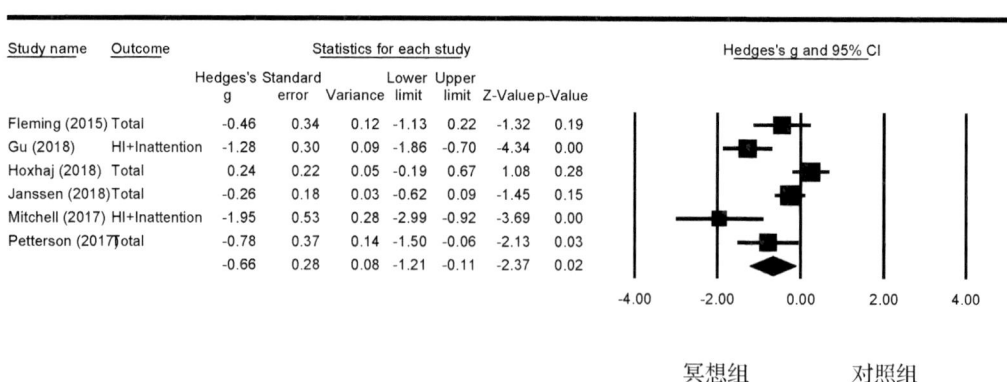

图 5-4-3　成人组冥想训练效果元分析图

在使用神经心理测量方法获得的各项指标方面，冥想训练对抑制[Hedge's g＝－0.54,95%CI＝(－0.84,－0.24)，I^2＝0%]和工作记忆[Hedge's g＝－0.42,95%CI＝(－0.73,0.11)，I^2＝0%]的改善显著高于对照组，但对注意缺陷[Hedge's g＝－0.63,95%CI＝(－1.41%,0.14)，I^2＝58.39%]的改善则与对照组不存在显著差异。需要注意的是，用于计算抑制和工作记忆合并效果量的实证研究仅有 3 项。

正如预期的那样，不论是儿童组还是成人组，当把对照组限定为等待列表对照组时，得到的效果量有所增加。不论是儿童组还是成人组，所有研究均没有明显的发表偏倚。

四、讨论分析

据我们所掌握的资料而言，在所有评估冥想训练对多动症核心症状和神经心理测验相关指标改善效果的系统评价和元分析中，本研究是纳入文献数量最多、最全的一项。这得益于近年来该领域日益受到研究者的关注，相关出版物越来越多，使得我们能够纳入更多的随机对照研究。

就多动症的综合症状这一主要结果而言，无论是儿童组还是成人组，冥想疗法的改善效果明显优于对照组,效果量中等,其中成人效果量高于儿童组。在神经心理测验的各项指标中,冥想训练对于成人组的抑制和工作记忆有显著影响,但是没有发现对成人组的注意缺陷(神经心理测验)有显著影响。也未发现冥想训练对儿童组抑制和注意缺陷(神经心理测验)的显著影响。

所有的冥想训练都非常看重注意过程、自我控制和情绪调节,而后者正是很多多动症患者所缺乏的。从这个意义上讲,冥想训练可以改善多动症的综合症状是解释得通的[1]。然而,由于纳入研究存在诸多方法论和临床方面的问题,我们应该非常谨慎地看待这一结果。

首先,虽然我们将元分析限制在随机对照实验上,但所有的研究要么是单盲的,要么未能明确报告是否对研究对象和研究人员采用了盲法。这很容易导致期望效应,这是一个众所周知的问题,特别是在非药物干预的随机对照实验中,期望效应很可能会产生潜在的重要风险[2]。在一系列旨在评估其他非药物干预有效性(即行为疗法、饮食干预、认知训练和神经反馈)的元分析中,欧洲多动症指南组(EAGG)在解决评分者的双盲类型时的做法如下:把评分者分成最接近的评分者和可能的盲评者,前者是参与实验的评分者,通常是不盲评的;后者是欧洲多动症指南组达成共识后定义为盲评者(当时实验没有明确报告评分者是盲的)。结果发现,当使用最接近的评分者时,大多数干预措施是有显著效果的;但是当使用可能的盲评者时,这些显著效应通常都无法重复。不幸的是,在本研究中,由于数据报告缺乏一致性,我们在此无法采用相同方法验证。

第二,除了盲法偏倚问题外,被纳入的13项研究没有1项被认定为总体低偏倚风险。根据考克兰ROB的条目,不仅存在选择偏倚(对研究对象和研究人员采用盲法)和结局测量偏倚(对结果评价者未采用盲法),而且还存在选择分组过程中的偏倚(分配方案的产生不随机、分配方案未隐藏)、结局数据缺失偏倚(不完整结果数据)、报告偏倚(选择性报告结果)和其他偏倚。此外,大多数纳入的研究并未提前注册研究方案,使得我们无法排除可能出现的报告偏倚(选择性报告)。因此,我们呼吁今后应该在该领域进行更完整、更为透明的报告。

第三,在纳入的研究中,对照组的控制条件各不相同,包括了自我指导的技能讲义、非暴力沟通的父母培训、心理教育、等待列表对照组等。对照组的类型可能会对效果量的大小产生影响。由于缺乏数据,我们没有足够的理由完全相信等待列表对照亚组的信息。值得注意的是,在去除干预措施为非纯粹冥想的2项研究的敏感性分析中,冥想训练对多动症综合症状的显著影响消失了。一方面,这让人对是否冥想训练本身对多动症的实际影响产生了怀疑;另一方面,它表明冥想疗法结合其他方法(如认知行为疗法＋冥想疗法)的干预可能要比单一的干预模式更为有效。

第四,在大多数纳入的研究中,参与者接受了一定的药物治疗,因此无法完全厘清

---

[1] Lenzi F, Cortese S, Harris J, et al. Pharmacotherapy of emotional dysregulation in adults with ADHD: a systematic review and meta-analysis[J]. Neuroscience & Biobehavioral Reviews, 2018, 84: 359-367.

[2] Hicks M, Hanes D, Wahbeh H. Expectancy effect in three mind-body clinical trials[J]. Journal of Evidence-Based Complementary & Alternative Medicine, 2016, 21(4): NP103-NP109.

观察到的干预效果在多大程度上是由于冥想训练造成的,抑或是由于冥想训练和药物治疗的联合作用。

第五,在成人组和儿童组基于神经心理测验的相关指标中异质性较大,这一点反映在大多数分析中 I^2 值,表明研究间存在着不能归因于偶然因素的异质性。这提示我们结果推广时要谨慎。

与成人组相关的另一个问题是,与注意缺陷效果相比,冥想训练对成人组多动/冲动指标的影响并不显著。这是否意味着冥想训练对多动症的不同指标有着不同影响,这也有待于在今后的研究中进一步探究。

没有发现冥想训练对儿童神经心理测验各指标的影响,这与在认知训练所观察到的结果相反。在对多动症儿童认知训练的元分析中,萨缪尔·科蒂塞等人发现认知训练对工作记忆(语言和视觉)有显著影响,但对可能盲评者评定的多动症核心症状没有影响[1]。执行功能的缺陷不太可能是多动症的病因学因素和表型行为之间的中介路径。基于同样的理由来看神经心理测验的阴性结果,冥想训练即便真能够改善多动症核心症状,也不大可能是由执行功能障碍的改善所造成的,至少在儿童中是这样的。虽然成年组对抑制和工作记忆的神经心理测验的影响显著,但我们在解释时务必要谨慎,因为这一结果是仅基于3项研究作出的。

未来旨在评估冥想训练对多动症治疗效果的随机对照实验,不仅需要纳入更多的被试和采取严格的盲法评分者,而且还应明确对照组的类型,并尽可能选择那些未服用药物的被试。

埃文斯等人指出,需要进一步通过研究来澄清的一个重要方面是,将父母纳入治疗方案在多大程度上提高了治疗的效果。由于在我们的元分析中保留的研究中只有2项研究在治疗方案中包含了父母因素,因此我们无法回答这个临床相关问题。未来的研究还需要确定治疗方案的最佳频率、强度和持续时间,以及治疗师应达到什么要求方能产生效果。虽然现有大多数冥想训练治疗多动症的随机对照试验侧重于多动症核心症状或神经心理功能障碍,但生活质量或共病障碍等其他重要结果也应纳入未来的研究。最后,冥想治疗应在何种程度上被视为一种独立的疗法,还是作为增强其他干预措施(药理学或非药理学)的疗法,这一点也是很重要的。

从临床意义来看,目前还缺乏方法学上足够可靠的证据支持冥想疗法作为一种独立的干预措施来改善儿童、成人多动症核心症状或相关神经心理功能障碍。在对儿童和成人多动症的常规护理中实施冥想训练时,需要考虑对治疗师培训的明确标准。

---

[1] Cortese S, Ferrin M, Brandeis D, et al. Cognitive training for attention-deficit/hyperactivity disorder: meta-analysis of clinical and neuropsychological outcomes from randomized controlled trials[J]. Journal of the American Academy of Child & Adolescent Psychiatry, 2015, 54(3): 164-174.

参考文献

[1] 拜争刚.循证社会科学[M].上海:华东理工大学出版社,2019.
[2] 陈建新,鲁婷.中小学生心理健康教育[M].武汉:华中科技大学出版社,2020.
[3] 董奇.心理与教育研究方法[M].北京:北京师范大学出版社,2019.
[4] 傅小兰,张侃.中国国民心理健康发展报告(2019-2020)[M].北京:社会科学文献出版社,2021.
[5] 哈里斯·库珀.元分析研究方法[M].李超平,张昱城,等译.北京:中国人民大学出版社,2020.
[6] 胡晓玲,柳春艳.循证教育学概论[M].北京:中国社会科学出版社,2021.
[7] 黄希庭,张志杰.心理学研究方法[M].北京:高等教育出版社,2005.
[8] 江光荣.心理咨询的理论与实务[M].北京:高等教育出版社,2012.
[9] 金玲华.新时代青少年心理健康教育:原理、操作与实务[M].北京:中国书籍出版社,2022.
[10] 刘视湘,郑日昌.中学生心理健康教育[M].北京:开明出版社,2012.
[11] 刘学兰.中学生心理健康教育[M].广州:暨南大学出版社,2012.
[12] 莫雷.青少年心理健康教育[M].上海:华东师范大学出版社,2003.
[13] 宋专茂.心理健康测量[M].2版.广州:暨南大学出版社,2005.
[14] 童峰.基于循证实践方法的老年人口健康干预研究[M].成都:西南财经大学出版社,2016.
[15] 汪向东,王希林,马弘.心理卫生评定量表手册(增订版)[M].北京:中国心理卫生杂志社,1999.
[16] 王毅杰,高燕.流动儿童与城市社会融合:理论与现实[M].北京:社会科学文献出版社,2010.
[17] 杨克虎,李秀霞,拜争刚.循证社会科学研究方法:系统评价与Meta分析[M].兰州:兰州大学出版社,2018.
[18] 杨文登.循证心理健康服务[M].北京:商务印书馆,2017.
[19] 杨文登.循证心理治疗[M].北京:商务印书馆,2017.
[20] 俞国良.心理健康教育理论政策研究[M].北京:北京师范大学出版集团,2020.

[21] 俞国良.心理健康教育前沿问题研究[M].北京:北京师范大学出版集团,2021.

[22] 俞国良.中小学校心理健康教育研究[M].北京:北京师范大学出版集团,2020.

[23] 张文新.青少年发展心理学[M].济南:山东人民出版社,2002.

[24] 中国青少年心理健康课题组.中国青少年心理健康报告[M].北京:中国科学出版社,2013.

[25] 白春玉,张迪,顾国家,杨旭.流动儿童心理健康状况家庭环境影响因素分析[J].中国公共卫生,2013,29(02):288-289.

[26] 常微微,姚应水,袁慧,陈佰锋,梁雅丽,陈燕,宋建根,李杰,朱玉.2000—2012年我国中学生自杀意念发生率的元分析[J].中华流行病学杂志,2013(05):515-519.

[27] 陈灿锐,高艳红,申荷永.主观幸福感与大三人格特征相关研究的元分析[J].心理科学进展,2012,20(1):19-26.

[28] 陈丹,权治行,艾梦瑶,等.青少年心理健康状况及影响因素[J].中国健康心理学杂志,2020,28(09):1402-1409.

[29] 陈虹,姜吉吉,苏林雁.家庭环境与儿童少年行为问题的关系[J].中国学校卫生,2003(2):155-156.

[30] 常向东,袁大伟,徐燕,金霞芳,李岗,石军红,吴蕾,吴王辉,沈文龙,马丹英.初中生自杀意念与抑郁的干预[J].中国健康心理学杂志,2015,23(01):132-136.

[31] 何晓萍.中小学校心理教师培训与教研工作需求的探究——以哈尔滨市为例[J].中小学心理健康教育,2017(23):7-10+13.

[32] 洪恬.留守儿童家庭环境状况及其与自我概念——应对方式的关系[J].中国健康心理学杂志,2012,20(2):221-223.

[33] 侯粤虎,张泉水,唐建军,邓秀良.深圳市宝安区高中生睡眠质量分析[J].中国学校卫生,2015,36(10):1560-1562.

[34] 侯子海.行为训练和团体辅导对中学生考试焦虑的干预研究[J].校园心理,2009,7(02):88-90.

[35] 胡传鹏,王非,过继成思,宋梦迪,隋洁,彭凯平.心理学研究中的可重复性问题:从危机到契机[J].心理科学进展,2016,24(09):1504-1518.

[36] 胡传鹏.将预注册的重复实验纳入心理学研究方法的课程[J].心理技术与应用,2019,7(05):261-262+265.

[37] 黄琼,周仁来.中国学生考试焦虑的发展趋势——纵向分析与横向验证[J].中国临床心理学杂志,2019,27(01):113-118.

[38] 蒋奖,鲁峥嵘,蒋苾菁,许燕.简式父母教养方式问卷中文版的初步修订[J].心理发展与教育,2010,26(01):94-99.

[39] 教育部教育装备研究与发展中心"中小学心理健康教育设备与课程体系研究"课题组.我国中小学心理健康教育课程的现状研究[J].教育与装备研究,2017,

33(10):21-26.

[40] 金灿灿,兰岚.犯罪青少年与普通青少年的父母教养方式差异的元分析[J].中国特殊教育,2014(02):90-96.

[41] 黎润新,陈建梅.初中生应对方式与自杀意念的关系[J].中国健康心理学杂志,2016,24(09):1402-1406.

[42] 李丹.民办高校贫困生的自我概念及应对方式[J].中国健康心理学杂志,2013,21(7):1108-1109.

[43] 林崇德.读懂孩子,科学开展心理健康教育[J].中小学心理健康教育,2015(23):4-5.

[44] 林崇德.以十八大精神为指导,科学推进心理健康教育——在全国中小学心理健康教育工作会议上的讲话[J].中小学心理健康教育,2013(01):7-9.

[45] 马欣仪,凌辉,李新利,王梦怡.寄宿与非寄宿小学生学习适应性、心理健康与学业成绩比较[J].中国临床心理学杂志,2013,21(03):497-499.

[46] 彭豪祥,谭平.教师对教育理论的反应偏差及其解决对策[J].教学与管理:理论版,2011(7):3.

[47] 孙卉,张田.团体人际心理治疗对初中流动儿童抑郁情绪的作用[J].中国临床心理学杂志,2020,28(01):212-216.

[48] 陶芳标,张洪波,曾广玉,许韶君,郑迎军,夏俊瑞.青少年自杀行为及其影响因素的研究[J].中国公共卫生,1999(03):69-70.

[49] 田宝,郭德俊.认知训练对不同类型考试焦虑的作用[J].心理发展与教育,2003(01):64-69.

[50] 田琪,汪晓敏,章荣华,陈卫平,祝一虹,朱婉儿.杭州市青少年自杀问题现况调查[J].中国心理卫生杂志,2012,26(03):230-234.

[51] 王东美,钱铭怡,樊富珉,江光荣.中国临床与咨询心理学百年发展简史(1921—2021)[J].中国临床心理学杂志,2022,30(02):454-460.

[52] 王震宇,王万章,沙维伟.中学生的焦虑状况及与自尊和应付方式的关系研究[J].实用临床医药杂志,2009,13(19):15-17.

[53] 王舟,卞茜,王瑞文,舒京平,孔亚萍,杨禄禄,周洁,陈珊,冯榴君,梁秋月.初中生自杀风险的普遍性及针对性干预的效果[J].中国心理卫生杂志,2020,34(02):117-122.

[54] 魏俊彪.家庭环境与高中生焦虑,抑郁的关系研究[J].中国学校卫生,2003,24(4):384-385.

[55] 文小桐,党宇松,陈飞宇,李旭阳,徐雯艳,贾至慧,林毅翔,Melissa Deadmond,杨维,袁兆康.南昌市高中生自杀意念现状及特征[J].中国学校卫生,2019,40(03):451-453.

[56] 毋瑞朋,郭蓝,黄业恩,王婉馨,肖笛.山西省中学生睡眠质量及影响因素分析[J].中国学校卫生,2019,40(08):1169-1172.

[57] 吴惠娟.家庭环境对初高中学生心理健康影响的差异研究[J].中国学校卫生,

2005(8):2.

[58] 吴思遥,何金波,朱虹,蔡太生,陆遥,胡献,毛巍巍.状态焦虑和特质焦虑对青少年进食行为的影响:自我控制的中介作用[J].中国临床心理学杂志,2015,23(01):93-96.

[59] 夏莹,杨子云,戢汉斌.影响中国中学生自杀意念危险因素 Meta 分析[J].中国健康心理学杂志,2017,25(02):178-181.

[60] 向跃进,薛平生."中学生考试焦虑现状、原因及对策研究"课题研究报告[J].中小学心理健康教育,2010,(24):32-34.

[61] 肖新燕.乌鲁木齐不同民族小学生父母教养方式与心理健康的相关性分析[J].中国学校卫生,2010,31(12):1444-1446.

[62] 徐凡,焦锋,韩云涛,余毅震,韩芳,历云超.云南省中学生自杀意念现状及其影响因素研究[J].中国初级卫生保健,2012,26(03):94-96.

[63] 严虎,陈晋东,赵丽萍,朱薇薇,伍海姗.长沙市中学生睡眠质量及影响因素分析[J].中国公共卫生,2013,29(06):812-815.

[64] 严由伟,刘明艳,唐向东,林荣茂.压力源及其与睡眠质量的现象学关系研究述评[J].心理科学进展,2010,18(10):1537-1547.

[65] 杨红君,楚艳民,刘利,刘琴,陈哲,刘文莉,钟爱良.父母养育方式量表(PBI)在中国大学生中的初步修订[J].中国临床心理学杂志,2009,17(04):434-436.

[66] 杨婷婷,卢次勇,陈钢,郭蓝,李鹏声.贵州少数民族地区中学生自杀意念及尝试自杀影响因素分析[J].中国学校卫生,2019,40(07):1017-1020.

[67] 杨文登.社会工作的循证实践:西方社会工作发展的新方向[J].广州大学学报(社会科学版),2014,13(2):50-59.

[68] 杨文登.美国心理健康教育的循证实践:理论、实施及启示[J].外国教育研究,2017,44(06):54-67.

[69] 杨文登.循证实践:一种新的实践形态?[J].自然辩证法研究,2010,26(04):106-110.

[70] 杨文登.循证心理健康教育视角下的心理健康教育[J].中南林业科技大学学报(社会科学版),2012,6(03):132-134+152.

[71] 杨心玫,邱晶青,李虹,倪士光.流动青少年睡眠质量与父母教养方式[J].中国临床心理学杂志,2017,25(04):719-723.

[72] 杨云云,佘翠花,张利萍.儿童青少年父母教养方式的城乡比较[J].山东师范大学学报(人文社会科学版),2005(06):152-155.

[73] 于凤杰,陈亮,张文新.青少年早中期焦虑的发展及其与未来规划的关系:追踪研究[J].中国临床心理学杂志,2013,21(04):631-635.

[74] 余秀兰.关注质量与结果:我国教育公平的新追求[J].南京师大学报(社会科学版),2019(01):29-38.

[75] 岳冬梅,李鸣杲,金魁和,丁宝坤.父母教养方式:EMBU 的初步修订及其在神经症患者的应用[J].中国心理卫生杂志,1993(03):97-101+143.

[76] 张立敏,李玉堂,赵瑞兰,张克深,杨合,于金龙.北京市顺义区中学生自杀相关心理行为现况调查[J].中国学校卫生,2011,32(02):236-237.

[77] 张丽华,曲雪,郭琪.不同考试情境下高中生自尊与考试焦虑的关系[J].中国健康心理学杂志,2013,21(11):1737-1739.

[78] 张敏,王振勇.中学生心理健康状况的调查分析[J].中国心理卫生杂志,2001,15(4):226-227.

[79] 张萍.昭通市初中住宿学生心理健康状况分析[J].中国学校卫生,2014,35(03):399-401.

[80] 张妍,任慧莹.父母教养方式与大学生心理健康关系元分析[J].中国学校卫生,2012,33(04):423-426.

[81] 张志群,郭兰婷.中学生自杀意念的相关因素研究[J].中国心理卫生杂志,2003(12):852-855.

[82] 周燕.影响中小学生心理健康的主要家庭环境因素[J].华东师范大学学报(教育科学版),2000,(02):19-24.

[83] Amy R Wolfson, Mary A Carskadon. Sleep Schedules and Daytime Functioning in Adolescents[J]. Child Development, 1998, 69(4): 875-887.

[84] Anagnostopoulos D. Depression in children and adolescents[J]. Annals of General Psychiatry, 2008, 7(1): 1-2.

[85] Baldry A C, Farrington D P. Protective factors as moderators of risk factors in adolescence bullying[J]. Social psychology of education, 2005, 8(3): 263-284.

[86] Cao Y, Yang F. Self-efficacy and problem behaviors of school bully victims: evidence from rural China[J]. Journal of Child and Family Studies, 2018, 27(10), 3241-3249.

[87] Chen M, Sun X, Chen Q, Chan K L. Parental Migration, Children's safety and psychological adjustment in rural China: a meta-analysis[J]. Trauma Violence Abuse, 2020, 21(1), 113-122.

[88] Cheng H, Liu Y, Tian M, Li Z. A study on the impact of "residential instability" on the health of migration population in large cities of China[J]. Geographical Research, 2021, 40(01), 185-198.

[89] Cheng J, Wang R C, Yin X, Fu L, Liu Z K. U-shaped relationship between years of residence and negative mental health outcomes among rural-to-urban children in migrant schools in Beijing, China: The Moderating Effects of Socioeconomic Factors[J]. Front Public Health, 2018, 5, 168.

[90] Cortese S, Sun S, Zhang J, et al. Association between attention deficit hyperactivity disorder and asthma: a systematic review and meta-analysis and a Swedish population-based study[J]. The Lancet Psychiatry, 2018, 5(9): 717-726.

[91] Diler R S, Avci A, Seydaoglu G. Emotional and behavioural problems in

migrant children[J]. Swiss medical weekly, 2003, 133(1-2): 16-21.

[92] Ding L, Yuen L W, Buhs E S, Newman I M. Depression among Chinese left-behind children: a systematic review and meta-analysis[J]. Child Care Health Dev, 2019, 45(2), 189-197.

[93] Fang L. The well-being of China's rural to urban migrant children: Dual impact of discriminatory abuse and poverty[J]. Child Abuse & Neglect, 2020, 99: 104265.

[94] Gao Y, Wang H, Liu X, et al. Associations between stressful life events, non-suicidal self-injury, and depressive symptoms among Chinese rural-to-urban children: A three-wave longitudinal study[J]. Stress and Health, 2020, 36(4): 522-532.

[95] Glass G V, Smith M L. Meta-Analysis of Research on Class Size and Achievement[J]. Educational Evaluation and Policy Analysis. 1979;1(1): 2.

[96] Gray G R, Totsika V, Lindsay G. Sustained effectiveness of evidence-based parenting programs after the research trial ends[J]. Frontiers in psychology, 2018, 9: 2035.

[97] Hishinuma E S, Miyamoto R H, Nishimura S T, et al. Prediction of anxiety disorders using the state-trait anxiety inventory for multiethnic adolescents[J]. Journal of Anxiety Disorders, 2001, 15(06): 511-533.

[98] Iwata N, Higuchi H R. Responses of Japanese and American University Students to the STAI Items That Assess the Presence or Absence of Anxiety[J]. Journal of Personality Assessment, 2000, 74(01):48-62.

[99] Jiang S, Dong L. The Effects of Teacher Discrimination on Depression Among Migrant Adolescents: Mediated by School Engagement and Moderated by Poverty Status[J]. Journal of Affective Disorders, 2020, 275.

[100] Khafi T Y, Borelli J L, Yates T M. Prospective associations between maternal self-sacrifice/overprotection and child adjustment: Mediation by insensitive parenting[J]. Journal of Child and Family Studies, 2019, 28(1): 202-217.

[101] Kim Ja Hun, Nicodimos, et al. y Comparing Mental Health of US Children of Immigrants and Non-Immigrants in 4 Racial/Ethnic Groups[J]. Journal of School Health, 2018.68-75.

[102] Klahr A M, Burt S A. Elucidating the etiology of individual differences in parenting: A meta-analysis of behavioral genetic research[J]. Psychological bulletin, 2014, 140(2): 544.

[103] Leary C E, Kelley M L, Morrow J, et al. Parental use of physical punishment as related to family environment, psychological well-being, and personality in undergraduates[J]. Journal of family Violence, 2008, 23(1): 1-7.

[104] Lei H, Chiu M M, Cui Y, et al. Parenting style and aggression: a meta-

analysis of mainland Chinese children and youth[J]. Children and Youth Services Review, 2018, 94: 446-455.

[105] Lereya S T, Samara M, Wolke D. Parenting behavior and the risk of becoming a victim and a bully/victim: A meta-analysis study[J]. Child abuse & neglect, 2013, 37(12): 1091-1108.

[106] Li J B, Mo P, Lau J, et al. Online social networking addiction and depression: The results from a large-scale prospective cohort study in Chinese adolescents[J]. Journal of Behavioral Addictions, 2018, 7(3).

[107] Liu T, Zhang X, Jiang Y. Family socioeconomic status and the cognitive competence of very young children from migrant and non-migrant Chinese families: The mediating role of parenting self-efficacy and parental involvement[J]. Early Childhood Research Quarterly, 2020.51, 229-241.

[108] Lu J, Wang F, Chai P, et al. Mental health status, and suicidal thoughts and behaviors of migrant children in eastern coastal China in comparison to urban children: a cross-sectional survey[J]. Child & Adolescent Psychiatry & Mental Health, 2018, 12(1): 13.

[109] Lu M A, M M B, Ke L A, et al. Prevalence of mental health problems among children and adolescents during the COVID-19 pandemic: A systematic review and meta-analysis[J]. Journal of Affective Disorders, 2021.

[110] Madelyns G, Ted G. VeltIng, Drew M.Youth Suicide Risk and Preventive Interventions: A Review of the Past 10 Years[J]. Journal of the American Academy of Child & Adolescent Psychiatry, 2003.

[111] Maehler D B, Daikeler J, Ramos H, et al. The cultural identity of first-generation immigrant children and youth: Insights from a meta-analysis[J]. Self and Identity, 2021, 20(6): 715-740.

[112] Mander D J, Lester L. A Longitudinal Study Into Indicators of Mental Health, Strengths and Difficulties Reported by Boarding Students as They Transition From Primary School to Secondary Boarding Schools in Perth, Western Australia[J]. of Psychologists & Counsellors in Schools, 2017: 1-14.

[113] Meyer S, Lasater M, Tol W. Migration and Mental Health in Low-and Middle-Income Countries: A Systematic Review.[J]. Psychiatry, 2017, 80(4): 374-381.

[114] Moher D, Liberati A, Tetzlaff J, et al. Preferred Reporting Items for Systematic Reviews and Meta-Analyses: The PRISMA Statement [J]. Revista Espanola de Nutricion Humana y Dietetica, 2014, 18(3):172-181.

[115] Moreno-Ruiz D, Martínez-Ferrer B, García-Bacete F. Parenting styles, cyberaggression, and cybervictimization among adolescents[J]. Computers in Human Behavior, 2019, 93: 252-259.

[116] Nakao K, Takaishi J, Tatsuta K, et al. The influences of family environment on personality traits[J]. Psychiatry and Clinical Neurosciences, 2000, 54(1): 91-95.

[117] Nieuwboer C C, Fukkink R G, Hermanns J M A. Online programs as tools to improve parenting: A meta-analytic review[J]. Children and Youth Services Review, 2013, 35(11): 1823-1829.

[118] Nikolaev E L, Baranova E A, Petunova S A. Mental health problems in young children: the role of mothers' coping and parenting styles and characteristics of family functioning[J]. Procedia-Social and Behavioral Sciences, 2016, 233: 94-99.

[119] Parry Jane. Falling suicide rates in China mask emerging upward trends [J].BMJ: B-ritish Medical Journal, 2014, 349. 4486.

[120] Song R, Fung J J, Wong M S, et al. Attachment as Moderator of Perceived Social-Class Discrimination on Behavioral Outcomes Among Chinese Migrant Children:[J]. The Journal of Early Adolescence, 2020, 40(6): 745-771.

[121] Spera C. A review of the relationship among parenting practices, parenting styles, and adolescent school achievement[J]. Educational psychology review, 2005, 17(2): 125-146.

[122] Stevens Wilma A M. Vollebergh.Mental health in migrant children[J]. Journal of Child Psychology & Psychiatry,2008,49(3).276-294.

[123] Twenge J M. Why increases in adolescent depression may be linked to the technological environment[J]. Current Opinion in Psychology, 2020,32, 89-94.

[124] Van Hoof T J, Hansen H. Mental health services in independent secondary boarding schools: The need for a model[J]. Psychology in the Schools, 1999, 36(1): 69-78.

[125] Vinopal K, Gershenson S. Re-conceptualizing gaps by socioeconomic status in parental time with children[J]. Social Indicators Research, 2017, 133(2): 623-643.

[126] Wang Y Y, Xiao L, Rao W, et al. The prevalence of depressive symptoms in 'left-behind children' in China: a meta-analysis of comparative studies and epidemiological surveys[J]. Journal of Affective Disorders, 2018, 244:209-216.

[127] Wang J, Liu K, Zheng J, Liu J, You L. Prevalence of Mental Health Problems and Associated Risk Factors among Rural-to-Urban Migrant Children in Guangzhou, China[J]. International Journal of Environmental Research and Public Health, 2017, 14(11).

[128] Yang F, Zhang L.Problem behavior patterns of victims of school bullying in rural China: The role of intrapersonal and interpersonal resources[J]. Children and Youth Services Review, 2018, 93, 315-320.

[129] Zheng J, An R. Satisfaction with local exercise facility: a rural-urban

comparison in China[J]. Rural and remote health,2015,15(2):147-157.

[130] Cooper H,Robinson J C,Patall E A. Does Homework Improve Academic Achievement? A Syn thesis of Research,1987—2003. Review of Educational Research. 2016;76(1):1-62.